解放军和武警部队院校招生
文化科目统考复习参考教材
(适用于高中毕业生[含同等学力]士兵)

政 治

军考教材编写组 编

国防工業出版社
·北京·

内 容 简 介

本书是解放军和武警部队院校招生文化科目统考复习参考教材的政治分册，供报考军队院校的高中毕业生[含同等学力]士兵复习使用。本书以《2021年军队院校招收士兵学员文化科目统一考试大纲》为依据，以广大考生复习考试的实际需要为目标而编写。

图书在版编目（CIP）数据

解放军和武警部队院校招生文化科目统考复习参考教材．政治/军考教材编写组编．—北京：国防工业出版社，2019.4(2021.9重印)
ISBN 978-7-118-11855-1

Ⅰ．①解… Ⅱ．①军… Ⅲ．①政治课—军事院校—入学考试—自学参考资料 Ⅳ．①E251.3②G723.4

中国版本图书馆 CIP 数据核字(2019)第055109号

※

国防工业出版社出版发行
（北京市海淀区紫竹院南路23号 邮政编码100048）
北京天颖印刷有限公司印刷
新华书店经售

*

开本 787×1092 1/16 **印张** 15¼ **字数** 368千字
2021年9月第1版第5次印刷 **印数** 46001—48000册 **定价** 39.00元

（本书如有印装错误，我社负责调换）

国防书店：(010)88540777 书店传真：(010)88540776
发行业务：(010)88540717 发行传真：(010)88540762

本书编委会

主　编　俞　红　曹二刚

副主编　陈　聪　周　莉

参　编　白　涛

丛书说明

应广大考生要求，军队院校招生主管部门授权中国融通教育集团组织编写了《解放军和武警部队院校招生文化科目统考复习参考教材》。本套教材分为三个系列：高中毕业生[含同等学力]士兵适用的《语文》《数学》《英语》《政治》《物理》《化学》；大专毕业生士兵适用的《语言综合》《科学知识综合》《军政基础综合》；大学毕业生士兵提干推荐对象和优秀士兵保送入学对象适用的《综合知识与能力》。

本套教材是军队院校招生考试唯一指定的复习参考教材，内容紧扣2021年军队院校招生文化科目统一考试大纲，科学编排知识框架，合理设置练习讲解，确保了复习内容的科学性、针对性和实用性。同时，这套教材的电子版可在强军网“军队院校招生信息网”(http://www.zsxxw.mtn)免费下载使用。

为提供优质、便捷、高效的考学助学服务，融通人力考试中心联合81之家共同打造了“81之家军考”服务平台，考生可通过关注相关公众号和下载App，获取更多考试帮助。

本套教材的编审时间非常紧张，书中内容难免有不当之处，如对书中内容有疑问，请通过邮箱(81zhijia@81family.cn)及时反馈。

军考教材编写组

2021年1月

前　言

本书是解放军和武警部队院校招生文化科目统考复习参考教材的政治分册，供2021年报考军队院校的高中毕业生[含同等学力]士兵考生复习使用。

本书包括四个部分：考试大纲、主要内容、强化训练、全真试题。使用时请读者注意：

(1) 所有考生的复习范围均为第一单元至第五单元。

(2) 所有考生在复习政治科目内容时，还必须关注、了解和掌握2020年4月至2021年3月的时事政策。

(3) 本书在最后收录了“二〇二〇年军队院校生长军(警)官招生文化科目统一考试士兵高中综合试题(政治)”和“二〇二〇年军队院校士官招生文化科目统一考试士兵高中综合试题(政治)”，并附有参考答案，供考生全面了解考试形式和内容并模拟练习。

本书编写过程中，我们力求做到既反映国家教育部的有关要求和军队院校对入学考生在政治理论知识方面的基本要求，同时又结合部队政治理论教育的实际和军队广大士兵的特点。本书不仅是报考解放军和武警院校士兵考生的政治复习指导用书，也是解放军和武警院校招生政治统考试卷命题的基本依据。

本书由俞红、曹二刚任主编，陈聪、周莉任副主编。参加本书编写的人员还有白涛同志。

由于时间紧、任务急，难免存在不足之处，敬请读者批评指正。

编者

2021年1月

目　录

第一部分　考试大纲 …… 1

第二部分　主要内容 …… 3

第一单元　马克思主义哲学常识 …… 3
第一章　物质和意识 …… 3
第一节　世界的物质性 …… 3
第二节　物质和运动 …… 6
第三节　物质存在的时间和空间形式 …… 7
第二章　联系与发展 …… 8
第一节　物质世界的普遍联系 …… 8
第二节　物质世界运动发展的规律性 …… 9
第三章　实践与认识 …… 15
第一节　实践是认识的基础 …… 15
第二节　认识的辩证过程 …… 16
第三节　认识的真理性及其检验标准 …… 18
第四章　社会的存在和发展 …… 20
第一节　两种社会历史观 …… 20
第二节　社会基本矛盾及其运动规律 …… 22
第三节　社会发展的动力 …… 24
第四节　人民群众和个人在社会历史中的地位和作用 …… 26
典型例题 …… 28
第二单元　政治常识 …… 35
第五章　习近平新时代中国特色社会主义思想 …… 35
第一节　习近平新时代中国特色社会主义思想的丰富内涵 …… 35
第二节　习近平新时代中国特色社会主义思想的历史地位 …… 36
第六章　当代中国发展的历史方位 …… 39
第一节　中国特色社会主义进入新时代 …… 39
第二节　新时代我国社会的主要矛盾 …… 42
第七章　坚持和发展中国特色社会主义的总任务 …… 44
第一节　社会主义本质及其根本任务 …… 44
第二节　实现中华民族伟大复兴的中国梦 …… 45

第三节　开启全面建设社会主义现代化国家新征程 …… 49
第八章　全面深化改革 …… 51
第一节　全面深化改革的重大意义 …… 51
第二节　坚定不移全面深化改革 …… 51
第九章　建设中国特色社会主义政治 …… 54
第一节　中国特色社会主义政治发展道路 …… 54
第二节　全面依法治国 …… 55
第三节　爱国统一战线 …… 58
第十章　建设中国特色社会主义文化 …… 60
第一节　中国特色社会主义文化发展道路 …… 60
第二节　培育和践行社会主义核心价值观 …… 61
第十一章　建设社会主义和谐社会 …… 64
第一节　保障和改善民生 …… 64
第二节　打造共建共治共享的社会治理格局 …… 66
第三节　坚持总体国家安全观 …… 67
第十二章　建设社会主义生态文明 …… 69
第一节　坚持人与自然和谐共生 …… 69
第二节　建设美丽中国的重点任务 …… 70
第十三章　坚持“一国两制”,实现祖国完全统一 …… 71
第一节　坚持“一国两制”和推进祖国统一的方针原则 …… 71
第二节　推进香港、澳门“一国两制”成功实践行稳致远 …… 72
第三节　推动两岸关系和平发展、推进祖国和平统一进程 …… 73
第十四章　当代国际社会与中国特色大国外交 …… 75
第一节　当代国际社会概况 …… 75
第二节　我国发展的重要战略机遇期 …… 77
第三节　构建人类命运共同体 …… 78
第十五章　中国特色社会主义事业的领导核心 …… 81
第一节　办好中国的事情关键在党 …… 81
第二节　坚持党对一切工作的领导 …… 83
第三节　坚持全面从严治党 …… 84
典型例题 …… 87
第三单元　经济常识 …… 96
第十六章　商品和货币 …… 96
第一节　商品 …… 96
第二节　货币 …… 97
第三节　商品的价格 …… 99
第十七章　坚持和完善社会主义基本经济制度 …… 101
第一节　坚持公有制为主体、多种所有制经济共同发展 …… 101
第二节　坚持按劳分配为主体、多种分配方式并存 …… 102

第三节　加快完善社会主义市场经济体制 …… 104
第十八章　以新发展理念引领经济高质量发展 …… 106
第一节　贯彻新发展理念 …… 106
第二节　建设现代化经济体系 …… 107
第三节　构建新发展格局 …… 108
第十九章　对外开放的社会主义经济 …… 111
第一节　经济全球化带来的机遇和挑战 …… 111
第二节　形成全面开放新格局 …… 113
典型例题 …… 115
第四单元　思想道德修养与法律常识 …… 119
第二十章　树立正确的人生观、价值观 …… 119
第一节　人生和人生观 …… 119
第二节　人生价值和人生价值观 …… 121
第二十一章　理想信念是人生的精神支柱 …… 125
第一节　理想信念的内涵及重要性 …… 125
第二节　架起通往理想彼岸的桥梁 …… 126
第二十二章　对党绝对忠诚 …… 130
第一节　忠诚是古今中外军队的共同品格要求 …… 130
第二节　对党绝对忠诚是革命军人最根本的政治品格 …… 130
第三节　对党绝对忠诚要害在“绝对”两个字 …… 131
第四节　忠诚核心、拥戴核心、维护核心 …… 131
第二十三章　弘扬爱国主义精神 …… 133
第一节　爱国主义的基本内容 …… 133
第二节　爱国主义的时代价值 …… 134
第三节　坚决捍卫国家安全 …… 135
第二十四章　法律常识 …… 137
第一节　法的基本理论 …… 137
第二节　宪法 …… 141
第三节　一般违法行为和行政制裁 …… 145
第四节　犯罪和刑罚 …… 147
第五节　民事法律制度 …… 149
典型例题 …… 151
第五单元　国防和军队建设常识 …… 155
第二十五章　人民军队历史与光荣传统 …… 155
第一节　人民军队的光辉历程 …… 155
第二节　人民军队的历史功勋 …… 158
第三节　人民军队从胜利走向胜利的传家法宝 …… 159
第二十六章　把人民军队全面建成世界一流军队 …… 162
第一节　人民军队在中国特色强军之路上迈出坚定步伐 …… 162

第二节　牢固确立习近平强军思想在国防和军队建设中的指导地位 ……… 163
第三节　在新的历史起点上全面推进国防和军队现代化 ……… 166
第二十七章　坚持党对军队的绝对领导 ……… 169
第一节　党对军队绝对领导的根本原则和制度 ……… 169
第二节　全面深入贯彻军委主席负责制 ……… 170
第三节　坚决听从党中央、中央军委和习主席指挥 ……… 172
第二十八章　全心全意为人民服务是我军的根本宗旨 ……… 174
第一节　我军来自人民、依靠人民 ……… 174
第二节　我军的历史是一部服务人民的壮丽史诗 ……… 175
第三节　永远做人民利益的忠实捍卫者 ……… 176
第二十九章　打仗和准备打仗是军人的天职 ……… 178
第一节　军队首先是一个战斗队 ……… 178
第二节　忠实履行战斗队的根本职能 ……… 179
第三十章　培养有灵魂、有本事、有血性、有品德的新时代革命军人 ……… 181
第一节　培养“四有”新时代革命军人的重大意义 ……… 181
第二节　有灵魂是新时代革命军人必备的理想抱负 ……… 182
第三节　有本事是新时代革命军人必备的素质本领 ……… 183
第四节　有血性是新时代革命军人必备的精神特质 ……… 184
第五节　有品德是新时代革命军人必备的道德情操 ……… 186
典型例题 ……… 187

第三部分　强化训练 ……… 193

第一单元　马克思主义哲学常识 ……… 193
第二单元　政治常识 ……… 199
第三单元　经济常识 ……… 209
第四单元　思想道德修养与法律常识 ……… 215
第五单元　国防和军队建设常识 ……… 220

二〇二〇年军队院校生长军(警)官招生文化科目统一考试士兵高中综合试题(政治) … 225

二〇二〇年军队院校士官招生文化科目统一考试士兵高中综合试题(政治) ……… 230

第一部分　考试大纲

(一)考试目标

考查考生对哲学、政治、经济、道德、法律、国防和军队建设等方面基本观点、基本原理、基本方法的掌握程度,重点考查考生综合运用所学知识认识、分析和解决理论与现实问题的能力。

(二)考试范围与要求

1. 马克思主义哲学常识

了解哲学及哲学基本问题;了解唯物主义和唯心主义及其表现形态;理解物质和意识、运动和静止、时间和空间、联系和发展、认识和实践、社会存在和社会意识、规律、真理等基本概念;理解世界的物质统一性原理,理解客观规律与意识的能动作用,掌握一切从实际出发、实事求是;理解唯物辩证法的总特征,掌握唯物辩证法的 3 个基本规律;理解认识和实践的辩证关系,掌握认识的辩证发展过程;理解社会存在和社会意识的辩证关系,掌握社会基本矛盾及其运动规律,理解社会发展的动力,掌握人民群众在社会历史中的地位作用。

2. 政治常识

理解中国特色社会主义进入新时代的科学内涵和重大意义;理解习近平新时代中国特色社会主义思想的丰富内涵;理解新时代我国社会的主要矛盾;掌握新时代中国共产党的历史使命;理解社会主义本质及其根本任务,掌握中国特色社会主义事业总体布局和战略布局;理解实现中华民族伟大复兴的中国梦;掌握全面建成社会主义现代化强国的战略安排;理解全面深化改革的重大意义、总目标、重点任务;理解中国特色社会主义政治发展道路,掌握全面依法治国、理解爱国统一战线;理解中国特色社会主义文化发展道路,掌握社会主义核心价值观;理解保障和改善民生,理解加强和创新社会治理,掌握总体国家安全观;理解生态文明建设的内涵,掌握建设美丽中国的重点任务;掌握“一国两制”和推进祖国统一的方针原则,理解推动两岸关系和平发展、推进祖国和平统一的进程;理解和平与发展的时代主题,掌握推动构建人类命运共同体的思想内涵;理解实现中华民族伟大复兴关键在党、必须坚持党对一切工作的领导。

3. 经济常识

了解商品、货币和价格的基本概念,理解商品经济和价值规律;理解坚持和完善社会主义基本经济制度;理解创新、协调、绿色、开放、共享的发展理念,掌握建设现代化经济体系的主要任务;掌握推动经济高质量发展的意义和举措;了解经济全球化的机遇和挑战,掌握推动形成全面开放新格局。

4. 思想道德修养与法律常识

了解人生观的主要内容,理解新时代革命军人必须树立正确的人生观;了解价值与价值观,理解树立社会主义核心价值观,做“四有”新时代革命军人;了解理想信念的含义、特征,理解理想信念是“精神之钙”,树立科学的理想信念;理解对党绝对忠诚要害在“绝对”两个字;理解爱

国主义的基本内容、时代价值，坚决捍卫国家安全；了解法律的概念，法律与道德的关系，掌握中国特色社会主义法律体系的内容，建设中国特色社会主义法治体系；理解宪法是我国的根本大法，掌握我国公民的基本权利和义务；了解一般违法行为的表现，掌握对一般违法行为的制裁；了解犯罪的特征，理解违法与犯罪的关系，掌握刑罚的特点、种类、作用；了解民法典确立的主要制度，掌握民事主体从事民事活动应当遵循的基本原则。

5. 国防和军队建设常识

了解人民军队的光辉历程、历史功勋与传家法宝；掌握习近平强军思想的主要内容，理解习近平强军思想在国防和军队建设中的指导地位；理解新时代军队使命任务，掌握党在新时代的强军目标，理解全面推进强军事业的战略部署；理解党对军队绝对领导的制度体系，掌握军委主席负责制是坚持党对军队绝对领导的根本制度和根本实现形式；理解全心全意为人民服务是我军的唯一宗旨；理解聚焦能打仗、打胜仗强化练兵备战；理解培养"四有"新时代革命军人的重大意义，掌握"四有"新时代革命军人的深刻内涵。

6. 时事政治

2020 年 4 月至 2021 年 3 月发生的国内外重大时事；党和国家在此期间的重大方针政策。

(三)试卷结构

客观题(单项选择题，占 45%)；主观题(简答题、材料分析题或论述题，占 55%)。

第二部分　主要内容

第一单元　马克思主义哲学常识

第一章　物质和意识

第一节　世界的物质性

人活在世界上，需要对世界有一个总体的看法和把握，这就是人的世界观问题。而哲学是系统化、理论化的世界观，是对自然知识、社会知识和思维知识的概括和总结，它提供了对于世界以及人与世界关系的全面而深刻的思考。从哲学上看，世界上的万事万物归结起来无非是物质和意识两大类现象，马克思主义是从弄清世界上这两大现象的关系上来揭示世界本质的。马克思主义坚持唯物主义一元论，正确地说明了什么是物质、什么是意识，唯物而辩证地回答了物质和意识的关系，阐明了世界的物质统一性，从而揭示了世界的物质性本质。

一、物质

马克思主义哲学给物质下了一个科学的定义，即物质就是不依赖于人们的意识而又能被意识所反映的客观实在。

首先，这里的物质概念，是从物质和意识对立的高度，指出了物质对于意识的根源性。坚持了唯物论，同唯心论划清了界限。

其次，物质不等同于具体的事物，它是从客观存在着的各种事物和现象中抽象概括出的共同本性，即客观实在性。相对于意识而言，一切存在着的事物和现象，不论是自然现象还是社会现象，不论是看得见的实物还是看不见的射线和场，不论是可以直接感觉到的事物还是间接感觉到的事物，也不论是过去的或现在的事物，更不论事物的具体形态、结构、属性如何，人们希望它存在还是厌恶它存在，它们都有共同的本质，即客观实在性，它是物质的根本特性。物质既不随人的意识而增长，也不因人的意识而消亡。

最后，物质是可以被人们认识的。物质既然是客观实在，就能被人们所认识，只有尚未被认识的物质，没有不可认识的物质，认识只是迟早而已。新事物、新现象、新的物质形态和物质现

象会层出不穷，只要我们坚信物质的客观实在性和它的可知性，我们就能够认识世界。这种物质观与不可知论划清了界限。

二、意识

1. 意识的本质

科学地解释意识的本质，是认识世界本质的一个重要环节。马克思主义认为，意识的本质只有在物质的运动中才能得到说明。意识是具有高度组织、高度完善的物质——人脑的机能，是人脑对客观存在的反映，这种反映是在人们的实践中实现并随实践的发展而提高的。

第一，意识是人脑的机能。人脑是意识活动的物质器官，没有人脑就没有意识的产生和存在。世界上没有什么“独立自在”的意识现象，意识依赖于人的大脑这种高度完善、复杂而严密的物质器官，而人脑又是自然界长期进化的结果。

第二，意识是客观存在在人脑中的主观映象。人脑是意识的器官，但只有人脑还不能产生意识，人脑只是生产意识产品的“加工厂”，意识的产生还需要“原材料”，它的“原材料”只能来源于客观世界。人们只有在社会实践中同外在的客观世界打交道，使人脑和其他反映器官同客观世界发生联系，才能获得各种外在刺激，在人脑中产生意识。意识是人脑对客观存在的反映，是客观存在在人脑中的主观映象，没有被反映者，就没有反映和反映结果。意识虽然或表现为感觉、知觉、表象，或表现为概念、判断、推理等不同的主观形式，但其反映的对象和内容则是客观的。

第三，意识还是社会的产物。语言是意识产生的关键，而社会实践和社会交往活动是语言产生的基本条件。人类在社会性的生产劳动中不仅改变了自己的生理结构，也实现了由动物心理向人类意识的质的飞跃。

总之，意识是人脑的机能，是客观世界的主观映象，是人脑对客观世界的反映。只有把这两方面结合起来，才能完整地说明意识的本质。

2. 意识的能动作用

意识的能动性，贯穿于认识世界和改造世界的全过程中。

在认识世界的过程中，意识的能动性表现如下：

首先，意识对物质世界的反映是一个能动的选择过程。人们认识什么，既不是随心所欲，也不是见山识山、见水识水，而是根据实践的需要能动选择的。

其次，意识也不是照镜子似的机械反映事物的现象和外部联系，而是能够在现象背后，在外部联系中，经过思维的分析和抽象，深入反映事物的内部联系，认识事物的本质和规律，为人们改造世界提供理论根据。

在改造世界的过程中，意识的能动性表现如下：

第一，目的性。人们的一切社会活动，都有着明确的目的，通过有目的的社会实践，强化客观世界的变化过程，创造出没有人的参与不可能自行出现的东西，不断地使客观世界更加适合人的生存和发展需要，将社会建设成理想的社会。人之所以比动物更有力量，主要在于人有丰富的思想意识，因而获得了超越其他一切动物的智慧，使我们周围的世界改变了自然进化的轨道，在人的意识参与下运动和发展，人类的智慧显示着越来越大的威力。

第二，创造性。意识可以把不同事物的形态、结构、功能进行组合，创造出高于自然物的人造物。本来自然界没有汽车、飞机，人把它们创造了出来；古代有矛有盾，坦克把矛和盾合为一体，发挥出更有效的进攻与防御功能，这种创造性使人们获得了巨大的成功。当然，意识也可能使人们的创造走入误区，如人们靠着意识的创造作用，将人的能力、美德等集中在一个伟大的人格身上，创造了“上帝”“玉皇大帝”等至高无上的神，反过来，人成了它的子民，千百年来向一个子虚乌有的超自然力顶礼膜拜。

第三，计划性。人们的社会实践，尤其是重大社会实践，都是在周密计划的指导下进行的，将社会实践的目标、方法、步骤等一系列问题都编制成严密的计划，以确保目标的实现。没有计划的实践是盲目的实践，盲目的实践是难免会失败的。所以，计划性是能动性的重要内容。

第四，对改造客观世界的重要指导和控制作用。意识的重要能动作用是它作为指导实践的观念和理论，既是实践的首要环节，又是实践价值指向的内控要素，它总是驱使人们通过实践把观念的东西变成现实，在客观世界中打下“意志的印记”。

正确认识和把握物质与意识的辩证关系，需要处理好主观能动性和客观规律性的关系。一方面，尊重客观规律是正确发挥主观能动性的前提。人们只有在认识和掌握客观规律的基础上，才能正确地认识世界，有效地改造世界。另一方面，只有充分发挥主观能动性，才能正确认识和利用客观规律。承认规律的客观性，并不是说人在规律面前无能为力、无所作为。人能够通过自觉活动去认识规律，并按照客观规律去改造世界，以满足自身的需要。

正确发挥人的主观能动性，有以下 3 个方面的前提和条件。第一，从实际出发是正确发挥人的主观能动性的前提。只有从实际出发、充分反映客观规律的认识，才是正确的认识；只有以正确的认识为指导，才能形成正确的行动。第二，实践是正确发挥人的主观能动性的基本途径。正确的认识要变为现实的物质力量，只能通过物质的活动——实践才能达到。第三，正确发挥人的主观能动性，还需要依赖于一定的物质条件和物质手段。“巧妇难为无米之炊”，没有现实的原材料，人的意识再“巧”也创造不出任何物质的东西来。

三、世界是统一的物质世界

我们认识和看待物质现象、精神现象这两大类现象和认识世界、改造世界这两大类活动，都不能不涉及存在和思维的关系问题。存在和思维的关系问题又称为物质和精神的关系问题，构成了全部哲学的基本问题。那么，千差万别，丰富多彩的大千世界是不是统一的？统一的基础和本质是什么？对这些问题的回答，有两种最基本的观点。一种是唯心主义观点，认为在世界的两类现象之间，精神是第一性的，物质是第二性的，精神派生物质，世界统一的基础是精神，世界本质上是精神的世界。唯心主义又分为两个派别：主观唯心主义主张人的精神（感觉、观念等等）是世界的本原，世界上的一切事物存在于人的精神之中；客观唯心主义主张“客观精神”是世界的本原，世界上万事万物都是“客观精神”的产物或表现。另一种是唯物主义观点，认为世界是统一的，统一的基础是物质，世界本质上是物质的世界。现代科学已经证明，在整个世界的两大现象中，物质是第一性的，意识是第二性的，物质决定意识，物质是世界的本原，世界统一于物质。唯物主义有 3 种形态：古代朴素唯物主义主张世界的本原是物质，但把物质等同于某一种或某几种具体的物质形态；近代形而上学唯物主义，也主张世界统一于物质，但把物质等同于物质的微观结构层次——原子；辩证唯物主义和历史唯物主义，体现了唯物论和辩证法的统一，实现了唯物主义自然观和历史观的统一。

世界的物质统一性原理是马克思主义的基石，有助于我们树立唯物主义科学世界观，为我们进一步确立正确的人生观和价值观奠定坚实的基础；同时，也有助于我们确立正确的思想路线和思想方法，在认识世界和改造世界的过程中，坚持实事求是，一切从实际出发。

第二节　物质和运动

一、物质和运动

世界是一个统一于物质的世界，物质又是运动的，正是在物质的运动中，世界才成为千姿百态的生命世界。运动是标志宇宙间一切事物、现象的变化及其过程的哲学范畴。从简单的位置移动到复杂的自然变化和思维活动，都属于运动范畴。

物质和运动是不可分割的。没有不运动的物质。物质总是运动着的物质，运动是物质的固有属性和存在方式。世界上的万事万物，都是物质运动的不同表现形式。宇宙天体各以特定的轨道和速度运转，才有宇宙天体系统的和谐；生物机体内部细胞的新陈代谢运动，才有生命的延续；敌我双方的调兵遣将，你攻我守，才有战争。因此，世界是运动的世界，一切事物都以特定形式在运动，这种特殊的运动才使事物呈现各自的特殊性。人们认识物质，就是认识物质的运动形式及其规律。

没有无物质的运动。物质是一切运动的承担者，世界上没有离开物质的运动。机械运动的主体是各种各样的物体，物理运动的主体是分子、原子、基本粒子和场，生物运动的主体是活的有机体，社会运动的主体是人。物质是一切运动的现实基础，脱离物质的所谓纯粹的运动是不可思议的，也是不可能存在的。

二、运动和静止

物质的运动是普遍的、永恒的和无条件的，因而是绝对的。但是，绝对运动并不排斥静止的存在，物质在合乎规律的运动过程中，也有某种静止的状态和稳定形式。静止是物质的质、量、位置、运动形式平衡稳定的存在状态。

静止是相对的，它只是运动的特殊状态，因为事物的静止状态是有条件的、暂时的。我们可以从以下两个方面理解。第一，物质在总体上是运动的，静止只是指它在此时此地、此种条件下没做某种形式的运动，但是它必然进行着其他某种形式的运动。人们把走称为动，把坐则称为静，是对人和地球的相对关系而言，坐时虽然位置没有发生变化，实际上人的身体内部进行着不停的生理和心理运动，而且人也和地球一起绕地轴旋转，并参加太阳系的转动，正所谓“坐地日行八万里，巡天遥看一千河”。第二，静止是物质永恒运动的实现环节，一系列的静止联系起来显示的不是静止，而是运动。电影以每秒 24 个静止画面的投射，使我们看到的是连贯的自然动作。可见静止构成了无限运动链条上的环节。

事物的存在和发展是运动和静止的统一。二者的辩证关系表现为：首先，运动和静止是相互依存、互为前提的。没有运动谈不上静止，没有静止也无法证明运动，绝对运动失去了相对静止，它自己就失去了存在的基础，相对静止是绝对运动的环节。其次，运动和静止都是事物存在和发展的形式。在运动中事物获得变化和发展，在静止中事物获得过程和质的稳定，没有运动，事物就没有发展；没有静止，发展就没有基础、没有积累。最后，运动和静止是相互包含的。静止中有运动，静止只是处于暂时的动态平衡，平衡中仍有运动，不然平衡无法维持；运动中又有静止，这才使运动有确定的主体，保持并显示出事物质的稳定性。

第三节　物质存在的时间和空间形式

运动的物质以时间和空间作为自己的存在形式。

一、时间

时间是物质运动过程的持续性。这种持续性表现为：某一事物存在或运动过程的久暂，一事物和另一事物、一种运动过程和另一种运动过程依次出现的先后顺序、间隔的长短。时间的特点是一维性或不可逆性。即时间从过去、现在到将来，它的流逝总是沿着单向前进，不可逆转。时间的不可复得，使人们十分珍惜时间，认为“一寸光阴一寸金，寸金难买寸光阴”。时间同物质的运动是不可分离的。时间是以物质在空间的运动来度量和认识的，离开物质在空间中的运动，时间就成了无法度量、神秘莫测的东西。人们将地球绕太阳公转一周记为一年，把月球绕地球一周记为一月，将地球自转一周记为一天，又把一天划分为24个时段。不难理解，时间就是物质的运动过程或对其过程的度量。

二、空间

空间是运动着的物质的广延性。这种广延性表现为：物质彼此之间的并存关系和分离状态，物体的体积、容积、位置、距离和排列次序等。空间的特点是三维性，即任何物体都有长、宽、高，即三维空间。三维空间的联结形成物体的客观形态，使之成为可以度量的客观实在。现代科学证明，绝对空虚的空间是不存在的。物理学上所说的真空，并不是空无，而是以各种特殊的物质形态（如引力场、电磁场等）存在着的。

三、时间和空间的联系

时间和空间也是不可分的，我们通常把二者联结起来，称为四维时空。这种不可分离源于二者都是物质的存在形式。任何物体，不仅存在于三维空间中，同时也存在于一维的时间中。例如，对一位导航员来说，他不仅要知道飞机的空间位置坐标的纬度、经度、高度，同时还必须知道时间坐标，即知道飞机在什么时间处在什么空间位置。可见，飞机的飞行轨迹是四维时空连续区域中的一个动态的、连续的曲线。

时间、空间和运动着的物质不可分。一方面，时间和空间离不开物质运动，离开物质运动的时间和空间是不存在的；另一方面，物质运动也离不开时间和空间，离开时间和空间的物质运动也是不存在的。时间和空间同物质运动的不可分离性，表明了时间和空间的客观性，表明它们作为物质运动的存在形式同物质运动一样，也是不依赖于人的意识的客观存在。

【复习思考题】

1. 什么是物质？什么是意识？为什么说物质决定意识？
2. 意识的能动性表现在哪些方面？
3. 为什么说物质的运动是绝对的，静止只是运动的特殊形式？
4. 为什么说时间和空间是运动的物质的存在形式？

第二章　联系与发展

第一节　物质世界的普遍联系

唯物辩证法认为，世界上的万事万物都处于普遍联系之中，普遍联系引起事物的运动发展。联系和发展的观点是唯物辩证法的总观点和总特征。

一、联系的含义和类型

物质的运动是事物内部及事物之间互相联系的结果。联系是指一切事物、现象之间及其内部诸要素之间的互相影响、互相制约和互相作用。

物质世界是多样性的统一，因而物质现象的联系也是极其复杂、多种多样的。按照联系性质区分，有内部联系和外部联系、直接联系和间接联系、必然联系和偶然联系、本质联系和非本质联系等。内部联系是指在事物自身诸要素之间的联系，一事物与他事物之间的联系是外部联系；事物及其内部因素之间不经过任何中间环节而发生的联系是直接联系，反之则是间接联系；那些与事物的存在和变化有着不可分割关系的因素之间的联系属于必然联系，而那些由于外在的变化发生的暂时的、突然的、可有可无的物质现象之间的联系属于偶然联系；事物内部或事物之间所发生的、规定着事物或过程存在、发展及其性质的规律性联系属于本质联系，反之则属于非本质联系。

事物在联系中运动，在运动中产生和变动着联系，使得世界上一切事物都不能孤立地存在，都同周围的其他事物维持着这样或那样的联系或关系，整个世界是一个相互联系的统一整体，任何事物都是统一联系之网上的部分、成分或环节。

二、学习联系理论的实践意义

马克思主义哲学关于运动与联系关系的理论，对于我们观察和处理问题有重要的意义。第一，我们要在联系中把握事物的存在及其运动，反对孤立地看问题。一种事物之所以成为它所形成的那种状态和性质，一定是多种条件相联系的结果，这种联系也促成着它的运动，我们只有揭示它的多种联系，才能认识它的性质及其运动趋势，才能正确地对待它。离开联系，一切都将无法理解。正如列宁说的，如果撇开具体的联系，我们对“下雨好不好”这样简单的问题都无法判断。第二，联系又是运动中建立的联系，事物变化了，联系也要变化，因此我们应该一切以时间、地点、条件为转移，绝不可墨守成规。我们在工作中，对一切经验都要作历史的分析，认清它产生的条件、适应的范围，任务、条件变化了，应该在新的联系中制定新的对策，以适应新的情况。

第二节　物质世界运动发展的规律性

事物的相互联系包含事物的相互作用，而相互作用必然导致事物的运动、变化和发展。发展是前进的、上升的运动，发展的实质是新事物的产生和旧事物的灭亡。新事物是指合乎历史前进方向、具有远大前途的东西，旧事物是指丧失历史必然性、日趋灭亡的东西。物质世界的运动发展，表面看来纷繁复杂、杂乱无章，实际上存在着客观规律。规律，就是事物运动过程本身所固有的、本质的、必然的联系。任何事物都有自己的运动发展规律，而规律是由事物自身的矛盾决定的，矛盾不同，规律必然各异。马克思主义撇开一切矛盾的具体特点，来研究矛盾的一般特征、特性及其在事物运动发展中的地位和作用；撇开一切矛盾的具体内容，研究矛盾运动的一般规律，从而揭示了自然、社会和人类思维发展的 3 个基本规律，即对立统一规律、量变质变规律和否定之否定规律。其中，对立统一规律是最根本的规律，是唯物辩证法的实质和核心。

一、对立统一规律

对立统一规律揭示的是事物发展的根源和动力。

1. 矛盾

事物联系和发展的根本内容和动力，就在于事物内部及其事物之间存在着既对立又统一、既互相排斥又互相依赖的关系，这种对立统一关系就是矛盾。我们日常生活中见到的长与短、高与低、真与假、善与恶，同志之间的不同意见，以及战场上的敌与我、攻与守、进与退等，都是矛盾。矛盾是一个具有双重关系的现象，只要构成矛盾，总是既相互对立又相互统一，只有对立没有统一，或只有统一没有对立，都不称其为矛盾。

2. 矛盾的同一性和斗争性

矛盾的同一性或统一性，是指矛盾双方之间的相互依赖、相互联结、相互渗透、相互贯通、相互转化的性质，它体现的是矛盾着的两方面相互吸引的趋势。矛盾双方不仅存在同一性，而且具有斗争性。矛盾的斗争性，是指矛盾双方相互排斥、相互限制、相互否定的性质，它体现的是矛盾着的两方面相互离异的趋势。

矛盾的同一性和斗争性在事物的发展中起着不同的作用，正是二者不同作用的互相结合才推动事物的发展。矛盾的同一性在事物中的作用包括 3 个方面。第一，矛盾双方连为一体，使对立面在相互依存的统一体中得以存在和发展。在矛盾的两个方面，一方的存在以另一方的存在为条件；同样，一方的发展也以另一方的某种发展为条件，在相互依存的矛盾统一体中实现矛盾双方力量和地位的变化。第二，矛盾双方相互吸收有利于自身的因素在相互利用中各自得到发展。第三，矛盾双方的互相贯通规定事物发展的基本趋势，事物新陈代谢的方向是新旧事物这一对立面之间的相互融会贯通的同一性规定的，没有同一性就没有发展的连续性。譬如，正是根据矛盾的同一性规定事物发展的基本方向和趋势的道理，科学家才得以创立了改良品种的科学。矛盾的斗争性在事物发展中的作用，在于推动矛盾双方力量的此消彼长，最后使旧的矛盾统一体分解、新的矛盾统一体产生，使旧事物变成新事物。总之，矛盾的同一性和斗争性相结合推动事物向前发展。

矛盾的同一性和斗争性相统一的原理告诉我们，要学会在对立面的统一中把握对立面，即在斗争中把握同一，在同一中把握斗争。在处理社会矛盾时，既不能只讲同一不讲差异、斗争，也不能只讲斗争不顾同一,而要求大同、存小异,维护团结,解决矛盾。

3. *矛盾的普遍性和特殊性*

矛盾的对立和统一,既是普遍的,又是特殊的,因此矛盾又具有普遍性和特殊性。

矛盾的普遍性,或称共性,是指矛盾是一切事物的共同本质。它表现在两个方面。一方面,矛盾无处不在。俗话说,“天有阴晴”“月有圆缺”“人有祸福”“事有成败”。这里的阴与晴、圆与缺、祸与福、成与败都是对立统一的关系,因而都是矛盾。世界上没有无矛盾的事物,可以说没有矛盾就没有世界。另一方面,矛盾无时不有。事物一刻也不会停止运动和变化,它自身时时都充满着矛盾,旧的矛盾解决了,新的矛盾也就同时产生了,开始新的矛盾运动。总之,矛盾存在于一切事物之中,并且贯穿于事物发展过程的始终,处处有矛盾,时时有矛盾,这是一切事物的共同本质。

矛盾的特殊性,或称个性,是指每一事物的矛盾及其每一矛盾方面各有其特点。矛盾的特殊性表现在两个方面:第一,矛盾与矛盾之间以及同一矛盾在不同的发展阶段上具有不同的特点。世界上的事物之所以千差万别、千变万化,就在于不同事物中的矛盾是不同的,同一事物中的同一矛盾在不同的运动变化阶段上也具有不同的特点。就拿人来说,每个人都有自己的特点,都有自己的矛盾,如工作矛盾、学习矛盾、生活矛盾等。第二,同一矛盾的每一侧面及其每一侧面在发展的不同阶段,也都各有其特点。

矛盾的普遍性和特殊性或共性和个性,是既相互区别又相互联结的。相互区别在于:普遍性只是体现着各个特殊矛盾中共同的、本质的东西,只是个别事物的部分或本质,仅大致地包括个别事物。个别的、特殊的矛盾则是丰富生动、复杂多样的。相互联结在于:普遍性存在于特殊性之中,只能通过特殊事物存在着,离开特殊性就没有普遍性。特殊性也离不开普遍性,一定与普遍性相联系而存在。任何事物都是普遍性和特殊性、共性和个性的统一。矛盾的普遍性和特殊性在一定的条件下是可以相互转化的。随着时间的发展和空间的变化,普遍性在更大的范围内会成为特殊性,特殊性在更小的范围内也会成为普遍性。特殊事物在量上的扩张会使它成为普遍的东西,普遍的东西在其他事物的大发展中又会成为特殊事物。

掌握矛盾的普遍性和特殊性相互关系的原理具有重要的意义。首先,这一原理有助于我们正确地认识事物。任何事物,既有不同于他事物的个性,又有与他事物相联系的共性。因此,我们应该在个性和共性的关联中认识事物,从个性中认识共性,在共性中把握个性。

其次,这一原理有助于我们学会科学的工作方法。我们的每一项工作,既有与其他工作的共性,也有它的个性。因此,在工作中要正确地处理共性与个性的关系,注意一般号召与个别指导相结合,领导和群众相结合,解剖麻雀、抓典型与普遍推广相结合,把党的路线、方针、政策同本地区、本单位的实际结合起来。

最后,这一原理是我们把马克思主义的普遍真理和中国革命的具体实践相结合,建设中国特色社会主义的理论根据。坚持马克思主义,就是坚持马克思主义的基本原理,坚持其立场、观点和方法,要真正指导实践,必须把这些基本原理与本国的实际相结合,才能找到适合本国国情的路线、方针、政策。

4. *矛盾在事物运动过程中的不同地位*

矛盾的同一性和斗争性相结合推动事物向前发展,那么究竟事物向什么方向发展,这种方向是由什么决定的呢?这就要研究矛盾在客观事物运动过程中的地位差别。

在一个具有多种矛盾的统一体中,矛盾的地位和作用是不同的,因而有主要矛盾和次要矛盾的区别。主要矛盾是在事物的多种矛盾中处于支配地位的矛盾，它对事物的存在和发展起决定作用，并规定和影响着其他矛盾的存在和发展。主要矛盾之外的其他矛盾就是次要矛盾，它可以制约和影响主要矛盾的展开和解决。因此，事物发展的一般进程和基本方向主要是由主要矛盾决定的。就一特定矛盾而言，矛盾的两个方面对统一体的存在和发展所起的作用也是不同的，因此还有矛盾主要方面和矛盾次要方面的区别。矛盾主要方面对事物的性质起主要的决定作用。但是，主次矛盾和矛盾的主次方面在一定条件下是可以相互转化的。

5. 事物运动发展的内因和外因

事物的运动和发展，不仅是由它本身固有的内部矛盾引起的，也是同它所处的一定的外部条件相联系的。马克思主义哲学用内因与外因这对概念说明事物运动发展的动力与条件之间的关系。内因是指事物发展变化的内在原因，即内部根据、内在矛盾；外因是事物发展变化的外部原因，即外部条件、外部矛盾。

内因和外因在事物发展变化中的地位和作用是不同的。内因是事物发展变化的根据，外因是事物发展变化的条件，外因通过内因而起作用。任何事物都是矛盾体，它发展变化的根本原因，不在其外部，而在其内部，根源于其内部的矛盾性。内因不仅是事物存在的基础，也是该事物区别于他事物的内在本质。作为事物自身运动动力源泉的内因，规定着事物运动发展的基本方向，这就是“种瓜得瓜，种豆得豆”的根本原因。人们认识事物，就要着力揭示其内部矛盾，这样才能把握它的变化和发展。内因是事物发展的第一位原因，但外因对事物的发展并非是可有可无的，它同样对事物发展变化的速度和方向有重要影响。这种影响是通过影响事物的内部矛盾关系来实现的。

内因和外因的划分是相对的。因此，内因和外因将会随着考察范围的扩大或缩小而发生变化。

6. 坚持两点论和重点论的统一

主要矛盾和次要矛盾，矛盾主要方面和次要方面相互关系，以及内因和外因相互关系的原理要求我们，面对实际工作中的矛盾，要坚持两点论和重点论的统一。两点论要求在分析任何事物的矛盾时不仅要看到矛盾双方的对立，而且要看到矛盾双方的统一；不仅要看到矛盾体系中存在着主要矛盾、矛盾主要方面、内因，也要看到次要矛盾、矛盾次要方面、外因。唯物辩证法的两点论不是均衡的两点论，而是有重点的两点论。它要求把握矛盾的不平衡性，分清主次、轻重、缓急，区别对待。可见，两点论是有重点的两点论，重点论是两点中的重点论。处理好这个关系，要注意把握三点：第一，抓中心、抓关键、抓重点，避免“眉毛胡子一把抓”“头痛医头、脚痛医脚”“捡了芝麻、丢了西瓜”；第二，学会“弹钢琴”，抓住中心工作，带动全盘工作；第三，根据情况变化，及时实现工作重点的转移，防止把主要矛盾凝固化、绝对化。

总之，矛盾着的两个方面既斗争又同一，推动着事物的运动和发展，其基本道路和方向主要受制于事物的主要矛盾和矛盾的主要方面，这就是矛盾运动规律，即对立统一规律。

二、量变质变规律

事物的发展，不管其具体内容如何，就其一般内容来说，都是事物的量和质的变化，由量的变化引起质的改变，完成旧事物向新事物的转化，然后再开始新的量和质的变化过程，这就是事物运动发展普遍存在的量变质变规律。唯物辩证法揭示的这一规律，指明了事物发展的状态和过程。

1. 质、量、度

人们认识事物,首先遇到的是事物的质和量的关系,任何事物都是质和量的统一。质是指一事物区别于他事物的内在的固有规定性。世界上的事物千差万别,原因就在于各有不同的质,所以这种内在固有的规定性也就是一事物与其他事物的区别或事物存在的界限性。

事物的质通过自身与他事物的关系表现出不同的属性。一事物与他事物的关系是复杂的,因而事物也具有多种多样的质。究竟事物表现出什么样的质,这要看事物处在什么样的联系之中,是相对于什么对象而言的。军人和普通人相区别,其质的规定性在于具有特定的军事素质,并在军队里为国防事业服务。所以,质虽然是事物本身固有的,但它是在与别的事物的关系中表现出来的。

量是事物存在和发展的规模、程度、速度以及它的结构等可以用数量来表示的规定性。例如,一个建设项目的规模大小、建设速度快慢、投资多少等,都是事物量的规定性。量和质虽然都是事物所固有的规定性,但量和质不同,质和事物共存亡,而量和事物的存在不是直接同一的,在一定范围内,量的变化并不改变事物的质。

量的规定性同质的规定性一样,也是多方面的,也有主次之分。例如,一支军队有人数多寡、官兵文化水平和身体素质、武器装备的数量和水平的高低等多种规定性,这些量的规定性从各个不同方面反映着这支军队的总体特征,其中有的量直接关系着这支军队的战斗力,有的影响则小一些。

度是事物保持自己质的数量界限,是事物的质所能容纳的量的变动范围,因此度是质和量的统一。任何事物都有度,事物在度的范围内活动不会引起质变,超过度的变化就会发生根本性质的变化。例如,在一个标准大气压下,液态水的温度是 0 ~ 100℃,低于 0℃ 变成固态,高于 100℃ 则变成气态,0℃ 和 100℃ 是水温的度量范围的两极关节点。

2. 量变和质变

事物的质和量不是固定不变的,而是随着事物内部矛盾的发展而变化的。事物的数量或结构在度所能容许的范围内发生的不改变事物的根本性质的变化是事物的量变。量变的特点是一种连续的、渐进的、不显著的变化,事物在量变阶段呈现相对静止状态。质变与量变不同,它是突破事物的度,使事物发生根本性质的变化,是实现从一种质态向另一种质态飞跃的运动。如水温升高超出水的度,就出现汽化现象,水的物理性质就变化了,这种变化就是质变。质变和量变有着内在的联系,二者是相互转化的。一方面,量变是质变的必要准备,质变是量变的必然结果。一切事物的发展变化首先都是从量变开始的,当量的变化超出度的范围,才会引起质变,也必然会引起质变。俗话说"千里之堤,溃于蚁穴""小洞不补,大洞吃苦",就是这个道理。可见,质变是受量变制约的,依赖于量变,量变的持续必然引起质变。另一方面,质变又引起新的量变,为新的量变开辟道路。质变是旧的量变过程的终结,又是新的量变过程的开始,新的量变是在新的度中进行的。新的量变发展到一定阶段,又要超出事物的界限,引起新的质变,这样一个量变和质变相互转化的无限过程,使事物的发展呈现出渐进性和飞跃性、连续性和间断性的统一。

量变质变规律对于人们的认识和实践有许多启发意义。首先,任何事物都是质和量的统一,我们对事物的分析,既要认识事物的质,又要认识事物的量,才能认清事物的渐进和飞跃过程,把握事物的性质。其次,既要做艰苦的长期的工作,又要在质变的条件成熟时抓住时机,当断则断,促使旧事物向新事物的飞跃。在改革中,既要有立志改革的革命精神,反对因循守旧,停滞不前;又要立足当前,循序渐进。最后,把握事物的度,掌握“适度”原则。我们做工作,一定要注意“分寸”,掌握“火候”,“过”或“不及”都是不合适的。例如,对他人提出批评,太轻了不能触动其思想,太重他人承受不了,凡事以适度为好。

三、否定之否定规律

事物内在矛盾的对立统一所推动的事物发展,表现为质量互变过程,但是这种质量互变不是质和量的依旧循环,而是表现为螺旋式上升或波浪式前进的运动,是曲折性和前进性的统一。我们把由事物内部肯定因素和否定因素的对立统一总是引起事物的螺旋式上升、波浪式前进的运动,称为否定之否定规律。唯物辩证法揭示的这一规律,指明了事物发展的方向和道路。

1. 肯定和否定

任何事物中都包含着肯定和否定两个方面。肯定方面是维持事物照旧存在的方面,否定方面是促使事物自身灭亡的方面。

事物的肯定或否定既相互对立,又相互统一。肯定和否定的辩证统一表现在3个方面。第一,肯定和否定相互依赖。它们各以对方为自己存在的前提,共处于事物之中,没有肯定,一切事物都不存在;没有否定,事物就不能变化和发展。第二,肯定和否定相互转化。当事物内部肯定方面占据主导地位时,事物就保持其固有的存在和性质,一旦否定方面占支配地位,否定方面就成了新事物中的肯定因素。第三,否定包含着肯定,肯定也包含着否定。否定是事物自身的否定,这种否定的实质是扬弃,即既克服又保留,这就是唯物辩证法讲的辩证的否定。否定方面不是把肯定方面吃掉,而是克服其不利的一面,保留其有利的一面,吸收、改造旧事物的积极成分,使事物的发展保持着连续性。否定的结果,是事物中有生命力的、代表事物发展前途的因素占据主导地位,从而为事物的进一步发展开辟广阔的前途。同样,肯定也不是兼收并蓄,而是肯定事物中有生命力的因素,同时也就否定了其中的糟粕。

2. 否定之否定

事物的发展,不是经过一次否定就到此完结,而是一个有规律的过程,即从肯定到否定再到否定之否定的过程。实际上,尽管经过第一次否定,被否定的东西所具有的一些积极因素被保存下来,但第一次否定却是被否定东西的完全对立面,由否定而走向极端,使初始的形式和第一次否定形成的形式成为对立关系,两个新的对立面构成新的矛盾,其矛盾自身的发展和解决,必然实现对第一次否定的再否定,即否定之否定。否定之否定是一次新的综合,是两种对立面的片面性的克服,解决了二者之间的矛盾,实现了对立面的统一。

3. 事物发展是前进性和曲折性的统一

事物的否定不是一次性否定,而是一个连续不断的过程。旧事物总要被新事物所否定,新事物也会在运动发展中由新到旧,又要被更新的事物所否定。所以,任何事物的发展都不是直线式的,而是表现出螺旋式上升波浪式前进的方向、道路和趋势,即前进性和曲折性相统一的发展过程。原因如下:

第一,事物的发展道路是曲折的。如上所述,事物的发展,表现为事物内部肯定因素和否定因素的矛盾斗争,没有肯定就没有事物的存在,没有否定就没有事物的发展。但是,任何否定,都是对旧事物某些方面的克服,某些形态的改变和原有属性的改变。同时,在新旧因素的斗争中,旧因素占据上风的现象也是会发生的,所以曲折是不可避免的。

第二,事物发展的总体趋势是前进上升的。每一次否定都保留了事物的积极因素,又产生了新的因素，把事物推向前进。完成一个过程，实现了否定之否定，就包含了对第一个环节肯定因素的保留，表现为仿佛向旧事物的复归，但这不是简单的重复，而是变革中的继承，是经过曲折迂回，在高级阶段上重复低级阶段上的某些特征、特性。新事物总要战胜旧事物。

第三，事物的发展是前进性与曲折性的统一。事物的否定与曲折，总是前进中的曲折，前进又总是在曲折中实现的，表现为继承与变革、前进性与曲折性的统一。

坚持前进性与曲折性相统一的观点，必须反对循环论和直线论。循环论把事物的发展错误地看成是简单的循环，只看到曲折，而否认前进，实际上否定了事物的发展。直线论的错误是将事物发展的前进性绝对化，认为事物的发展是直线前进的，任何曲折都是反常，只讲前进，否认曲折，忽视了事物发展的复杂性。直线论者必然在挫折面前怨天尤人。这两种观点，都割裂了事物发展的前进性和曲折性的统一，都是形而上学的观点。

【复习思考题】

1. 什么是规律？唯物辩证法揭示了哪三大规律？
2. 什么是矛盾？矛盾的同一性和斗争性在事物发展中各起什么作用？
3. 矛盾的普遍性和特殊性的关系怎样？为什么说矛盾的普遍性和特殊性相统一的原理是建设中国特色社会主义理论的根据？
4. 如何认识和把握事物运动发展中内因和外因的关系？
5. 为什么必须坚持两点论和重点论的统一？
6. 量变和质变的关系如何？
7. 为什么说事物的发展是前进性和曲折性的统一？

第三章　实践与认识

第一节　实践是认识的基础

马克思主义把科学的实践观引入认识论，揭示了认识对实践的依赖关系，并指出认识的过程是实践和认识辩证运动的展开过程，即发现真理、证实真理和发展真理的过程。

一、实践的特点和形式

马克思主义认为，实践是作为主体的人能动地探索和改造世界的物质活动，它既不同于动物的本能活动，又不是人的精神活动，而是主体和客体之间的相互作用过程。人的社会实践具有4个特点。第一，直接现实性。实践活动本身是客观现实因素相互作用的结果，实践能把主体的预期目的变成直接的现实。第二，自觉能动性。实践是人类在一定的需要引发下，怀着一定的目的，按照一定的计划对客体的主动干预。第三，社会性。实践本质上不是单个人的孤立活动，而是处于一定社会关系中的人们的集体活动，它受到社会关系的调节和制约。第四，历史性。实践总是一定历史阶段上的实践，受到历史的制约并随着历史条件的变化而变化，因此实践是不断发展着的社会历史活动。

随着人与世界关系的发展，特别是随着社会分工的进步，人类实践的具体形式日益多样化。从内容上看，实践可分为三种基本类型：一是物质生产实践。物质生产实践是人类最基本的实践活动，它解决人与自然的矛盾，满足人们物质生活资料和生产劳动资料的需要，同时生产和再生产社会的基本经济关系，由此决定着社会的基本性质和面貌。二是社会政治实践。社会政治实践是形成各种社会关系的实践活动，表现为人们之间的社会交往和政治活动。人们在物质生产实践的基础上，形成了复杂的社会政治关系。与物质生产方式的变化发展相适应，社会政治实践的方式也是历史地变化的。三是科学文化实践。科学文化实践是创造精神文化产品的实践活动，它有各种不同的形式，其中重要的形式有科学、艺术、教育等。以上三种实践类型既各具不同的社会功能，又密切联系在一起。其中物质生产实践是最基本的实践活动，它构成全部社会生活的基础，社会政治实践和科学文化实践在物质生产实践基础上产生和发展起来，受物质生产实践的制约并对其产生能动的反作用。

二、实践对认识的决定性作用

马克思主义认为，实践决定认识，其决定作用表现如下：

第一，实践是认识的源泉。只有在实践中，主体和客体才发生认识与被认识的关系，才能接触客体，解剖客体，分析概括出客体的本质和规律。人们只能在战争中认识战争规律，在市场经济中学会经商，认识价值规律。没有实践就不会有主体对客体的反映。个人的知识来源于直接经验和间接经验，但间接经验也是别人从实践中得来的。

第二，实践是认识发展的根本动力。社会实践创造出新的理论，不断向人们提出新要求、新课题，推动人们从事新的探索和研究；实践创造了新的认识工具，增加了认识手段，提高了认识的精确度；实践不断地改善和提高人类的感觉器官和思维器官，推动人类思维能力的发展；实践还不断地积累新的经验资料，使人们得以不断地整理和概括出新的认识。

第三，实践是认识的目的。人们不是为解释世界而认识世界，而是为改造世界而认识世界，为了给实践以理论指导、达到预期目的、提高实践的功效而认识世界。实践是认识的起点，也是认识的归宿。

第四，实践是检验认识正确与否的标准。认识正确与否，不以人们主观上觉得如何而定，最终总是要由实践作出验证的，经过实践检验，正确的肯定下来，错误的予以纠正，人们的认识才不断地得到补充和完善。总之，认识的发生、发展、最终目的和检验标准都是由实践决定的，实践贯穿于认识全过程，是认识产生和发展的决定力量。

三、实践需要理论指导

一般来说，实践总是在一定的理论指导下进行的，没有理论指导的实践是盲目的实践。正确的理论指导实践能获得成功，因为它正确地反映了客体的本质及其发展规律，能够指导我们按照客体的运动规律改造客体，达到主体的预期目的；而错误的理论指导实践会遭受失败或损失。认识的任务是要获得正确理论，发挥正确理论的积极作用，克服错误理论的消极作用，实现改造世界的历史任务。

第二节　认识的辩证过程

认识的本质是主体在实践基础上对客体的能动反映，这是辩证唯物主义认识论对认识本质的科学回答。认识的辩证过程，是实践和认识矛盾运动的过程。认识的具体过程，包含着由实践到认识，由认识到实践，即在实践的基础上，由感性认识到理性认识，又由理性认识到实践这样两个具体阶段。实践—感性认识—理性认识—实践的循环过程，就是认识发生、发展的过程。

一、由实践到认识

1. 感性认识和理性认识的特征与形式

辩证的认识运动，首先是由实践到认识的过程。这个过程，认识经过由低到高两种形式。感性认识是人类认识必经的初级阶段，是人们在实践的基础上，由感觉器官直接感受到的关于事物的现象、各个片面和外部联系的认识，包含感觉、知觉和表象 3 种形式或 3 个发展阶段。感觉是感性认识的初始阶段，它是人的感官对客观事物表面的、个别特征或属性的直接反映，如视觉反映物体的色彩，听觉反映物体的声音，嗅觉反映物体的气味，味觉反映物体的滋味，触觉反映物体的干湿、软硬、冷暖等。人的感觉器官对物体的冷暖干湿、酸甜苦辣、平凸凹曲等色声味形的直接感知所获得的认识，都属于感觉的范围。感觉是主体与客体的直接联系，是感性认识从而也是整个认识的起点。知觉是通过综合各种感觉而产生的对事物的整体性反映，如关于梨的知觉，就是对梨的形状、颜色、味道等感觉的集合。表象，或称观念，是主体通过大脑对过去的感觉和知觉的回忆。人们之所以会出现“谈虎色变”，就是因为人们关于虎的表象在大脑中能够再现，从而使人产生如临其境的恐惧。表象已包含着概括和抽象的萌芽，是感性认识的较高形式。感性认识的特点是直接性,它以生动具体的形象直接反映外部世界,这一特点决定了它不可能实现人类认识任务,因而有待于进一步深化和发展为理性认识。

理性认识是认识的高级阶段,是人们对事物的本质和规律的认识。理性认识的形式包括概念、判断和推理。概念是对同类事物的共同点、一般特性的反映。它的形成标志着认识已由感性直观上升到理性思维。概念是理性认识的开端,其他的理性认识形式都是在概念的结合和深化中形成和发展的。判断是展开了的概念,是对客体状况及其联系或关系的反映所作的判明或断定。推理是从事物的联系或关系中由已知合乎规律地推出未知的思维活动。从概念到判断再到推理,是理性认识由低级到高级的发展。理性认识的特点是抽象性和间接性,它以抽象思维的形式间接地反映客观事物的内在关系,它的形成表现为一系列抽象概括、分析综合的过程。正是这一特点决定了它必须以感性认识为基础。

2. *感性认识和理性认识的关系*

首先,感性认识是理性认识的基础,理性认识依赖于感性认识。马克思主义不承认所谓的“天赋观念”“先验知识”,认为一切真知都是从实践中得来的。在社会实践中,人们千百次地获得直观的感性经验,然后对感觉、知觉和表象之间的联系、关系进行判断和推理,才能获得理性认识,离开这些感性经验,理性认识是不可能产生的。正如俗话所说,“近水知鱼性,近山知鸟音”“吃一堑,长一智”。

其次,感性认识有待于发展深化为理性认识。感性认识上升到理性认识是由认识的任务决定的。认识的任务在于揭示事物的本质和规律,进而服务于实践。为此,就必须把经验中得来的感性材料,经过分析整理,提炼概括出规律性的认识,有效地指导实践。感性认识上升到理性认识是认识过程的深化,表明认识达到了高一级的程度。这是认识过程的第一次飞跃。实现由感性认识到理性认识的飞跃依赖于3个条件:第一,必须具有大量的、丰富的、合乎实际的感性认识材料;第二,要有科学的研究方法和思维方法;第三,要发挥人的主观能动性,开动脑筋,对感性材料进行“去粗取精、去伪存真,由此及彼、由表及里”的艰苦、细致的加工制作。

实践中割裂感性认识和理性认识的关系,偏执一端,不是犯经验主义错误,就是犯教条主义错误。经验主义重经验而轻视理论的指导作用,把个别经验或局部经验当作普遍真理,到处套用;教条主义则轻视感性认识和实践,从本本出发,把真理当成不变的、不受任何条件制约的终极真理。教条主义和经验主义都是主观和客观、认识和实践相脱离的结果。

二、由认识到实践

感性认识上升到理性认识,认识的过程还没有完成。理论还必须回到实践中去,实现由理性认识到实践这一认识过程的第二次飞跃。这次飞跃意义更为重大,因为:第一,它使主体反映客体的认识化为实践,使精神力量转变为物质力量,从而实现主体认识客体的最终目的;第二,理论是否正确、全面,还有待于证实、检验和发展。理性认识指导实践的过程,也是检验和发展理论的过程,是认识过程的继续和深化。只有通过第二次飞跃,才能充分发挥理论对实践的指导作用。认识的辩证发展过程,就是由实践到认识、由认识到实践的循环反复过程,每次循环,认识都相对地进到了高一级的程度,从而使人类的认识从简单到复杂,从有限趋向无限。认识运动的这种反复性和无限性,要求我们必须做到主观和客观、理论和实践的具体的历史的统一。所谓具体的统一,是指主观认识或理论要同一定地点、条件下的客观实际或实践相符合。这种统一又应是历史的统一,即主观认识或理论要同不断发展变化着的客观实际或实践相适应。人们认识的任务，就在于求得主观和客观、理论和实践的具体的历史的统一，不统一就会使我们的思想或理论脱离实际或实践，在工作中犯“左”的或“右”的错误。

第三节　认识的真理性及其检验标准

一、真理的本质及其特性

马克思主义所讲的真理，是指人们对客观事物及其发展规律的正确认识。错误的认识则是谬误。

真理具有客观性。第一，真理的内容是客观的。马克思主义从物质第一性、意识第二性的前提出发，认为真理的本质特性是它的客观性。虽然真理作为主观认识，不是客观事物本身，但任何认识的真理性都不是由它的主观形式决定的，而是由它的内容决定的，正确地反映了客观事物及其规律的认识，并不会因人而异，或因阶级而异。第二，检验真理的标准——社会实践也是客观的。一种认识是否有客观的真理性，不是以某人或某阶级的主观意志、愿望、利益和好恶而定，而是由实践裁定，否则在认识的真理性问题上就会公说公有理，婆说婆有理。

真理还具有绝对性和相对性。真理的绝对性是指任何真理都是对客观事物及其规律的正确反映，都包含着不依赖于主体的客观的内容，都同谬误有原则的界限，在它存在的条件范围内，是普遍有效的，因而是绝对的、无条件的。没有绝对性，真理就不再是真理。真理的相对性是指真理存在的条件性和界限性。没有相对性对真理的限定，就无法谈论真理。

任何真理既有绝对性也有相对性，没有绝对性就不是客观真理，没有相对性的界定，真理就无法存在。否定真理的相对性，不顾真理存在的条件和范围，到处搬套，从而也就否定了真理的发展。马克思主义的真理观坚持真理的绝对性和相对性的统一，既反对绝对主义，也反对相对主义。

二、实践是检验真理的唯一标准

怎样才能知道我们获得的认识是正确的还是错误的呢？马克思主义认为，只有实践才能对此作出公正的裁决。

实践之所以能够成为检验认识真理性的标准，这是由真理的本性和实践的特性决定的。从真理的本性上看，只有实践才能判明主观是否与客观相符合以及符合的程度。真理的本性就在于主观和客观相符合，检验认识是否具有真理性，即检验人们的认识同客观实际是否相符合以及符合到什么程度。显然，检验不可能由主观认识单独进行，因为认识自身或认识主体不能凭主观意愿、利益或好恶判明认识是真理还是谬误，而必须有客观根据。检验也不可能由客观对象单方面完成，要客观地对认识的正确与否作出裁决，必须把主观认识和客观对象相对照。恰好实践是联结主观与客观的纽带，是主观见之于客观的活动，它能够把主观认识和客观对象相对照，而且实践有一个根本特性，这就是它的直接现实性，即它可以按照理论的要求创造出理论的现实来。实践在理论的指导下如果达到理论的预期目的，创造了理论所要求的实践结果，这种客观结果就表明了认识的真理性；反之，如果反复地实践，其结果总不能达到理论的预期结果，如果不是实践本身的差错，便表明认识不具有真理性，而是谬误。

三、必须坚持解放思想，实事求是，与时俱进

我们党确立的马克思主义的思想路线就是一切从实际出发，理论联系实际，实事求是，在实践中检验真理和发展真理。毛泽东同志指出："'实事'就是客观存在着的一切事物，'是'就是客观事物的内部联系，即规律性，'求'就是我们去研究。我们要从国内外、省内外、县内外、区内外的实际情况出发，从其中引出其固有的而不是臆造的规律性，即找出周围事变的内部联系，作为我们行动的向导。"实事求是与解放思想有着不可分割的联系。当人们的实践进入新的阶段，遇到新的矛盾和问题，需要采取新的策略、方法和手段时，常常会遇到陈旧僵化的观念、传统的束缚。此时，只有解放思想，摆脱束缚，打破"左"的或"右"的思维定式，才能把握机遇，勇于创新，实事求是地处理矛盾、解决问题。

马克思主义是我们立党立国的根本指导思想，是全国各族人民团结奋斗的共同理论基础。马克思主义的基本原理任何时候都要坚持，否则我们的事业就会因为没有正确的理论基础和思想灵魂而迷失方向，就会归于失败。这就是我们为什么必须始终坚持马克思主义基本原理的道理所在。马克思主义具有与时俱进的理论品质。如果不顾历史条件和现实情况的变化，拘泥于马克思主义经典作家在特定历史条件下、针对具体情况作出的某些个别论断和具体行动纲领，我们就会因为思想脱离实际而不能顺利前进，甚至发生失误。这就是我们为什么必须始终反对以教条主义的态度对待马克思主义理论的道理所在。我们党在历史上的一些时期曾经犯过错误，甚至遇到严重挫折，根本原因就在于当时的指导思想脱离了中国的实际。我们党能够依靠自己和人民的力量纠正错误，战胜挫折，继续胜利前进，根本原因就在于重新恢复和坚持贯彻了解放思想、实事求是的思想路线。

马克思主义的发展史充分说明：解放思想、实事求是，是引导社会前进的强大力量。社会实践是不断发展的，我们的思想认识也应不断前进，应勇于和善于根据实践的要求进行创新。要坚持实践是检验真理的唯一标准，在党的基本理论指导下，一切从实际出发，自觉地把思想认识从那些不合时宜的观念、做法和体制中解放出来，从对马克思主义的错误的和教条式的理解中解放出来，从主观主义和形而上学的桎梏中解放出来。坚持科学态度，大胆进行探索，使我们的思想和行动更加符合客观实际，更加符合社会主义初级阶段的国情和时代发展的要求。

【复习思考题】

1. 什么是实践？实践有哪些形式？
2. 为什么说实践决定认识？
3. 认识过程有哪两次飞跃？
4. 感性认识和理性认识的关系是怎样的？
5. 什么是真理？为什么说实践是检验真理的唯一标准？
6. 为什么必须坚持解放思想，实事求是，与时俱进？

第四章　社会的存在和发展

第一节　两种社会历史观

一、社会历史观的基本问题

生活在社会中的人们都有自己的社会历史观。社会历史观是人们对社会历史的根本看法，其基本问题是社会存在和社会意识的关系问题，它是人们理解或研究社会生活、社会历史，解决社会历史观中一系列问题的前提和基础。

社会存在是社会生活的物质方面，它是指社会物质生活条件的总和，即人类社会赖以存在和发展的物质生活条件，主要是生产方式，也包括地理环境和人口因素。

社会意识是社会生活的精神方面，它是社会存在的反映，包括艺术、道德、宗教、政治和法律思想、科学、哲学等多种形式。

社会存在和社会意识何者为第一性、何者为第二性的问题，是划分唯物史观和唯心史观的唯一标准。认为社会意识是第一性，社会存在是第二性的，是历史唯心主义。相反，认为社会存在是第一性，社会意识是第二性的，属于历史唯物主义。

历史唯心主义者主张社会意识决定社会存在。他们有的用人们的思想动机、个别英雄人物的意志来解释历史的发展，把社会发展的主要原因归于人们的意识，把理性、观念和政治的、道德的原则看作是社会历史发展的终极原因；有的则从社会外部去寻找某种根本不存在的、神秘的精神力量，作为社会历史发展的根源。他们否认社会内部的矛盾运动，否认物质生产资料的生产对社会发展的决定作用，否认阶级斗争在阶级社会中的历史作用，否认人民群众是历史的创造者，否认社会历史发展的客观规律。这样，历史唯心主义就歪曲、颠倒了社会历史的本来面貌。

二、社会存在及其对社会意识的决定作用

（一）社会存在的构成

社会存在也叫社会物质生活条件，它包括地理环境、人口因素和物质资料的生产方式。它们在社会发展中的地位和作用是不同的。

1. 地理环境

地理环境，是指与人类社会所处的位置相联系的各种自然条件的总和，包括自然环境、气候、资源、地理位置以及动物和植物等。

马克思主义肯定地理环境对社会发展的重大作用，但同时指明它不是社会发展的决定力量，因为地理环境不决定社会制度的性质，不是社会发展的根本原因，不能决定社会制度的变革。

2. 人口因素

人口因素是一个综合性概念,包括人口的数量、质量、构成以及发展速度和分布状况,如男女比例、年龄构成、文化结构、人口密度等。马克思主义认为,人口因素是社会存在和发展的必要条件,对社会的发展起着重要作用。但是,人口因素不是社会发展的决定力量。

3. 生产方式

生产方式也叫物质资料生产方式,是社会物质生活本身的具体形式,它是生产力和生产关系的统一。在社会物质生活条件中,只有生产方式才是决定社会发展的决定因素。原因如下:

第一,生产方式是人类社会赖以存在的基础,是人类其他一切活动的前提。劳动在从猿到人的转变过程中起着决定性作用。在人类社会形成以后,人类为了自身的生存,必须不停地从事生产劳动,只有通过生产劳动解决了物质需要以后,才有可能进行政治、文化活动。所以,物质资料的生产是一切社会活动的基本条件。物质资料的生产一旦停止,社会就会灭亡。

第二,生产方式决定着社会的结构、性质和面貌。一个社会的政治法律制度和意识形态,归根到底是由生产方式的状况决定的。人类从原始社会到奴隶社会、封建社会、资本主义社会和社会主义社会,之所以形成不同的社会结构、社会性质和社会面貌,其中生产方式起了根本的作用。社会的经济、政治和精神面貌,归根到底只能从社会的生产方式中得到如实的说明。

第三,生产方式的发展和变革推动着社会形态的发展和变革。人类社会的发展和变化,首先表现为生产方式的发展和变化,随着生产方式的变更,整个社会制度和意识形态都会发生相应的变化。不同社会制度的依次更替,社会从低级阶段到高级阶段的发展,都是由生产方式的变更决定的。

(二)社会存在对社会意识的决定性作用

历史唯物主义主张社会存在决定社会意识,认为这种决定作用主要表现在以下4个方面:

第一,社会存在决定社会意识的产生。社会存在是社会意识产生的基础,一定的社会意识只有在社会存在发展需要时,才能产生,才能成为现实。没有社会存在便没有社会意识。

第二,社会存在的状况决定着社会意识的内容。社会意识本质上是社会存在的反映,是人们对自己生活实践于其中的周围环境、社会关系、社会过程的认识,所以社会存在的状况不同,社会意识的内容必然不同。不同的时代,之所以会出现不同的文学艺术作品,是因为社会生活的不同;不同时代道德观念的变化,同样是社会关系变化的结果。

第三,社会存在的阶级内容决定着社会意识的价值倾向。社会存在的主要内容是生产方式,而一定的生产方式总为一定的阶级代表着,它是特定阶级赖以存在的经济基础。封建社会的生产方式是地主阶级赖以存在的经济基础,资本主义的生产方式是资产阶级赖以存在的经济基础,以公有制为基本特征的社会主义的生产方式是工人阶级和广大劳动人民利益的保证。作为反映社会存在状况的哲学、政治法律思想和道德,必然成为占统治地位的生产方式的保护者,这就使社会意识有着鲜明的价值倾向。

第四,社会存在决定着社会意识的变化和发展。既然社会意识是社会存在的反映,社会存在变化了,社会意识迟早要随之变化和发展。

三、社会意识及其对社会存在的反作用

1. 社会意识的构成

社会意识结构也是一个具有多层次的复杂而庞大的体系,主要内容有政治法律思想、道德、

艺术、宗教、哲学等各种社会意识形式。

从发展水平上考察社会意识体系中的高低层次,可以把社会意识区分为社会心理和理论意识。社会心理是社会意识的低级形态,它是特定时期的社会群体或广大群众中普遍流行的、自发的、没有定型的心理、观念和精神状态,包括从现实生活中,以及从传统中获得的各种情绪、愿望、信念、习惯、道德风尚和审美情趣等。简单地说,社会心理就是人们的日常意识。与社会心理相反,理论意识是经过职业思想家、艺术家、科学家对社会心理进行整理加工而形成的系统的定型化的思想理论体系,是一种高级形态的社会意识,如哲学、艺术、政治法律思想、道德、宗教等都是社会意识的理论形式。

社会心理是理论意识的初始内容,是理论意识反映社会存在的中介,没有社会心理就不会有理论意识的产生和发展。理论意识是社会心理发展的高级形态,它源于社会心理,又高于社会心理,一旦形成,又影响着人们的社会心理。

2. 社会意识对社会存在的重大反作用

社会意识不仅反映社会存在,而且反作用于社会存在。社会意识对社会存在的反作用表现为以下 3 个方面:

第一,社会意识批判或维护社会存在。当一种新的社会关系、生产方式形成并起着进步作用时,先进的社会意识的各种形式会论证它的合理性,维护它的存在;没落的社会意识形式会批判它、否定它,从而影响着人们对社会存在的实践态度。

第二,社会意识通过调控人们的社会实践行为来调控社会存在。政治法律以硬性的态度调控人们的行为,保证某种社会关系的存在,或否定某种社会关系的存在;道德以软性的态度来维持或否定人们的日常行为关系,宗教、艺术、哲学等都以自己特有的方式规范着人们的社会实践,从而规范着社会存在。

第三,社会意识对社会存在的变化发展起促进作用或阻碍作用。社会意识产生之后,具有相对独立性,以一定的形式相对独立存在,形成精神力量。进步的社会意识对社会存在的变化发展起积极的促进作用;而腐朽反动的社会意识则对社会存在的变化发展起消极的阻碍作用。

第二节　社会基本矛盾及其运动规律

一、什么是社会基本矛盾

社会矛盾千头万绪,马克思主义认为,生产力和生产关系的矛盾、经济基础和上层建筑的矛盾是社会的基本矛盾。社会基本矛盾的运动是社会运动发展的基本动力,社会基本矛盾的运动规律是社会发展的基本规律。

为什么只有生产力和生产关系的矛盾、经济基础和上层建筑的矛盾才能称得上是社会的基本矛盾呢?因为:第一,这两对矛盾贯穿于人类社会发展过程的始终并存在于一切社会形态之中,只要人类社会存在,就必然存在着这两对矛盾;第二,生产力和生产关系、经济基础和上层建筑概括了社会生活的最基本领域,由它们所构成的两对矛盾,是社会的基本领域之间的矛盾,认识了这两对矛盾,就能把握社会的根本状况;第三,这两对矛盾对社会的其他一切矛盾起支配作用,如阶级矛盾就是这两对矛盾在阶级社会中的表现;第四,这两对矛盾运动过程所体现的本质的、必然的联系,是社会发展的最普遍、最基本的规律。

二、社会基本矛盾的运动规律

1. 生产关系一定要适合生产力状况规律

生产力是人类改造和影响自然界以谋取物质资料的能力。它包括3个基本要素以及通过这些基本要素而发生作用的其他因素。这3个基本要素包括:一是劳动者,它是指具有一定生产经验和劳动技能并从事物质资料生产的人;二是劳动资料,它是人们用来影响和改变劳动对象的一切物质资料及物质条件,主要包括生产工具及其附属物;三是劳动对象,它是在生产过程中被加工改造的物质资料。劳动资料和劳动对象的总和,就是生产资料。影响生产力状态和发展的其他因素主要有科学技术、劳动管理等。

生产关系是指人们在生产过程中结成的人与人之间的社会关系。人们要进行生产,必须结成一定的关系,否则生产是无法进行和持续发展的。生产关系的内容包括3个方面:一是生产资料的所有制关系,即生产资料归谁所有;二是人们在生产过程中的地位和相互关系;三是产品的分配关系。生产关系的3个方面是紧密联系、互相作用的整体。其中,生产资料所有制关系是生产关系的基础,它在生产关系中居于主要地位,起着决定性作用。

生产力和生产关系的相互作用,构成了生产方式的矛盾运动,在这种矛盾运动中存在着一种本质的必然的联系,即生产关系一定要适合生产力状况。这条规律的主要内容有两个方面。一方面,生产力决定生产关系。这种决定作用表现在:第一,生产力的状况决定生产关系的性质和形式,有什么样的生产力,就有什么样的生产关系,生产力是生产关系形成的前提和物质基础;第二,生产力发展的要求决定生产关系的变革。在生产方式中,生产力是最活跃、最革命的因素,因为劳动者的技能和其他素质在不断提高,生产工具不断改善和发明,使生产力一刻不停地发展着。生产力的发展要求生产关系与之相适应,否则人不能尽其才,物不能尽其用,生产关系就会成为生产力发展的桎梏。但是,由于生产力内在矛盾的不断推动,它一定能冲破旧的生产关系。所以,生产关系的新陈代谢,都是由生产力的发展决定的。另一方面,生产关系对生产力具有反作用,但反作用归根到底取决于和服从于生产力发展的客观要求。生产关系对生产力的所谓“适合”,就是适应生产力发展的客观要求,成为生产力发展的最佳条件。生产关系对生产力的反作用有两种情况:一是当生产关系适合生产力状况时,对生产力发展起促进作用;二是当生产关系不适合生产力状况和要求时,对生产力发展起阻碍作用。生产关系说到底集中体现着人们的物质利益关系,物质利益关系影响着劳动者的积极性,因而生产关系是否适合生产力的状况和要求,直接影响着人和物的潜在能量能否得到充分发挥。可见,生产关系对生产力作用的性质归根到底是由生产力的客观要求决定的。旧的生产关系可以“阻碍”生产力的发展,但最终不可能“阻止”它,生产力有自己的内在动力,它迟早要冲破阻碍它发展的过时的生产关系的束缚,为建立适应生产力发展要求的生产关系开辟道路,从而推动着生产方式乃至整个社会有规律地由低级向高级不断发展。

生产关系一定要适合生产力状况的规律,是马克思主义政党制定路线、方针和政策的依据。在马克思主义政党已经成为执政党的社会主义国家,党的任务就在于自觉顺应这一规律,根据生产力发展的趋势和要求,适时地建立与之相适应的社会主义生产关系的合理形式,促进生产力的迅速发展。

2. 上层建筑一定要适应经济基础状况规律

社会基本矛盾除了生产力和生产关系的矛盾外,还有经济基础和上层建筑的矛盾,因此经

济基础与上层建筑之间的矛盾运动规律,是社会发展的另一基本规律。

马克思主义把一定的生产关系看作一定社会的经济基础,它相对于生产力而言叫生产关系,相对于上层建筑而言又叫一定社会形态的经济基础。经济基础是指由社会一定发展阶段的生产力所决定的生产关系的总和。社会的一定发展阶段上往往存在多种生产关系,但决定一个社会性质的是其占支配地位的生产关系。上层建筑,就是建立在一定经济基础之上的社会意识,以及与之相适应的各种制度和设施的总和。社会意识为社会思想上层建筑,社会制度和设施为社会政治上层建筑。一定的经济基础之上建立起一定的上层建筑就形成一定的社会形态,所以,社会形态是经济基础和上层建筑的矛盾统一体。在经济基础和上层建筑这对矛盾的运动中,存在着这样一种内在的、本质的必然联系:经济基础决定上层建筑,上层建筑对经济基础具有反作用,而反作用的大小和性质取决于经济基础的状况。

经济基础决定上层建筑。首先,经济基础决定上层建筑的产生。经济基础是上层建筑的根源和基础,上层建筑中的社会意识以及制度设施都是适应经济基础的需要而产生的。其次,经济基础的性质决定着上层建筑的性质。经济基础是社会生活和物质关系,它决定着社会的政治生活和精神生活,有什么样的经济基础,就会有什么样的上层建筑。经济上占统治地位的阶级,政治上、思想上也要占统治地位。最后,经济基础的变化决定着上层建筑的变化。上层建筑随经济基础变化而变化,才有可能更好地服务于变化了的经济基础。

上层建筑对经济基础具有反作用,这种反作用集中表现在为其经济基础的形成、巩固和发展服务上。上层建筑对经济基础反作用的性质、大小取决于经济基础的状况。当它服务的经济基础适合生产力发展要求时,其作用就成为推动社会发展的进步力量,经济基础适合生产力要求的程度越高,上层建筑的作用就越大;反之,当它所服务的经济基础不适合生产力发展要求,成为生产力发展的桎梏时,它对经济基础的服务就成了社会发展的阻碍力量。经济基础对生产力的束缚越大,上层建筑对社会的阻碍作用就越大。上层建筑就是这样随其经济基础的产生而产生、消亡而消亡,这个过程就是社会形态由量变到质变再到新的量变的循环过程,每一循环都使社会进入一个更高的形态。

第三节　社会发展的动力

一、社会基本矛盾是社会发展的基本动力,生产力是社会发展的根本动因

正如一切客观事物发展的动力在于事物自身的矛盾运动一样,社会发展的动力也是社会自身的矛盾运动,主要是社会基本矛盾的运动。社会基本矛盾运动有其内在的不同动因和解决矛盾的多种手段,它们在不同程度上都对社会发展起着重大作用。

生产力和生产关系、经济基础和上层建筑这两对矛盾相互联结、相互作用,形成生产力—生产关系(经济基础)—上层建筑的连锁运动,推动着社会不断向前发展。生产力每时每刻都在发展中,随着生产力的发展,现存的生产关系会与之相矛盾,于是就要求调整和变革生产关系。随着生产关系即经济基础的调整和变革,现存的上层建筑同经济基础产生矛盾,于是又必须调整和变革上层建筑以适应经济基础的要求,上层建筑的变革就使社会从一种形态发展到更高的形态。可见,社会基本矛盾是推动社会发展的根本动力,而且作为这种动力的社会基本矛盾运动又是以生产力的发展为根本动因的。

二、科学技术是社会发展的强大动力

科学技术对社会发展的作用,首先表现在科学技术对生产力各要素及其组合方式的关键作用上。科学技术的发展可以造就一代具有新的生产技能和精神风貌的劳动者;新的科学可以导致新劳动工具的发明;新的科学技术可以拓展劳动对象的开采范围和深层次加工利用的能力;科学化管理可以使生产力要素得到合理组合,形成科学的劳动方式,这一切都将大大地推动生产力的发展,成千倍甚至成万倍地提高劳动生产率,强有力地推动社会向前发展。其次,还表现在科学技术指导着社会的治理,使社会获得正常的发展。比如,社会科学能够指导人们按照社会发展规律改造社会,不断地使社会理想化。所以,科学技术作为先进生产力的重要标志,对于推动社会发展有着非常重要的作用。

三、阶级斗争是阶级社会发展的直接动力

在阶级社会里,社会基本矛盾表现为阶级矛盾和阶级斗争。阶级斗争使社会基本矛盾不断解决,从而成为阶级社会发展的直接动力。

阶级斗争成为推动阶级社会发展的直接动力,首先表现在生产方式和社会形态的质变过程中。在阶级社会里,当旧的生产关系严重阻碍生产力发展的时候,任何改变旧生产关系的努力都会遇到代表旧生产关系的阶级的反抗。比如,要根本变革生产资料占有关系或分配关系,旧生产关系的代表阶级是不情愿的,只有经过激烈的阶级斗争,才能促进旧生产关系的变革和新的生产方式的建立。社会形态的更替也是如此。其次,还表现在同一生产方式和社会形态的量变之中。阶级社会的生产方式和社会形态的矛盾,主要反映了占有者和劳动者在经济地位和政治地位上的关系不合理,被统治阶级为了反抗统治阶级的剥削和压迫,不断地斗争,迫使统治阶级作出不同程度的让步,为生产方式和社会形态的质变做了量的准备。然而,阶级斗争作为社会基本矛盾在阶级社会里的表现,是由生产力的发展引起的,阶级斗争只起着解放生产力的作用。正是在这个意义上,我们说阶级斗争是推动阶级社会发展的直接动力,而根本动力仍然是社会基本矛盾。

四、改革是解决社会主义社会基本矛盾、推动社会主义发展的基本手段

解决生产关系与生产力的矛盾、上层建筑与经济基础的矛盾,在阶级对抗的社会里,根本方式是阶级斗争和社会革命。而在社会主义社会里,其基本方式只能是改革,这是由社会主义社会基本矛盾的性质决定的。

首先,社会主义社会和其他一切社会形态一样,也存在着生产力和生产关系、经济基础和上层建筑之间的不相适应和矛盾,需要随着生产力的发展适时调整与生产力状况不相适应的生产关系,与经济基础状况不相适应的上层建筑。但是,由于这种矛盾是非对抗性的,表现为人民的根本利益一致基础上的人民内部矛盾,解决的方式不需要也不应该是暴力革命,而只能是改革。

其次,社会主义社会的改革,是在马克思主义政党的领导下进行的有序的社会实践,能够按照社会发展规律的要求,有规划地以政策和法律的形式对生产关系和上层建筑进行调整,避免社会的大幅度震荡带来的破坏性。

最后,社会主义社会改革的目的是为了更好地实现人民的利益,因而能得到人民群众的支持与广泛参与。

总之,在我国社会主义初级阶段,以公有制为主体、多种所有制经济共同发展,按劳分配为主体、多种分配方式并存,社会主义市场经济体制等社会主义基本经济制度的确立,使社会基本矛盾失去以往社会形态的对抗性,完全能够依靠改革解决社会基本矛盾,在安定的环境中通过正常的政策和法律途径,调整生产关系和上层建筑中某些不适应生产力发展的环节或方面,从而使社会基本矛盾随着生产力的发展不断得以解决,始终让基本适应的一面占主导地位,推动社会以前所未有的速度向前发展。

第四节　人民群众和个人在社会历史中的地位和作用

一、人民群众和个人在历史上的作用

决定历史发展的是人民群众还是少数英雄人物,这是历史唯物主义和历史唯心主义的重大分歧。历史唯物主义从社会存在决定社会意识的基本观点出发,认为人民群众才是历史的主体,是社会发展的决定性力量。

1. 人民群众是历史的创造者

人民群众是指以劳动群众为主体的社会进步力量,在阶级社会里,它包括一切对社会历史前进起促进作用的阶级、阶层和社会集团。人民群众创造历史的伟大作用,主要表现为两点。第一,人民群众是社会物质财富和精神财富的创造者。人民群众作为劳动者是生产力的主导要素。人民群众自身素质的提高和其所创造的生产工具推动着生产力的发展,给社会基本矛盾运动注入了原动力,也就给社会发展注入了原动力。第二,人民群众是解决社会基本矛盾的基本力量。人民群众的普通愿望和要求为社会基本矛盾的解决指明了一定方向,并以“公意”调节着领导人的决策活动,形成群众引导领袖、领袖领导群众的机制。人民群众还是以社会革命形式解决社会基本矛盾的主力军。可见,无论是社会基本矛盾的产生、运动,还是社会基本矛盾的解决,人民群众都是基本主导力量。

2. 历史人物的重要作用

历史人物是社会历史事件的当事人,社会运动的发起者、组织者和领导者,他们对历史发展的作用是重大的,概括起来,就是能影响社会历史发展的个别面貌,而不能规定社会历史发展的基本趋势和基本进程。具体表现为3点:首先,历史人物可以在一定限度内提前或推迟一些必然的历史事件的到来,从而加速或延缓历史进程;其次,历史人物的性格、知识结构和才能的差别,影响着解决社会问题的方式和方法,使社会历史进程无不打上领袖人物的特殊印记,并影响历史进程的曲直缓急;最后,历史人物可以使历史事件不可避免的结局出现量的差别,或减轻失败的损失,或最大限度地扩大胜利成果。

3. 杰出人物和人民群众历史作用的关系

马克思主义既承认人民群众创造历史的决定性作用,又承认杰出人物的重大历史作用。但马克思主义认为,这不是两股力量,而是统一于社会实践中的一股力量。原因如下:

第一,杰出人物是社会历史发展和群众实践客观需要的产物,没有这种需要,他们就不可能产生,因而人民群众创造历史也包括造就自己的领袖人物。杰出人物的杰出之处,就在于比普通社会成员更善于表达群众的愿望和要求,自觉地适应社会需要。

第二,杰出人物的杰出才能是群众社会实践经验的结晶,离开群众的社会实践,其领袖才能

就成了无源之水。杰出人物的杰出之处，就在于比普通社会成员更善于集中群众的智慧，把群众实践中点滴的、分散的经验上升为系统理论，成为领导群众进行社会斗争的思想理论，推动社会发展。

第三，杰出人物的巨大历史作用也要通过人民群众的社会实践才能发挥出来，否则，纵使他们有三头六臂也完不成历史大业。杰出人物的杰出之处，就在于他们能够赢得广大人民群众的信任、拥护和支持，成为群众社会实践的组织者和领导者，共同完成历史重任。可见，个人的作用只有汇合到人民群众的作用中才有巨大的价值，离开人民群众，任何个人都将一事无成。

二、群众观点和群众路线

马克思主义关于人民群众创造历史的根本原理，要求马克思主义政党必须坚持群众观点和群众路线。

群众观点的主要内容包括：相信人民群众能够自己解放自己，反对一切形式的恩赐观点和包办代替的做法；全心全意为人民服务，反对为个人或小集团谋取私利的思想和行为；一切对人民负责，为人民的利益坚持真理、修正错误，同背离人民利益的行为作斗争；尊重群众的首创精神，虚心向人民群众学习，反对轻视群众、凌驾于群众之上的官僚作风。

坚持群众观点必然要求坚持群众路线。群众路线概括而言就是“一切为了群众，一切依靠群众，从群众中来，到群众中去”。马克思主义政党必须坚持群众路线，这是因为：

第一，群众路线是我们党的生命线，是马克思主义政党区别于其他政党的显著特征。马克思主义政党没有自己的特殊利益，人民群众的利益就是党的利益，马克思主义政党依靠的主力军也是人民群众。是否坚持群众路线，决定着党的根本利益和作风，关系到党的生死存亡。

第二，群众路线是我们党的根本工作路线。从群众中来，将群众分散的意见集中起来，化为系统的意见；再到群众中去，对系统的意见进行宣传解释，变为群众的自觉行动。这也是把一般号召和个别指导相结合、领导和群众相结合的过程。

第三，群众路线深刻地体现了马克思主义的认识论原理。人民群众是实践的主体，一切正确的认识，党的路线方针和政策，归根结底只能来源于人民群众的伟大实践。“从群众中来，到群众中去”的过程，实际上是从实践中来到实践中去的循环往复、以至无穷的过程。它正确地解决了实践和认识、感性和理性、个别和一般的关系。

【复习思考题】

1. 社会存在和社会意识的关系是怎样的？
2. 为什么说生产方式是社会发展的决定因素？
3. 社会基本矛盾的内容是什么？
4. 为什么说科学技术是第一生产力？
5. 为什么说人民群众是历史的创造者？历史人物的作用和人民群众的作用是怎样统一起来的？
6. 为什么说马克思主义政党必须坚持群众路线？
7. 新时代牢固树立马克思主义群众观点、自觉贯彻党的群众路线的重大意义是什么？

典型例题

一、物质和意识

1. 下列哲学观点中,属于唯物主义的是________。(单项选择)

①现实世界是人的主观感觉的产物

②现实世界是客观理念世界的模仿

③世界是由水、土、火、气等构成的

④世界是由形状大小不同的原子构成的

A. ①② B. ③④ C. ②③ D. ①④

【参考答案】B

【解析】①的观点属于主观唯心主义,②的观点属于客观唯心主义,均不符合题目设问要求,③的观点属于古代朴素唯物主义,④的观点属于近代形而上学唯物主义,符合题目的设问要求。所以应该选择B项。

2. 怎样理解意识是客观存在在人脑中的主观映象?(简答)

【参考答案】

(1)人脑是意识的器官,但只有人脑还不能产生意识,人脑只是生产意识产品的“加工厂”,意识的产生还需要“原材料”,它的“原材料”只能来源于客观世界。

(2)人们只有在社会实践中同外在的客观世界打交道,使人脑和其他反映器官同客观世界发生联系,才能获得各种外在刺激,在人脑中产生意识。

(3)意识是人脑对客观存在的反映,是客观存在在人脑中的主观映象,没有被反映者,就没有反映和反映结果。意识虽然或表现为感觉、知觉、表象,或表现为概念、判断、推理等不同的主观形式,但其反映的对象和内容则是客观的。

3. 阅读材料,并回答问题。(材料分析)

近年来,中国科幻作家两次获得国际科幻界顶级荣誉——雨果奖,国产科幻电影也收获票房和口碑的“双丰收”,越来越多的“未来感”不断涌现。

科幻作品的未来感,恰恰是来自当下的现实感。太空漫游、人工智能、外星家园等科幻作品中许多看似天马行空的设定,或多或少都能在现实生活中找到其源头活水。最近几年,越来越多的世界级未来学家、科技作家频繁造访中国,他们踏上中国的土地,更多的是为了寻找一种未来发展的可能,因为中国在许多领域走在了世界前列,在亿万人民追逐梦想的脚步中,可以听到时代的脉动、看到潮水的方向。

请结合材料,运用物质和意识的辩证关系原理谈谈你对这段话的理解。

【参考答案】

物质决定意识,每个时代的意识都是对当时客观现实的反映;意识具有能动作用,意识活动具有主动创造性,能够在把握事物本质和规律的基础上推测未来;科幻作品基于现实感,在合理想象中创造幻想世界。

【解析】本题以科幻作品创作为情境,需要从物质与意识的辩证关系原理角度去谈认识,解题路径是从材料关键句中复现教材知识点,结合二者提炼出答案要点。

4. 俗话说的“没有金刚钻,别揽瓷器活”,是不是否定了意识的能动作用?它反映了什么道理呢?(简答)

【参考答案】

(1)“没有金刚钻,别揽瓷器活”这句俗语并没有否定意识的能动作用。它只是说明,意识能动作用的发挥,必须依赖于一定的物质条件和物质手段。

(2)人们认识客观世界的广度和深度,同认识所凭借的物质手段密切联系着。一般来说,科学技术手段越先进,人们的认识水平也就越高。

(3)人们改造客观世界的活动也需要一定的物质手段,没有现成的原材料,没有适用的工具,意识再“巧”也创造不出任何物质的东西来。

(4)总之,要正确地、充分地发挥意识的能动作用,就必须遵从客观规律,从现实条件出发,把高度的革命热情与踏实的科学态度结合起来。

二、联系与发展

5. 俗话说,“天有阴晴”“月有圆缺”“人有祸福”“事有成败”。这里的阴与晴,成与败,讲的都是________。(单项选择)

A. 物质意识的关系

B. 对立统一的关系

C. 空间时间的关系

D. 思维与存在的关系

【参考答案】B

【解析】矛盾具有普遍性,或称共性。它是指矛盾是一切事物的共同本质。它表现在两个方面:一方面,矛盾无处不在。像上面说的“天有阴晴”“月有圆缺”“人有祸福”“事有成败”都是对立统一关系,因而都是矛盾。世界上没有无矛盾的事物,可以说没有矛盾就没有世界。另一方面,矛盾无时不有。事物一刻也不会停止运动和变化,它自身时时充满着矛盾,旧的矛盾解决了,新的矛盾也就同时产生,开始新的矛盾运动。从上面关于矛盾的观点可以看出,B 是正确的,而 A、C、D 不符合题意。

6. 在“共抓大保护、不搞大开发”的思想指导下,长江经济带沿线 11 省市围绕长江生态环境保护修复做了大量工作:变砍树为种树,修建各类污水处理厂,后撤江岸的化工企业等。以上工作旨在________。(单项选择)

A. 尊重客观规律,改造生态环境

B. 把握事物发展趋势,预见生态变化规律

C. 克服条件制约,建设美好家园

D. 坚持人定胜天规律,追求发展目标

【参考答案】A

【解析】B 与题意不符,材料强调利用规律改造客观世界,而非认识规律。C 错误,“克服条件制约”违背了联系的客观性原理。D 错误,“人定胜天”违背了规律的客观性原理。长江经济带沿线 11 省市开展长江生态环境保护修复工作,旨在尊重生态建设的客观规律,改造生态环境,所以 A 是正确。

7. 矛盾的同一性和斗争性在事物发展中起着什么样的作用,同一性和斗争性原理告诉我

们一些什么?(简答)

【参考答案】

(1)矛盾同一性或统一性,是指矛盾双方之间的相互依赖、相互联结、相互渗透、相互贯通和相互转化的性质,它体现的是矛盾着的两方面相互吸引的趋势。矛盾斗争性,是指矛盾双方相互排斥、相互限制、相互否定的性质,它体现的是矛盾着的两方面相互离异的趋势。

(2)矛盾的同一性和斗争性在事物的发展中起着不同的作用。矛盾的同一性在事物中的作用是:第一,矛盾双方连为一体,使对立面在相互依存的统一体中得以存在和发展;第二,矛盾双方相互吸收有利于自身的因素,在相互利用中各自得到发展;第三,矛盾双方的互相贯通规定事物发展的基本趋势。矛盾的斗争性在事物发展中的作用,在于推动矛盾双方力量的此消彼长,最后使旧的矛盾统一体分解、新的矛盾统一体产生,使旧事物变成新事物。

(3)矛盾的同一性和斗争性相统一的原理告诉我们,要学会在对立面的统一中把握对立面,即在斗争中把握同一,在同一中把握斗争。在处理社会矛盾时,既不能只讲同一不讲差异、斗争,也不能只讲斗争不顾同一,而要求大同、存小异,维护团结,解决矛盾。

8. 为什么说“事物的发展是前进性和直线性的统一”这个观点是错误的?(简答)

【参考答案】

(1)事物的否定不是一次性否定,而是一个连续不断的过程。旧事物总要被新事物所否定,新事物也会在运动发展中由新到旧,又要被更新的事物所否定。

(2)任何事物的发展都不是直线式的,而是表现了螺旋式上升波浪式前进的方向、道路和趋势,即前进性和曲折性相统一的发展过程。

9. 请你运用辩证唯物主义关于主要矛盾与次要矛盾的辩证关系以及两点论与重点论相统一的原理,联系部队工作实际,论述为什么践行党在新时代强军目标,必须树立全面发展的思想,努力推动部队建设全面发展、全面过硬,履行好新时代我军的使命任务。(论述)

【参考答案】

(1)主要矛盾是处于支配地位的、对事物的发展过程起决定作用的矛盾。次要矛盾是处于从属地位的、对事物的发展过程不起决定作用的矛盾。主要矛盾规定和影响着次要矛盾,次要矛盾也制约着主要矛盾的解决。但主要矛盾和次要矛盾的地位不是固定不变的,随着矛盾斗争中力量的变化,主要矛盾和次要矛盾会发生相互移位。这一辩证关系,要求人们必须善于抓住主要矛盾,以此带动次要矛盾的解决。同时,也要注意兼顾次要矛盾的解决,以此为主要矛盾的解决创造一定的条件。

(2)主要矛盾和次要矛盾辩证关系的原理,启示我们要坚持两点论和重点论的统一。坚持两点论,就是在研究复杂事物的发展过程中,既要研究主要矛盾,又要研究次要矛盾。只肯定其一,忽视或否定其二,就犯了形而上学一点论的错误。坚持重点论,就是在研究复杂事物的发展过程中,要着重研究和处理主要矛盾。不抓重点或否认重点,把各种矛盾平均看待,眉毛胡子一把抓,就是形而上学的均衡论。一点论和均衡论都不符合事物矛盾的本来状况,在理论上是错误的,在实践中是有害的。

(3)新时代践行强军目标,要求我们在工作实践中坚持全面发展的思想。一方面,强调部队建设全面发展,并不是说抓工作要平均使用力量,不分主次。重视抓主要矛盾,通过重点突破带动整体发展,是推动部队建设、抓工作落实的基本工作方法。另一方面,全面提高部队建设水平需要处理好“工作重点”与“统筹全局”的关系,坚持两点论和重点论的统一,全面推动革命化现代化正规化建设,推动军事、政治、后勤、装备等各领域工作全面发展。树立全面发展思想,需要把重点意识建立在全局观念上,把各项工作放到全面建设、整体推进的要求中衡量,用重点突破带动整体发展,不断提高军队建设整体水平,全面提高履行新时代使命任务的能力。

10. 阅读材料,并回答问题。(材料分析)

材料1:故不积跬步,无以至千里;不积小流,无以成江海。骐骥一跃,不能十步;驽马十驾,功在不舍。锲而舍之,朽木不折;锲而不舍,金石可镂。(出自荀子《劝学》)

材料2:合抱之木,生于毫末;九层之台,起于垒土;千里之行,始于足下。(出自老子《道德经》)

材料3:宋人有闵其苗之不长而揠之者,芒芒然归,谓其人曰:“今日病矣! 予助苗长矣!”其子趋而往视之,苗则槁矣。天下之不助苗长者寡矣。以为无益而舍之者,不耘苗者也;助之长者,揠苗者也。非徒无益,而又害之。(出自《孟子·公孙丑上》)

材料4:“勿以恶小而为之,勿以善小而不为”,出自蜀汉昭烈帝刘备遗诏。意思是不要因为是件较小的坏事就去做,不要因为是件较小的善事就毫不关心。

请回答:材料1、2、4反映了辩证法中的哪一条基本规律? 材料3为什么是错误的行为?

【参考答案】

(1)材料1、2、4反映了量变引起质变的规律。

(2)材料3违反了质量互变规律。因为量变是质变的必然准备;质变是量变的必然趋势和结果。任何质变都要经过量变的准备阶段,同时事物由量变到质变的过程是由其内在矛盾推动的,庄稼的生长也不例外。它是一个在其内部同化与异化矛盾推动下的由量变到质变的发展过程,所以“拔苗助长”的行为是错误的。

三、实践与认识

11. 毛泽东指出:“世界上只有唯心论和形而上学最省力,因为它可以由人们瞎说一气,不要根据客观实际,也不受客观实际检查的。”这告诉我们的是________。(单项选择)

①唯心论和形而上学都以认识和实践相脱离为特征

②客观事物是认识的对象和检验真理的标准

③真理的本性在于主观和客观相符合

④不以理论为指南的实践是盲目的实践

A. ①③　　B. ①④　　C. ②③　　D. ②④

【参考答案】A

【解析】实践是检验真理的唯一标准,②说法错误;不以科学理论为指南的实践是盲目的,④说法错误;毛泽东指出,唯心论和形而上学的错误是不根据客观实际,也不受客观实际检查,这说明唯心论和形而上学犯了认识和实践相脱离的错误,没有做到主观符合客观,不具有真理性,①③正确切题。所以A是正确的选项。

12. 真理和谬误之间的相互关系是________。(单项选择)

A. 在任何情况下都是绝对对立的　　B. 没有相互转化的可能性

C. 在一定条件下是可以互相转化的　　D. 可以无条件地相互转化

【参考答案】C

【解析】此题所考查的知识点是对真理和谬误关系的理解和把握。真理和谬误是对立统一关系。二者首先是对立的、有区别的,真理是正确反映,谬误是错误的认识,二者的界限是确定的。同时真理和谬误又具有统一性,集中体现在二者"在一定条件下相互转化"。题中的3个选项中,A、B、D项明显是错误选项,应排除掉,所以C项是该题的唯一正确选项。

13. 疫情之下,医疗创新成果应运而生:可远程使用的无线电子听诊器,国内和国外广泛运用的远程会诊,精准判断个人旅行史和接触史的健康码等。科技为医疗发展提供新契机,更有望对疫情过后的医疗产生积极而深远的影响。这表明________。(单项选择)

①实践的需要推动人的创新能力不断发展

②经过实践和认识的多次反复才能形成理性认识

③真理性认识应用于指导实践才具有现实意义

④指导实践是衡量认识是否正确的唯一标准

A. ①② B. ①③ C. ②④ D. ③④

【参考答案】B

【解析】疫情之下,医疗创新成果应运而生,说明实践是认识发展的动力,①符合题意。科技为医疗发展提供新契机,更有望对疫情过后的医疗产生积极而深远的影响,体现了认识对实践的指导作用,③符合题意。②与题意不符,题干并未描述真理是怎样形成的,而是讲述了实践与认识的辩证关系。④说法错误,实践是衡量认识是否正确的唯一标准。所以B是正确的选项。

14. 实践对认识的决定作用表现在哪些方面?(简答)

【参考答案】

马克思主义认为,实践决定认识,其决定作用表现如下:

(1)实践是认识的源泉。只有在实践中,主体和客体才发生认识与被认识的关系,才能接触客体,解剖客体,分析概括出客体的本质和规律。没有实践就不会有主体对客体的反映。个人的知识来源于直接经验和间接经验,但间接经验也是别人从实践中得来的。

(2)实践是认识发展的根本动力。社会实践创造出新的理论,不断向人们提出新要求、新课题,推动人们从事新的探索和研究;实践创造了新的认识工具,增加了认识手段,提高了认识的精确度;实践不断地改善和提高人类的感觉器官和思维器官,推动人类思维能力的发展;实践还不断地积累新的经验资料,使人们得以不断地整理和概括出新的认识。

(3)实践是认识的目的。人们不是为解释世界而认识世界,而是为改造世界而认识世界,为了给实践以理论指导、达到预期目的、提高实践的功效而认识世界。实践是认识的起点,也是认识的归宿。

(4)实践是检验认识正确与否的标准。认识正确与否,不以人们主观上觉得如何而定,最终是要由实践做出验证的。经过实践检验,正确的肯定下来,错误的予以纠正,人们的认识才不断得到补充和完善。

总之,认识的发生、发展、最终目的和检验标准都是由实践决定的。实践贯穿于认识全过程,是认识产生和发展的决定力量。

15. 在实践的基础上由感性认识上升为理性认识需要具备哪些条件?(简答)

【参考答案】

感性认识上升到理性认识是一个非常复杂而艰难的过程。它必须具备3个条件:第一,必须具有关于认识对象的大量的、丰富的、合乎实际的感性材料,以至它足以反映出客体的本质和规律;第二,要有科学的研究方法和思维方法;第三,要充分发挥主观能动性,开动脑筋,进行"去粗取精、去伪存真,由此及彼、由表及里"的艰苦细致的加工制作。

四、社会的存在和发展

16. 社会历史观是人们对社会历史的根本看法,其基本问题是________。(单项选择)

A. 物质和精神的关系问题　　B. 生产力和生产关系的关系问题

C. 社会存在和社会意识的关系问题　　D. 经济基础和上层建筑的关系问题

【参考答案】C

【解析】生活在社会中的人们都有自己的社会历史观。社会历史观是人们对社会历史的根本看法,其基本问题是社会存在和社会意识的关系问题,它是人们理解或研究社会生活、社会历史,解决社会历史观中一系列问题的前提和基础。A、B、D 不符合题意,C 正确。

17. 十三届全国人大三次会议通过的《中华人民共和国民法典》,是一部体现对生命健康、财产安全、交易便利、生活幸福、人格尊严等民众各方面权利平等保护的基础性法律,对加快建设社会主义法治国家,发展社会主义市场经济,依法维护人民权益,推进国家治理体系和治理能力现代化,都具有重大意义。制定民法典体现的唯物史观原理是________。(单项选择)

①经济基础的变革总是先于上层建筑的变革

②上层建筑为经济基础服务就能推动生产力发展

③上层建筑的变化发展离不开社会意识的能动作用

④上层建筑一定要适合生产力和经济基础发展的要求

A. ①②　　B. ①③　　C. ②④　　D. ③④

【参考答案】D

【解析】上层建筑对经济基础有反作用,当上层建筑适合经济基础状况时,它促进经济基础的巩固和完善,反之则会阻碍经济基础的发展和变革,可见,上层建筑的变革可能先于经济基础的变革,①说法错误。当上层建筑为先进的经济基础服务时,它会促进生产力的发展,推动社会进步;反之,当它为落后的经济基础服务时,则会束缚生产力的发展,阻碍社会的进步,②说法错误。制定民法典属于上层建筑的变革,它的制定是在"对生命健康、财产安全、交易便利、生活幸福、人格尊严等民众各方面权利平等保护"这一理念的指引下完成的,体现了社会意识对上层建筑变化发展的能动作用,③正确切题。民法典属于上层建筑范畴,制定民法典对于加快建设社会主义法治国家,发展社会主义市场经济,依法维护人民权益,推进国家治理体系和治理能力现代化,都具有重大意义,适合了生产力和经济基础发展的要求,④正确切题。所以选项 D 是正确的。

18. 人民群众是我们国家的主人,是历史的创造者,必须坚持群众路线,集中群众智慧,充分发挥群众的积极性、创造性。请你联系实际谈谈这段话包含的哲学道理,以及为什么我们党必须坚持群众路线?(论述)

【参考答案】

(1)这段话反映了人民群众是历史创造者的哲学原理,以及这一原理要求的马克思主义政党必须坚持群众观点和群众路线的观点。

(2)人民群众是指以劳动群众为主体的社会进步力量,在阶级社会里,它包括一切对社会历史前进起促进作用的阶级、阶层和社会集团。人民群众创造历史的伟大作用,主要表现为:第一,人民群众是社会物质财富和精神财富的创造者;第二,人民群众是解决社会基本矛盾的基本力量。

(3)马克思主义关于人民群众创造历史的根本原理,要求马克思主义政党坚持群众观点和群众路线。

群众观点的主要内容包括:相信人民群众能够自己解放自己,反对一切形式的恩赐观点和包办代替的做法;全心全意为人民服务,反对为个人或小集团谋取私利的思想和行为;一切对人民负责,为人民的利益坚持真理、修正错误,同背离人民利益的行为作斗争;尊重群众的首创精神,虚心向人民群众学习,反对轻视群众、凌驾于群众之上的官僚作风。

群众路线概括起来就是“一切为了群众,一切依靠群众,从群众中来,到群众中去”。马克思主义政党必须坚持群众路线,这是因为:第一,群众路线是我们党的生命线,是马克思主义政党区别于其他政党的显著特征;第二,群众路线是我们党的根本工作路线;第三,群众路线深刻地体现了马克思主义的认识论原理。人民群众是实践的主体,一切正确的认识,党的路线方针和政策,归根结底只能来源于人民群众的伟大实践,“从群众中来,到群众中去”的过程,实际上是从实践中来到实践中去的循环往复、以至无穷的过程。

第二单元　政治常识

第五章　习近平新时代中国特色社会主义思想

第一节　习近平新时代中国特色社会主义思想的丰富内涵

党的十八大以来,以习近平同志为核心的中国共产党人,顺应时代发展,从理论和实践结合上系统回答了新时代坚持和发展什么样的中国特色社会主义、怎样坚持和发展中国特色社会主义这个重大时代课题,创立了习近平新时代中国特色社会主义思想。中国共产党第十九次全国代表大会,把习近平新时代中国特色社会主义思想确立为党必须长期坚持的指导思想并庄严地写入党章,实现了党的指导思想的与时俱进。这是一个历史性决策和历史性贡献,体现了党在政治上理论上的高度成熟、高度自信。第十三届全国人民代表大会第一次会议通过的宪法修正案,郑重地把习近平新时代中国特色社会主义思想载入宪法,实现了国家指导思想的与时俱进,反映了全国各族人民共同意志和全社会共同意愿。习近平新时代中国特色社会主义思想内涵十分丰富,其核心内容是"八个明确"和"十四个坚持"。

1."八个明确"的基本内容

第一,明确坚持和发展中国特色社会主义,总任务是实现社会主义现代化和中华民族伟大复兴,在全面建成小康社会的基础上,分两步走在本世纪中叶建成富强民主文明和谐美丽的社会主义现代化强国;第二,明确新时代我国社会主要矛盾是人民日益增长的美好生活需要和不平衡不充分的发展之间的矛盾,必须坚持以人民为中心的发展思想,不断促进人的全面发展、全体人民共同富裕;第三,明确中国特色社会主义事业总体布局是"五位一体"(经济建设、政治建设、文化建设、社会建设、生态文明建设)、战略布局是"四个全面"(全面建成小康社会主义现代化国家、全面深化改革、全面依法治国、全面从严治党),强调坚定道路自信、理论自信、制度自信、文化自信;第四,明确全面深化改革总目标是完善和发展中国特色社会主义制度、推进国家治理体系和治理能力现代化;第五,明确全面推进依法治国总目标是建设中国特色社会主义法治体系、建设社会主义法治国家;第六,明确党在新时代的强军目标是建设一支听党指挥、能打胜仗、作风优良的人民军队,把人民军队建设成为世界一流军队;第七,明确中国特色大国外交要推动构建新型国际关系,推动构建人类命运共同体;第八,明确中国特色社会主义最本质的特征是中国共产党领导,中国特色社会主义制度的最大优势是中国共产党领导,党是最高政治领导力量,提出新时代党的建设总要求,突出政治建设在党的建设中的统领地位。

2.“十四个坚持”的基本方略

第一,坚持党对一切工作的领导,这一条讲的是领导力量问题;第二,坚持以人民为中心,这一条讲的是政治立场问题;第三,坚持全面深化改革,这一条讲的是发展动力问题;第四,坚持新发展理念,这一条讲的是发展导向问题;第五,坚持人民当家作主,这一条讲的是依靠力量问题;第六,坚持全面依法治国,这一条讲的是法治保障问题;第七,坚持社会主义核心价值体系,这一条讲的是精神力量问题;第八,坚持在发展中保障和改善民生,这一条讲的是发展目的问题;第九,坚持人与自然和谐共生,这一条讲的是人与自然关系问题;第十,坚持总体国家安全观,这一条讲的是国家安全问题;第十一,坚持党对人民军队的绝对领导,这一条讲的是国防和军队建设问题;第十二,坚持“一国两制”和推进祖国统一,这一条讲的是国家统一问题;第十三,坚持推动构建人类命运共同体,这一条讲的是中国和世界关系问题;第十四,坚持全面从严治党,这一条讲的是党的自身建设问题。

习近平新时代中国特色社会主义思想内容十分丰富,涵盖改革发展稳定、内政外交国防、治党治国治军等各个领域、各个方面,构成了一个系统完整、逻辑严密、相互贯通的思想理论体系。“八个明确”是指导思想层面的表述,重点讲的“是什么”,回答了新时代坚持和发展什么样的中国特色社会主义的问题;“十四个坚持”是行动纲领层面的表述,重点讲的“怎么办”,回答了新时代怎样坚持和发展中国特色社会主义的问题。两者体现了习近平新时代中国特色社会主义思想理论与实践的统一,在核心要义和精神实质上是一致的,不能将两者割裂开来,而应该统一学习、统一把握、统一贯彻。

第二节　习近平新时代中国特色社会主义思想的历史地位

1. 马克思主义中国化最新理论成果

习近平新时代中国特色社会主义思想是对马克思列宁主义、毛泽东思想、邓小平理论、“三个代表”重要思想、科学发展观的继承和发展,是马克思主义中国化最新理论成果,是党和人民实践经验和集体智慧的结晶,是中国特色社会主义理论体系的重要组成部分,是当代中国马克思主义、21 世纪马克思主义。

习近平新时代中国特色社会主义思想开辟了马克思主义新境界。在人类思想史上,就科学性、真理性、影响力、传播面而言,没有一种思想理论能达到马克思主义的高度,也没有一种学说能像马克思主义那样对世界产生了如此巨大的影响。习近平新时代中国特色社会主义思想鲜明贯穿着马克思主义立场、观点和方法,始终把马克思主义作为理论起点、逻辑起点、价值起点,处处闪耀着马克思主义真理光辉,“没有丢掉老祖宗”。同时,它又以我们正在做的事情为中心,直面前进道路上的各种困难和矛盾、风险和挑战,着力探索破解难题、推进事业发展的新理念新思想新战略,讲了许多老祖宗没有讲过的新话,具有强烈的时代气息和现实针对性。习近平新时代中国特色社会主义思想以一系列具有原创性的新思想新观点新论断,在理论上实现了重大突破、重大创新、重大发展,写出了马克思主义新版本,对马克思主义在 21 世纪的发展作出了重大原创性贡献,以全新视野深化了对共产党执政规律、社会主义建设规律和人类社会发展规律的认识,充分彰显了科学理论的强大生命力和中国共产党人的理论创造力,是当代最现实最鲜活的马克思主义。

习近平新时代中国特色社会主义思想开辟了中国特色社会主义新境界。中国特色社会主义是改革开放以来党的全部理论和实践的主题。以习近平同志为核心的党中央坚持和发展中国特色社会主义一以贯之，续写中国特色社会主义这篇大文章，形成了系统完备、逻辑严密、内在统一的科学体系，把中国特色社会主义和实现社会主义现代化、实现中华民族伟大复兴有机贯通起来，聚焦“从哪里来、到哪里去”的历史追问，系统阐述了民族复兴的深刻内涵、历史方位、实现路径和战略步骤，为实现中华民族伟大复兴的中国梦提供了强大精神力量，标注了正确前进方向，充分体现了中国特色社会主义理论自信，也向世界展示了社会主义的光明图景。

习近平新时代中国特色社会主义思想对人类文明进步具有重要意义。当今世界正处于百年未有之大变局，世界经济增长需要新动力，发展需要更加普惠平衡，贫富差距鸿沟有待弥合，地区热点问题此起彼伏。面对摆在全人类面前的共同挑战，习近平新时代中国特色社会主义思想洞察时代风云，把握世界发展大势，回答了关系人类前途命运的重大问题，包括中国新型现代化之路、新型经济全球化方案、“一带一路”建设、世界经济复苏方案、“人类命运共同体”理念、共商共建共享原则等思想。中国的做法和经验为发展中国家提供了路径启示，拓展了发展中国家走向现代化的途径，给世界上那些既希望加快发展又希望保持自身独立性的国家和民族提供了全新选择。为应对全球性挑战、解决全球性问题贡献了中国智慧和中国方案，为人类文明思想宝库增添了绚丽夺目的瑰宝。

2. 新时代的精神旗帜

旗帜问题至关重要，事关党的正确方向，决定着党的凝聚力、引领力、战斗力，关乎国家前途命运和人民根本利益。新时代新任务新实践需要新思想来指引。习近平新时代中国特色社会主义思想扎根于960多万平方公里的广袤土地，立足于新中国成立以来特别是改革开放40多年的伟大实践，聚合了近14亿中国人民的智慧和创造，具有无比深厚的现实基础、十分鲜明的实践特色，是新时代党和人民共同奋斗的精神旗帜。

这一思想坚持以社会主义现代化建设进程中的实际问题、以我们正在做的事情为中心，着眼统揽伟大斗争、伟大工程、伟大事业、伟大梦想，大智慧谋划大格局，大手笔续写大文章，是实践探索、经验总结、理论升华凝结而成的思想结晶。

这一思想既立足于现实的中国，又植根于历史的中国，以中华文明为源头活水，从五千多年文明中承继人文精神、道德价值的精华养分，从历朝历代的治乱兴衰中总结安邦治国、经世济民的历史智慧，从我们党革命、建设、改革的奋斗历程中探寻民族复兴、民富国强的客观规律，是中华文化创造性转化和创新性发展的思想成果，具有无比深厚的历史底蕴。

这一思想紧紧围绕强国梦想，贯通党的使命、国家的前途、人民的福祉、民族的命运，贯通中国的过去、现在和未来，体现了科学社会主义理论逻辑与中国社会发展历史逻辑的辩证统一，成为当今时代最富中国味、最具中国魂的科学理论，必将以强大的解释力创造力凝聚力，激励全党全国各族人民朝着共同的目标团结奋进，不断创造新辉煌。

3. 实现中华民族伟大复兴的行动指南

习近平新时代中国特色社会主义思想是党和国家必须长期坚持的指导思想，是全党全国各族人民团结奋斗的共同思想基础，是决胜全面建成小康社会、建设社会主义现代化强国、实现中华民族伟大复兴中国梦的行动纲领。

习近平新时代中国特色社会主义思想，是党的意志、国家意志和人民意志的集中体现，为新时代坚持和发展中国特色社会主义提供了根本指引。中国特色社会主义是建设社会主义现代化强国、实现中华民族伟大复兴的必由之路。习近平新时代中国特色社会主义思想围绕新时代坚持和发展什么样的中国特色社会主义、怎样坚持和发展中国特色社会主义这个重大时代课题进行谋篇布局,在不断推进“四个伟大”的实践过程中,提出了一系列具有开创性意义的新理念新思想新战略,从根本上引领党和国家事业取得历史性成就、发生历史性变革,开启和引领了中国特色社会主义的新时代、新发展,也必将有力指引决胜全面建成小康社会、全面建设社会主义现代化强国新征程。

习近平新时代中国特色社会主义思想为新时代治国理政提供了基本遵循。没有国家治理现代化,就没有中华民族的伟大复兴。这一思想围绕什么是国家治理体系现代化,如何实现国家治理现代化,顺应时代潮流,把握时代发展大势,坚持一切从实际出发,坚持人民主体地位,坚持把人民对美好生活的向往作为奋斗目标,直面前进道路上的各种困难和矛盾、风险和挑战,准确把握我国发展的阶段性特征和我国社会主要矛盾的新变化,勇于破除一切不合时宜的思想观念和体制机制弊端,提出一系列重要观点,作出一系列重大部署,为不断完善中国特色社会主义制度,推进国家治理体系和治理能力的现代化提供了基本遵循。

习近平新时代中国特色社会主义思想为全面从严治党、把党建设成为中国特色社会主义事业的坚强领导核心提供了强大思想武器。治国必先治党,治党务必从严。实现民族复兴,关键在党。这一思想着眼确保党始终成为中国特色社会主义坚强领导核心,提出全面加强党的领导,强调党是最高政治领导力量,党政军民学,东西南北中,党是领导一切的,坚持党中央权威和集中统一领导,增强政治意识、大局意识、核心意识、看齐意识,确保党始终总揽全局、协调各方,深刻揭示了党和国家的根本所在、命脉所在,揭示了全国各族人民的幸福所系、利益所系。这一思想着眼保持党的先进性和纯洁性、克服“四大考验”“四种危险”,提出全面从严治党,明确新时代党的建设总要求,强调以政治建设为统领,坚持思想建党和制度治党同向发力,全面推进党的政治建设、思想建设、组织建设、作风建设、纪律建设,以零容忍态度惩治腐败,构建起体现马克思主义政党本质、符合时代发展和长期执政要求系统完备的党建理论体系。这一思想深刻把握伟大工程在“四个伟大”中的决定性作用,充分体现了“打铁必须自身硬”的坚强意志,体现了推进社会革命和自我革命相统一的高度自觉,对在管党治党实践中引领党的革命性锻造,实现全党思想上统一、政治上团结、行动上一致,极大增强党的凝聚力、战斗力和领导力、号召力,完成好新时代党的历史使命具有重大意义。

【复习思考题】

1. 习近平新时代中国特色社会主义思想“八个明确”的基本内容是什么?
2. 新时代中国特色社会主义的基本方略是什么?
3. 如何理解习近平新时代中国特色社会主义思想的历史地位?

第六章　当代中国发展的历史方位

第一节　中国特色社会主义进入新时代

中国特色社会主义进入新时代，这是党的十九大作出的一个重大政治判断。这一判断，明确了我国发展新的历史方位。

1. 中国特色社会主义进入新时代的基本依据

中国特色社会主义进入新时代，是我们党在科学把握时代趋势和国际局势重大变化，科学把握世情国情党情深刻变化的基础上作出的，有着充分的时代依据、理论依据和实践依据。

一是基于中国特色社会主义进入新的发展阶段。党的十八大以来，以习近平同志为核心的党中央科学把握国内外发展大势，顺应实践要求和人民愿望，推动党和国家事业发生历史性变革，领导人民取得改革开放和社会主义现代化建设的历史性成就。在新中国成立以来特别是改革开放以来我国发展取得的重大成就基础上，我国发展站到新的历史起点上，中国特色社会主义进入新的发展阶段。这个新的发展阶段，既同改革开放40多年来的发展一脉相承，又有很多与时俱进的新特征。科学认识和全面把握中国特色社会主义新的发展阶段，需要从新的历史方位、新的时代坐标来思考来谋划。

二是基于我国社会主要矛盾发生了新变化。党的十九大提出，我国社会主要矛盾已经由人民日益增长的物质文化需要同落后的社会生产之间的矛盾，转化为人民日益增长的美好生活需要和不平衡不充分的发展之间的矛盾。这个论断，反映了我国发展的实际状况，揭示了制约我国发展的症结所在，指明了解决当代中国发展问题的根本着力点。我国社会主要矛盾发生变化，对我国发展全局必将产生广泛而深刻的影响。科学认识和全面把握我国社会主要矛盾的变化，需要从新的历史方位、新的时代坐标来思考来谋划。

三是基于党的奋斗目标有了新要求。我们既要到2020年全面建成小康社会、实现第一个百年奋斗目标，又要乘势而上开启全面建设社会主义现代化强国新征程，到本世纪中叶建成富强民主文明和谐美丽的社会主义现代化国家。科学认识和把握这一既鼓舞人心又切实可行的奋斗目标，需要从新的历史方位、新的时代坐标来思考来谋划。

四是基于我国面临的国际环境发生了新变化。当今世界正经历百年未有之大变局，新一轮科技革命和产业变革深入发展，国际力量对比深刻调整，和平与发展仍然是时代主题，人类命运共同体理念深入人心。同时，国际环境日趋复杂，不稳定性不确定性明显增加，新冠肺炎疫情影响广泛深远，经济全球化遭遇逆流，世界进入动荡变革期，单边主义、保护主义、霸权主义对世界和平与发展构成威胁。我国发展仍然处于重要战略机遇期，但机遇和挑战都有新的发展变化。我国正日益走近世界舞台中央，处在从大国走向强国的关键时期，“树大招风”效应日益显现，外部环境更加复杂，一些国家和国际势力对我们的阻遏、忧惧、施压有所增大，这同样是需要面对的重大问题。科学认识和全面把握国际局势和周边环境的新变化，也需要从新的历史方位、

新的时代坐标来思考来谋划。

2. 中国特色社会主义进入新时代的丰富内涵

这个新时代，是承前启后、继往开来、在新的历史条件下继续夺取中国特色社会主义伟大胜利的时代。中国特色社会主义是党和人民90多年来奋斗、创造、积累的根本成就。特别是改革开放以来，我们党带领人民走中国特色社会主义道路，极大激发了中国人民的创造力，极大解放和发展了社会生产力，极大增强了社会活力，极大提升了我国国际地位，社会主义在中国展现出强大生命力。中国特色社会主义是不断发展、不断前进的，需要一代又一代中国共产党人带领人民接续奋斗。中国特色社会主义新时代，我们党治国理政第一位的任务，就是紧紧围绕坚持和发展中国特色社会主义这个主题，团结带领人民奋力实现"两个一百年"奋斗目标，谱写中国特色社会主义新的伟大篇章，让社会主义在中国展现出更加强大的生命力。

这个新时代，是决胜全面建成小康社会、进而全面建设社会主义现代化强国的时代。党的十九大围绕实现"两个一百年"奋斗目标，对经济建设、政治建设、文化建设、社会建设和生态文明建设等提出明确要求。从世界发展史来看，已经实现现代化的国家和地区，其现代化大多经历了产业革命以来近300年时间才逐步完成的，而我国要用100年时间走完发达国家几百年走过的现代化路程，这种转变不但速度、规模超乎寻常，变化的广度、深度和难度也超乎寻常。因此，坚忍不拔、锲而不舍地为全面建成小康社会、全面建设社会主义现代化强国而奋斗，是中国特色社会主义新时代的必然要求和历史任务。

这个新时代，是全国各族人民团结奋斗、不断创造美好生活、逐步实现全体人民共同富裕的时代。人民对美好生活的向往，始终是我们党的奋斗目标。党的十九大把不断创造美好生活、逐步实现全体人民共同富裕作为发展的目标和归宿，把让老百姓过上好日子作为全部工作的出发点和落脚点，始终为人民代言、为人民立言，充分体现了立党为公、执政为民的执政理念，体现了为中国人民谋幸福、为中华民族谋复兴的使命担当，体现了人民至上的价值追求。在中国特色社会主义新时代，我们党的重大任务，就是更加关注人民对美好生活新的多样化需求，更加关注社会公平正义，更加注重多谋民生之利、多解民生之忧，着力使全体人民在共建共享发展中有更多获得感，着力使全体人民享有更加幸福安康的生活，着力在实现全体人民共同富裕上不断取得实实在在的新进展。

这个新时代，是全体中华儿女勠力同心、奋力实现中华民族伟大复兴中国梦的时代。实现中华民族伟大复兴，是鸦片战争以来中国人民最伟大的梦想，凝聚了几代中国人的夙愿。新中国的成立，为民族复兴奠定了坚实基础。改革开放这场新的伟大革命，为民族复兴注入了强大生机活力。在中国共产党领导下，中国这个世界上最大的发展中国家创造了人类社会发展史上惊天动地的发展奇迹，中华民族焕发出新的蓬勃生机。经过党的十八大以来的历史性变革，今天我们比历史上任何时期都更接近、更有信心和能力实现中华民族伟大复兴的目标。在中国特色社会主义新时代，凝聚起全体中华儿女同心共筑中国梦的磅礴力量，接续奋斗、砥砺前行，我们一定能到达民族复兴的光辉彼岸，中华民族必将以更加昂扬的姿态屹立于世界民族之林。

这个新时代，是我国日益走近世界舞台中央、不断为人类作出更大贡献的时代。当今世界，中国人民的梦想同各国人民的梦想息息相通，实现中国梦离不开和平的国际环境和稳定的国际秩序。在中国特色社会主义新时代，面对国际格局和国际关系的深度调整，面对局部冲突和动荡频发、人类需要应对许多共同挑战的外部环境，我们必须统筹国内国际两个大局，始终高举和平、发展、合作、共赢的旗帜，恪守维护世界和平、促进共同发展的外交政策宗旨，牢牢把握构建人类命运共同体的目标追求，始终不渝走和平发展道路、奉行互利共赢的开放战略，坚持正确义利观，树立共同、综合、合作、可持续的新安全观，谋求开放创新、包容互惠的发展前景，促进和而不同、兼收并蓄的文明交流，构筑尊崇自然、绿色发展的生态体系，始终做世界和平的建设者、全球发展的贡献者、国际秩序的维护者。历史上，中国曾为人类文明作出过卓越贡献。在中国特色社会主义新时代，中国一定能为世界的和平与发展、人类的繁荣与进步作出新的更大贡献。

3. 中国特色社会主义进入新时代的意义

中国特色社会主义进入新时代，在中华人民共和国发展史上、中华民族发展史上具有重大意义，在世界社会主义发展史上、人类社会发展史上也具有重大意义。

中国特色社会主义进入新时代，意味着近代以来久经磨难的中华民族迎来了从站起来、富起来到强起来的伟大飞跃，迎来了实现中华民族伟大复兴的光明前景。实现中华民族伟大复兴是近代以来中华民族团结奋斗的最大公约数，是中国共产党与生俱来的历史使命。鸦片战争后，中国逐步沦为内忧外患的半殖民地半封建国家，一步步陷入民族危机的灾难中。无数仁人志士不屈不挠、前仆后继，矢志不渝探索复兴之路。中国共产党在民族蒙受苦难、探求光明的逆境中应运而生，带领人民历经28年浴血奋战，建立新中国，使“占人类总数四分之一的中国人从此站立起来了”。新中国成立以来特别是改革开放40多年来，我们党团结带领人民成功走出一条中国特色社会主义道路，稳定解决了十几亿人的温饱问题，总体上实现小康，不久将全面建成小康社会，中国人民逐步富裕起来。历经苦难与辉煌、曲折与胜利、付出与收获，中国特色社会主义进入了新时代，中华民族正在实现从富起来到强起来的伟大飞跃。到21世纪中叶，我国将全面建成富强民主文明和谐美丽的社会主义现代化强国，中华民族将以更加昂扬的姿态屹立于世界民族之林。

中国特色社会主义进入新时代，意味着科学社会主义在21世纪的中国焕发出强大生机活力，在世界上高高举起了中国特色社会主义伟大旗帜。20世纪80年代末90年代初，东欧剧变、苏联解体，国际共产主义运动遭受严重挫折。一时间，社会主义崩溃论、历史终结论甚嚣尘上。面对世界社会主义处于低潮，中国共产党始终保持战略清醒和战略定力，不为任何风险所惧，不为任何干扰所惑，始终高举中国特色社会主义伟大旗帜，坚定不移地走经过历史和人民选择的中国特色社会主义发展道路。实践表明，中国特色社会主义经受住了各种风险的考验，道路越走越宽广。特别是党的十八大以来，我国经济实力、科技实力、国防实力、综合国力进入世界前列，国际地位前所未有的提升，社会主义中国正越来越走进世界舞台中心，是对国际共产主义运动的重大贡献。中国特色社会主义焕发出的强大生机和活力，将在世界更广的范围内高高扬起社会主义的旗帜。

中国特色社会主义进入新时代，意味着中国特色社会主义道路、理论、制度、文化不断发展，拓展了发展中国家走向现代化的途径，给世界上那些既希望加快发展又希望保持自身独立性的国家和民族提供了全新选择，为解决人类问题贡献了中国智慧和中国方案。目前，世界上200多个国家和地区中，走资本主义道路的占绝大多数，但搞得比较像样的还是二三十个老牌资本主义国家。即使欧美几个主要资本主义国家，近年来也麻烦不断、衰象纷呈。广大发展中国家追随欧美资本主义国家的发展理念和发展道路，到头来并没有解决发展问题，有的甚至战乱不断、民不聊生。原社会主义阵营中，不少国家选择了走西方道路，结果大多数发展缓慢、困难重重。与之形成鲜明对比的是，中国成功走出了一条独具特色的社会主义现代化道路，打破了发展中国家对西方国家现代化的“路径依赖”，为它们树立了发展榜样。我国的实践向世界说明

了一个道理,世界上没有一种普遍适用的发展模式,推动一个国家实现现代化并不是只有西方制度模式这一条道,各国完全可以走出自己的路。

第二节 新时代我国社会的主要矛盾

党的十九大报告指出:“中国特色社会主义进入新时代,我国社会主要矛盾已经转化为人民日益增长的美好生活需要和不平衡不充分的发展之间的矛盾。”这一重大政治论断,反映了我国社会发展的客观实际,丰富和发展了马克思主义矛盾学说,是我们党的重大理论创新成果。

1. 科学分析和清醒把握我国社会主要矛盾

党对我国社会主要矛盾的认识根据社会发展变化而不断调整和深化。1956 年社会主义改造基本完成后,党的八大指出:“我们国内的主要矛盾,已经是人民对于建立先进的工业国的要求同落后的农业国的现实之间的矛盾,已经是人民对于经济文化迅速发展的需要同当前经济文化不能满足人民需要的状况之间的矛盾。”然而,由于各种主客观原因,党的八大关于社会主要矛盾的正确认识,未能很好地坚持下去。1978 年十一届三中全会决定把党和国家的工作重点转移到社会主义现代化建设上来。1981 年十一届六中全会通过的《关于建国以来党的若干历史问题的决议》对我国社会主要矛盾作了科学表述:“在社会主义改造基本完成以后,我国所要解决的主要矛盾,是人民日益增长的物质文化需要同落后的社会生产之间的矛盾。”对我国社会主要矛盾的科学判断,为党正确制定、路线方针政策提供了基本依据。

2. 社会主要矛盾新变化是由我国现阶段的客观实际决定的

我国社会主要矛盾变化的新表述有充分的现实依据。

从社会生产方面看,经过改革开放 40 多年快速发展,我国社会生产力水平总体上显著提高,社会生产能力在很多方面进入世界前列,我国长期存在的短缺经济和供给不足状况已经发生根本性变化,再讲“落后的社会生产”已经不符合实际。这是一个显著变化。

从社会需求方面看,随着人民生活水平显著提高,对美好生活的向往更加强烈。人民群众的需要呈现多样化多层次多方面的特点,在需要的领域和重心上已经超出原先物质文化的层次和范畴,很明显,只讲“日益增长的物质文化需要”已经不能真实反映人民群众变化了的需求。

综合分析各方面情况,党的十九大报告认为,发展不平衡不充分的问题已经成为满足人民日益增长的美好生活需要的主要制约因素。发展不平衡,主要指各区域各方面发展不够平衡,制约了全国发展水平提升。发展不充分,主要指一些地方、一些领域、一些方面还有发展不足的问题,发展的任务仍然很重。现阶段我国发展不平衡不充分表现在很多方面。比如:从社会生产力看,我国仍有大量传统、落后甚至原始的生产力,而且生产力水平和布局很不均衡;从“五位一体”总体布局看,推动国家各方面发展,实现平衡发展、充分发展还不够;从城乡区域发展看,发展水平差距仍然较大,特别是老少边穷地区经济社会发展还比较落后;从收入分配看,收入差距仍然较大,而且农村还有近千万人尚未脱贫,城市还有不少困难群众。这些发展不平衡不充分问题相互掣肘,带来很多社会矛盾和问题,是现阶段各种社会矛盾的主要根源,已经成为社会主要矛盾的主要方面,必须下功夫去认识它、解决它。

3. 我国社会主要矛盾变化的实践要求

我国社会主要矛盾的变化,要求更好地贯彻以人民为中心的发展思想。人民对美好生活的向往就是我们的奋斗目标。人民群众需求的变化,必将对我国发展全局产生广泛而深刻的影响。只有调整和完善发展战略、各项政策，在继续推动发展的基础上解决好发展不平衡不充分的问题；只有坚持在发展中保障和改善民生，解决好群众最关心最直接最现实的利益问题，不断促进社会公平正义，使人民更有获得感、幸福感、安全感，才能更好满足人民对美好生活的需要。

我国社会主要矛盾的变化，要求从全局高度思考和谋划党和国家工作。理解和解决社会主要矛盾，要具体落实到各个领域、各个方面、各项工作中去。要紧密联系党和国家重点工作，紧密联系人民群众的愿望和期待，贯彻落实新发展理念，统筹推进“五位一体”总体布局，协调推进“四个全面”战略布局，着力实现社会主义现代化建设各领域、各方面相互促进、全面发展。

我国社会主要矛盾新的表述不是一个短期的概念，而是要管相当长的历史时期，具有很强的现实针对性、工作导向和实践要求。要结合当前任务和长远目标，在继续推动发展的基础上，着力解决好发展不平衡不充分问题，大力提升发展质量和效益，更好满足人民在经济、政治、文化、社会、生态文明等方面日益增长的需要，更好推动人的全面发展、社会全面进步。

4. 我国社会主义所处历史阶段和国际地位没有变

我国社会主要矛盾的变化，没有改变我们对我国社会主义所处历史阶段的判断，我国仍处于并将长期处于社会主义初级阶段的基本国情没有变，我国是世界最大发展中国家的国际地位没有变。我国目前人均国内生产总值只相当于世界平均水平的80%左右，按国家和独立经济体排位，大体处在世界中列，在创新能力、产业层次、公共服务等方面与发达国家相比，仍有相当大的差距。实现建成富强民主文明和谐美丽的社会主义现代化强国目标，还有很长的路要走。我们要牢牢把握社会主义初级阶段这个基本国情，牢牢立足社会主义初级阶段这个最大实际，牢牢坚持党在社会主义初级阶段的基本路线。

【复习思考题】

1. 如何理解中国特色社会主义进入了新时代？
2. 如何把握我国社会主要矛盾的新变化？

第七章 坚持和发展中国特色社会主义的总任务

第一节 社会主义本质及其根本任务

在推进改革开放和社会主义现代化建设的进程中，中国共产党提出了社会主义本质理论，进而提出了坚持和发展中国特色社会主义的总任务。这一总任务是，实现社会主义现代化和中华民族伟大复兴，在全面建成小康社会的基础上，分两步走在本世纪中叶建成富强民主文明和谐美丽的社会主义现代化强国。

1. 社会主义本质

社会主义的本质，是解放生产力，发展生产力，消灭剥削，消除两极分化，最终达到共同富裕。社会主义本质既包括了社会主义社会的生产力问题，又包括了以社会主义生产关系为基础的社会关系问题，是一个有机的整体。

第一，突出强调解放和发展生产力在社会主义发展中的重要地位。这是社会主义本质理论的十分明显和突出的特点，强调解放和发展生产力在社会主义本质中的地位，是在科学社会主义理论与社会主义建设实践内在统一的基础上认识社会主义的一个创造。过去，我们曾一度误以为只要不断改变生产关系，不断提高公有化的程度，就能推动生产力的发展，就能更好地建设社会主义，结果违背了社会发展规律。强调解放和发展生产力，纠正了忽视发展生产力的错误观念，反映了我国社会主义初级阶段发展生产力的迫切要求，明确了社会主义基本制度建立后还要通过改革进一步解放生产力的任务。

第二，突出强调消灭剥削，消除两极分化，最终达到共同富裕的发展目标。社会主义发展生产力和资本主义发展生产力的目的根本不同。资本主义发展生产力是为少数人谋利益，必然产生剥削，必然引起两极分化。而社会主义必须消灭剥削，消灭两极分化，最终实现共同富裕，这是社会主义和资本主义的本质区别。社会主义就是要使全体社会成员过上富裕幸福的生活，而资本主义由于私有制和剥削的存在，不可能实现共同富裕。解放和发展生产力，要体现在人民生活水平的“富裕”上，“消灭剥削、消除两极分化”，则是要使这种富裕成为“共同富裕”。

2. 社会主义的根本任务

社会主义本质理论揭示了社会主义的根本任务是解放和发展生产力，这合乎科学社会主义基本原则，体现了中国社会主义初级阶段发展实践的迫切要求。

高度发达的生产力是实现社会主义的物质基础。马克思、恩格斯坚持唯物史观，十分重视社会生产力的发展，他们设想的社会主义是建立在资本主义高度发展的基础上，社会生产力水平比较高。而我国的社会主义是在经济文化比较落后的基础上建立的，由于没有经历一个资本主义充分发展的历史阶段，因而发展社会生产力的任务尤为艰巨。邓小平指出，“马克思主义最注重发展生产力。我们讲社会主义是共产主义的初级阶段，共产主义的高级阶段要实行各尽所能，按需分配，这就要求社会生产力高度发展，社会物质财富极大丰富。所以社会主义阶段的最根本任务就是发展生产力。”

解放生产力是为促进生产力的发展开辟道路。按照马克思主义的基本原理,生产关系一定要适应生产力的发展水平,生产关系落后或超越生产力发展的水平,都会影响生产力的发展。新中国成立后,我国经过了社会主义改造,建立社会主义生产关系,但由于当时认为公有制程度越高越好,对非公有制经济采取了简单排斥的做法,使生产关系超越了我国生产力的实际水平,这不但没有促进生产力的发展,反而极大地影响了社会主义建设。党的十一届三中全会以来,党领导全国各族人民通过改革,下气力多方面地改变了同生产力发展不适应的生产关系和上层建筑,不断解放生产力,为生产力的发展扫除了障碍,开辟了道路。

解放和发展生产力是中国特色社会主义的根本任务。社会主义的根本目标是实现共同富裕,进而实现人的自由而全面的发展。要实现这些目标,根本途径就是要解放和发展生产力。只有不断解放和发展生产力,才能逐步提高人民的物质文化生活水平,才能最终实现共同富裕的目标。只有解放和发展生产力,社会主义制度才能充分显示其优越性,才能不断得到巩固和发展。

第二节 实现中华民族伟大复兴的中国梦

2012 年 11 月 29 日,习近平同志在国家博物馆参观《复兴之路》展览时指出:“现在,大家都在谈论中国梦,我以为,实现中华民族伟大复兴,就是中华民族近代以来最伟大的梦想。”中国梦一经提出,就产生强大的号召力和感染力,成为中国走向未来的鲜明指引,成为激励中华儿女团结奋进、开辟未来的一面精神旗帜。

1. 中华民族近代以来最伟大的梦想

坚持和发展中国特色社会主义的总任务,是实现社会主义现代化和中华民族伟大复兴,在全面建成小康社会的基础上,分两步走在本世纪中叶建成富强民主文明和谐美丽的社会主义现代化强国。中国梦是中华民族伟大复兴的形象表达。

只有创造过辉煌的民族,才懂得复兴的意义;只有历经过苦难的民族,才对复兴有如此深切的渴望。中华民族创造了灿烂的中华文明,为人类做出了卓越贡献,成为世界上伟大的民族。鸦片战争后,由于西方列强的入侵和封建统治的腐败,中国逐渐陷入半殖民地半封建社会的黑暗深渊,中国人民经历了战乱频仍、山河破碎、民不聊生的深重苦难。自强不息的中华民族从未放弃对美好梦想的向往和追求。

习近平同志指出:“实现中华民族伟大复兴,就是中华民族近代以来最伟大的梦想。”为了实现这个伟大梦想,中国人民和无数仁人志士进行了千辛万苦的探索和不屈不挠的斗争。可是,从太平天国运动、戊戌变法到义和团运动,一次次奋起抗争都失败了。孙中山先生领导的辛亥革命,虽然结束了统治中国几千年的君主专制制度,对推动中国社会进步具有重大意义,但也未能改变旧中国半殖民地半封建的社会性质和中国人民的悲惨命运。近代中国历史表明,旧式农民战争和软弱的资产阶级革命都不可能完成中华民族救亡图存和反帝反封建的历史任务,更不可能承担起实现民族复兴的历史使命。直到以马克思主义为指导、勇担民族复兴大任的无产阶级政党——中国共产党登上历史舞台,中华民族才迎来了凤凰涅槃、浴火重生的曙光。

中华民族的昨天、今天、明天,就是对中国人民近代以来寻梦、追梦、圆梦的历史进程的生动诠释。

中华民族的昨天,可谓“雄关漫道真如铁”。近代以后,中华民族遭受的苦难之重、付出的牺牲之大,在世界历史上都是罕见的。但是,奋勇不屈的中国人民矢志不渝、不断抗争,在黑暗中艰难前行。为了实现民族复兴,亿万人魂牵梦萦,几代人上下求索。历经千辛万苦,中华民族终于在中国共产党的正确领导下,掌握了自己的命运,建立了中华人民共和国,确立了社会主义制度,开始了建设自己国家的伟大进程。

中华民族的今天,可谓“人间正道是沧桑”。改革开放以来,我们党不断总结历史经验,进行艰辛探索,终于找到了实现中华民族伟大复兴的正确道路,取得了举世瞩目的伟大成就。在中国特色社会主义道路上,我国经济实力、综合国力大大增强,人民生活显著改善,实现了从温饱不足到总体小康再向全面小康迈进的历史跨越。国际地位和国际影响力空前提升,中国崛起被国际媒体称为“近年来最重要的全球变革”。

中华民族的明天,可谓“长风破浪会有时”。经过鸦片战争以来170多年的持续奋斗,中国特色社会主义进入新时代,中华民族伟大复兴展现出光明的前景。深藏于中国人民心中的民族复兴梦想,就要梦想成真。正如习近平同志指出的:“现在我们比历史上任何时期都更接近中华民族伟大复兴的目标,比历史上任何时期都更有信心、有能力实现这个目标。”

这三句诗发人深省、催人奋进,生动再现了近代以来中国波澜壮阔、沧桑巨变的历史图景,诠释了中华儿女为实现民族复兴接续奋斗的艰辛历程。其背后的历史镜像与逻辑充分表明:中国梦是近代以来一代又一代中国人的美好夙愿,中国梦揭示了中华民族的历史命运和当代中国的发展走向,指明了全党全国各族人民共同的奋斗目标。

2. 中国共产党义无反顾肩负起实现中华民族伟大复兴的历史使命

历史的长河大浪淘沙,也彰显历史担当者的风采。谁能够承担起实现中华民族伟大复兴的历史使命,谁就能赢得中国人民的衷心拥护。十月革命一声炮响,给中国送来了马克思列宁主义。中国先进分子从马克思列宁主义的科学真理中看到了解决中国问题的出路。在近代以后中国社会的剧烈运动中,在中国人民反抗封建统治和外来侵略的激烈斗争中,在马克思列宁主义同中国工人运动的结合过程中,中国共产党应运而生。从此,中国人民谋求民族独立、人民解放和国家富强、人民幸福的斗争就有了主心骨,中国人民就从精神上由被动转为主动。

中国共产党一经成立,就把实现共产主义作为党的最高理想和最终目标,义无反顾肩负起实现中华民族伟大复兴的历史使命。在90多年波澜壮阔的历史进程中,无论是弱小还是强大,无论是顺境还是逆境,我们党都初心不改、矢志不渝,团结带领人民历经千难万险,付出巨大牺牲,敢于面对曲折,勇于修正错误,攻克了一个又一个看似不可攻克的难关,创造了一个又一个彪炳史册的人间奇迹,谱写了气吞山河的壮丽史诗。

实现中华民族伟大复兴,必须推翻压在中国人民头上的帝国主义、封建主义、官僚资本主义三座大山,实现民族独立、人民解放、国家统一、社会稳定。我们党团结带领人民找到了一条以农村包围城市、武装夺取政权的正确革命道路,进行了28年浴血奋战,打败日本帝国主义,推翻国民党反动统治,完成了新民主主义革命,建立了中华人民共和国,实现了中国从几千年封建专制政治向人民民主的伟大飞跃。

实现中华民族伟大复兴,必须建立符合我国实际的先进社会制度。我们党团结带领人民完成社会主义革命,确立社会主义基本制度,推进社会主义建设,完成了中华民族有史以来最为广泛而深刻的社会变革,为当代中国一切发展进步奠定了根本政治前提和制度基础,实现了中华民族由近代不断衰落到根本扭转命运、持续走向繁荣富强的伟大飞跃。

实现中华民族伟大复兴,必须合乎时代潮流、顺应人民意愿,勇于改革开放,让党和人民事业始终充满奋勇前进的强大动力。我们党团结带领人民进行改革开放新的伟大革命,破除阻碍国家和民族发展的一切思想和体制障碍,极大激发广大人民群众的创造性,极大解放和发展社会生产力,极大增强社会发展活力,形成了中国特色社会主义道路、理论、制度、文化,使中国大踏步赶上时代。

中国共产党领导中国人民取得的伟大胜利,使具有五千多年文明历史的中华民族全面迈向现代化,让中华文明在现代化进程中焕发出新的蓬勃生机;使具有五百年历史的社会主义主张在世界上人口最多的国家成功开辟出具有高度现实性和可行性的正确道路,让科学社会主义在21世纪焕发出新的蓬勃生机;使具有70多年历史的新中国建设取得举世瞩目的成就,中国这个世界上最大的发展中国家在短短30多年里摆脱贫困并跃升为世界第二大经济体,彻底摆脱被开除球籍的危险,创造了人类社会历史上惊天动地的发展奇迹,使中华民族焕发出新的蓬勃生机。实现中华民族伟大复兴展现出无比灿烂的前景。

3. 中国梦的科学内涵

中国梦视野宽广、内涵丰富、意蕴深远。习近平同志指出:“中国梦的本质是国家富强、民族振兴、人民幸福。”国家富强,就是要全面建成小康社会,并在此基础上建设富强民主文明和谐美丽的社会主义现代化强国;民族振兴,就是要使中华民族更加坚强有力地自立于世界民族之林,为人类作出新的更大的贡献;人民幸福,就是要坚持以人民为中心,增进人民福祉,促进人的全面发展,朝着共同富裕方向稳步前进。中国梦把国家的追求、民族的向往、人民的期盼融为一体,体现了中华民族和中国人民的整体利益,表达了每一个中华儿女的共同愿景,已成为激荡在14亿人心中的高昂旋律,成为中华民族团结奋斗的最大公约数和最大同心圆。

中国梦归根到底是人民的梦,必须紧紧依靠人民来实现,必须不断为人民造福。人民是中国梦的主体,是中国梦的创造者和享有者。中国人民是伟大的人民,素来有着深沉厚重的精神追求,具有伟大的梦想精神,即使近代以来饱尝屈辱和磨难,也绝不自甘沉沦,而是始终怀揣民族复兴的梦想,追求光明美好的未来。中国梦的深厚源泉在于人民,根本归宿也在于人民,只有同人民对美好生活的向往结合起来才能取得成功。

中国梦是国家的梦、民族的梦,也是每一个中华儿女的梦。国家好、民族好,大家才会好。中国梦就是要让每个人获得发展自我和奉献社会的机会,共同享有人生出彩的机会,共同享有梦想成真的机会,共同享有同祖国和时代一起成长与进步的机会。只要每个人都把人生理想融入国家和民族的伟大梦想之中,把小我融入大我,敢于有梦、勇于追梦、勤于圆梦,就会汇聚起实现中国梦的强大力量。实现中华民族伟大复兴是海内外中华儿女的共同梦想,要团结一切可以团结的力量,共担民族复兴的责任,共享民族复兴的荣耀。

中国梦是中国人民追求幸福的梦,也同世界人民的梦想息息相通。“穷则独善其身,达则兼济天下”。这是中华民族始终崇尚的品德和胸怀。中国一心一意办好自己的事情,实现国家发展和稳定,既是对自己负责,也是为世界作贡献。中国人民深知,中国发展得益于国际社会,愿意同各国人民在实现各自梦想的过程中相互支持、相互帮助。中国将同国际社会一道,推动实现持久和平、共同繁荣的世界梦,为人类和平与发展的崇高事业作出新的、更大的贡献!

4. 实现伟大梦想必须进行伟大斗争、建设伟大工程、推进伟大事业

中国共产党一经成立,就把实现共产主义作为党的最高理想和最终目标,义无反顾肩负起实现中华民族伟大复兴的历史使命,百年来初心不改、矢志不渝。今天,我们比历史上任何时候

都更接近、更有信心和能力实现中华民族伟大复兴的目标。习近平同志指出:“行百里者半九十。中华民族伟大复兴,绝不是轻轻松松、敲锣打鼓就能实现的。全党必须准备付出更为艰巨、更为艰苦的努力。”

实现伟大梦想,必须进行伟大斗争。社会是在矛盾运动中前进的,有矛盾就会有斗争。我们党要团结带领人民有效应对重大挑战、抵御重大风险、克服重大阻力、化解重大矛盾、解决重大问题,必须进行具有许多新的历史特点的伟大斗争。要牢牢掌握斗争主动权,发扬斗争精神、增强斗争本领,敢于斗争、善于斗争,在事关中国特色社会主义前途命运的大是大非问题上坚定不移,在改革发展稳定工作中敢于碰硬,在全面从严治党上敢于动硬,在维护国家核心利益上敢于针锋相对,不在困难面前低头,不在挑战面前退缩,不拿原则做交易,不在任何压力下吞下损害中华民族根本利益的苦果。充分认识这场伟大斗争的长期性、复杂性、艰巨性,到重大斗争一线真刀真枪磨砺,以“踏平坎坷成大道,斗罢艰险又出发”的顽强意志,不断夺取伟大斗争新胜利。

实现伟大梦想,必须建设伟大工程。这个伟大工程就是我们党正在深入推进的党的建设新的伟大工程。历史已经并将继续证明,没有中国共产党的领导,民族复兴必然是空想。我们党要始终成为时代先锋、民族脊梁,始终成为马克思主义政党,自身必须始终过硬。全党要更加自觉地坚定党性原则,勇于直面问题,敢于刮骨疗毒,消除一切损害党的先进性和纯洁性的因素,清除一切侵蚀党的健康肌体的病毒,确保我们党永葆旺盛生命力和强大战斗力,确保党在世界形势深刻变化的历史进程中始终走在时代前列,在应对国内外各种风险和考验的历史进程中始终成为全国人民的主心骨,在坚持和发展中国特色社会主义的历史进程中始终成为坚强领导核心。

实现伟大梦想,必须推进伟大事业。中国特色社会主义是改革开放以来党的全部理论和实践的主题。我们党紧紧依靠人民,从根本上改变了中国人民和中华民族的前途命运,不可逆转地结束了近代以来中国内忧外患、积贫积弱的悲惨命运,不可逆转地开启了中华民族不断发展壮大、走向伟大复兴的历史进军。全党要始终高举中国特色社会主义伟大旗帜,更加自觉地增强中国特色社会主义自信,不懈探索和把握中国特色社会主义建设规律,保持政治定力,坚持实干兴邦,始终坚持和发展中国特色社会主义。

伟大斗争、伟大工程、伟大事业、伟大梦想是一个紧密联系、相互贯通、相互作用、有机统一的整体,统一于新时代坚持和发展中国特色社会主义伟大实践。伟大梦想是目标,指引前进方向;伟大斗争是手段,激发前进动力;伟大工程是保障,提供前进保证;伟大事业是主题,开辟前进道路。其中,起决定性作用的是党的建设伟大工程。

在近代以来漫长的历史进程中,中国人民经历了太多太多磨难,付出了太多太多的牺牲,进行了太多太多的拼搏。现在,中国人民和中华民族在历史进程中积累的强大能量已经充分爆发出来了,为实现中华民族伟大复兴提供了势不可挡的磅礴力量。

伟大梦想不是等得来、喊得来的,而是拼出来、干出来的。在这个千帆竞发、百舸争流的时代,我们绝不能有半点骄傲自满、固步自封,也绝不能有丝毫犹豫不决、徘徊彷徨,必须统筹伟大斗争、伟大工程、伟大事业、伟大梦想,勇立潮头、奋勇搏击。中华民族伟大复兴的中国梦一定要实现,也一定能够实现。

第三节　开启全面建设社会主义现代化国家新征程

“十三五”时期是全面建成小康社会决胜阶段。面对错综复杂的国际形势、艰巨繁重的国内改革发展稳定任务，特别是新冠肺炎疫情的严重冲击，以习近平同志为核心的党中央不忘初心、牢记使命，团结带领全党全国各族人民砥砺前行、开拓创新，奋发有为推进党和国家各项事业，决胜全面建成小康社会取得决定性成就。全面建成小康社会后，我们要乘势而上开启全面建设社会主义现代化国家新征程。

1. 建设社会主义现代化强国是我们党确立的伟大目标

建设社会主义现代化强国，实现中华民族伟大复兴，是中华民族的最高利益和根本利益。我们党领导人民进行的一切奋斗，归根结底都是为了实现这一伟大目标。

新中国成立以来，我们党对社会主义现代化建设进行了艰辛探索。毛泽东提出，我们的任务“就是要安下心来，使我们可以建设我们国家现代化的工业、现代化的农业、现代化的科学文化和现代化的国防。”进入改革开放新时期，邓小平根据新的实际和历史经验确立了我国实现社会主义现代化的正确道路。他指出：“我们从八十年代的第一年开始，就必须一天也不耽误，专心致志地、聚精会神地搞四个现代化建设。”“我们党在现阶段的政治路线，概括地说，就是一心一意地搞四个现代化。这件事情，任何时候都不要受干扰，必须坚定不移、一心一意地干下去。”改革开放以来党的历次全国代表大会，都对推进社会主义现代化建设作出战略部署。在实践探索中，我们党取得了加快实现现代化、巩固和发展社会主义的一系列重大成果，极大推进了社会主义现代化建设的历史进程。

在新时代，围绕如何全面建设社会主义现代化这一重大问题，习近平同志提出了一系列新思想、新观点、新要求。他指出，实现社会主义现代化和中华民族伟大复兴是坚持和发展中国特色社会主义的总任务，要在全面建成小康社会的基础上，分两步走全面建成社会主义现代化强国。他强调，“现代化的本质是人的现代化”“我们要建设的现代化是人与自然和谐共生的现代化”，要“推进国家治理体系和治理能力现代化”“要在坚持以经济建设为中心的同时，全面推进经济建设、政治建设、文化建设、社会建设、生态文明建设，促进现代化建设各个环节、各个方面协调发展”，等等。这些重大战略思想、重大理论观点、重大工作部署，极大深化了我们党对社会主义现代化建设规律的认识，有力指导和推动了我国社会主义现代化建设迈出坚实步伐。

2. 建成社会主义现代化强国的战略安排

改革开放之后，我们党对我国社会主义现代化建设作出战略安排，提出“三步走”战略目标，即解决人民温饱问题、人民生活总体上达到小康水平、基本实现现代化。经过全党全国各族人民共同努力，我们先后提前实现了第一步、第二步战略目标，2002 年党的十六大正式宣布人民生活总体达到小康水平。在此基础上，党的十六大提出了全面建设小康社会的奋斗目标，党的十七大、十八大对全面建成小康社会提出了新的要求，作出了新的部署。这就是“两个一百年”的奋斗目标，即到建党 100 年时建成惠及十几亿人口的更高水平的小康社会；到新中国成立 100 年时基本实现现代化，建成社会主义现代化国家。

从十九大到二十大，是“两个一百年”奋斗目标的历史交汇期。综合分析国际国内形势和我国发展条件，党的十九大报告提出，我们要全面建成小康社会、实现第一个百年奋斗目标，然后再乘势而上开启全面建设社会主义现代化国家新征程，向第二个百年奋斗目标进军。从全面建成小康社会到基本实现现代化，再到全面建成社会主义现代化强国，是新时代中国特色社会主义发展的战略安排。

第一个阶段，从 2020 年到 2035 年，在全面建成小康社会的基础上，再奋斗 15 年，基本实现社会主义现代化。到那时，我国经济实力、科技实力、综合国力将大幅跃升，经济总量和城乡居民人均收入将再迈上新的大台阶，关键核心技术实现重大突破，进入创新型国家前列；基本实现新型工业化、信息化、城镇化、农业现代化，建成现代化经济体系；基本实现国家治理体系和治理能力现代化，人民平等参与、平等发展权利得到充分保障，基本建成法治国家、法治政府、法治社会；建成文化强国、教育强国、人才强国、体育强国、健康中国，国民素质和社会文明程度达到新高度，国家文化软实力显著增强；广泛形成绿色生产生活方式，碳排放达峰后稳中有降，生态环境根本好转，美丽中国建设目标基本实现；形成对外开放新格局，参与国际经济合作和竞争新优势明显增强；人均国内生产总值达到中等发达国家水平，中等收入群体显著扩大，基本公共服务实现均等化，城乡区域发展差距和居民生活水平差距显著缩小；平安中国建设达到更高水平，基本实现国防和军队现代化；人民生活更加美好，人的全面发展、全体人民共同富裕取得更为明显的实质性进展。

第二个阶段，从 2035 年到本世纪中叶，在基本实现现代化的基础上，再奋斗 15 年，把我国建成富强民主文明和谐美丽的社会主义现代化强国。到那时，我国物质文明、政治文明、精神文明、社会文明、生态文明将全面提升，实现国家治理体系和治理能力现代化，成为综合国力和国际影响力领先的国家，全体人民共同富裕基本实现，我国人民将享有更加幸福安康的生活，中华民族将以更加昂扬的姿态屹立于世界民族之林，实现中华民族伟大复兴的中国梦。

【复习思考题】

1. 如何科学认识社会主义的本质？
2. 中国梦的本质内涵是什么？
3. 如何认识“四个伟大”之间的相互关系？
4. 坚持和发展中国特色社会主义的总任务是什么？
5. 建成社会主义现代化强国的战略安排是什么？

第八章　全面深化改革

第一节　全面深化改革的重大意义

改革开放是我们党的一次伟大觉醒,正是这个伟大觉醒孕育了我们党从理论到实践的伟大创造。改革开放是中国人民和中华民族发展史上一次伟大革命,正是这个伟大革命推动了中国特色社会主义事业的伟大飞跃。习近平同志强调:“改革开放是决定当代中国命运的关键一招,也是决定实现‘两个一百年’奋斗目标、实现中华民族伟大复兴的关键一招。”我国 40 多年来的快速发展靠的是改革开放,决胜全面建成小康社会、全面建设社会主义现代化国家也必须坚定不移依靠改革开放。

1. 全面深化改革,是顺应当今世界发展大势的必然选择

纵观世界,变革是大势所趋、人心所向。现在世界各国正在加快推进变革,新一轮科技革命和产业变革正在孕育兴起。在这样的形势下,要如期全面建成小康社会,实现中华民族伟大复兴,必须认清形势、居安思危、奋起直追。停顿和倒退没有出路,思想僵化、固步自封,必将被时代所淘汰。我们要顺应浩浩荡荡的历史潮流,勇于承担自己的历史责任,以更大的政治勇气和智慧,更有力的措施和办法推进改革,开辟中国特色社会主义事业更加广阔的前景。

2. 全面深化改革,是解决中国现实问题的根本途径

改革由问题倒逼而产生,又在不断解决问题中得到深化。同时,旧的问题解决了,新的问题又会产生,因而改革不可能一蹴而就、也不可能一劳永逸。当前,我国发展还面临一系列突出矛盾和挑战,前进道路上还有不少困难和问题。要破解这些矛盾和问题,除了深化改革,统筹推进各领域改革,别无他途。

3. 全面深化改革,关系党和人民事业前途命运,关系党的执政基础和执政地位

中国特色社会主义进入新时代,要站在更高起点谋划和推进改革,改革要有方向、有立场、有原则。坚持什么样的改革方向,决定着改革的性质和最终成败。全面深化改革的深刻性和复杂性前所未有,各种思想文化相互激荡,各种矛盾相互交织,各种诉求相互碰撞,各种力量竞相发声。在这种情况下,确保改革沿着有利于党和人民事业发展的正确方向前进就越发重要。

第二节　坚定不移全面深化改革

2013 年 11 月,党的十八届三中全会通过了《中共中央关于全面深化改革若干重大问题的决定》;2019 年 10 月,党的十九届四中全会通过了《中共中央关于坚持和完善中国特色社会主义制度推进国家治理体系和治理能力现代化若干重大问题的决定》。两次重要会议、两个重大决定,对全面深化改革作出了全面部署。

1. 全面深化改革的总目标

全面深化改革的总目标是完善和发展中国特色社会主义制度,推进国家治理体系和治理能力现代化。完善和发展中国特色社会主义制度,推进国家治理体系和治理能力现代化,这两句话是一个整体,前一句规定了根本方向,后一句规定了在根本方向指引下完善和发展中国特色社会主义制度的鲜明指向,两句话都讲,才是完整的、全面的。我们是在中国特色社会主义道路这个方向上推进国家治理体系和治理能力现代化。

完善和发展中国特色社会主义制度。制度是关系党和国家事业发展的根本性、全局性、稳定性、长期性问题。历史经验表明,经过长期剧烈的社会变革之后,一个政权要稳定下来,一个社会要稳定下来,必须加强制度建设,而形成比较完备的一套制度往往需要较长甚至很长的历史时期。巩固和发展社会主义制度,还需要一个很长的历史阶段,需要我们几代人、十几代人,甚至几十代人坚持不懈地努力奋斗。今天,摆在我们党面前的一项重大历史任务,就是推动中国特色社会主义制度更加成熟、更加定型。这项工程极为宏大,零敲碎打调整不行,碎片化修补也不行,必须是全面的系统的改革和改进,是各领域改革和改进的联动和集成。改革不是改向,变革不是变色。不实行改革开放死路一条,搞否定社会主义方向的"改革开放"也是死路一条。我们要有主张、有定力。改什么、怎么改必须以是否符合完善和发展中国特色社会主义制度、推进国家治理体系和治理能力现代化的总目标为根本尺度,该改的、能改的我们坚决改,不该改的、不能改的坚决不改,决不能在根本性问题上出现颠覆性错误。必须充分发挥党总揽全局、协调各方的领导核心作用,坚持走中国特色社会主义道路不动摇,坚持社会主义基本制度不动摇,坚持党的领导不动摇,确保改革开放始终沿着正确方向前进。

推进国家治理体系和治理能力现代化。国家治理体系和治理能力是一个国家的制度和制度执行能力的集中体现,两者相辅相成。国家治理体系是在党领导下管理国家的制度体系,包括经济、政治、文化、社会、生态文明和党的建设等各领域体制机制、法律法规安排,即一整套紧密相连、相互协调的国家制度;国家治理能力则是运用国家制度管理社会各方面事务的能力,包括改革发展稳定、内政外交国防、治党治国治军等各个方面。治理国家,制度是起根本性、全局性、长远性作用的,但没有有效的治理能力,再好的制度也难以发挥作用。同时,又不能把国家治理体系和国家治理能力等同起来,不是国家治理体系越完善,国家治理能力就越强。必须把国家治理体系和治理能力结合在一起,把两者当作一个相辅相成的有机整体,通过好的国家治理体系提高治理能力,通过提高国家治理能力充分发挥国家治理体系的效能。推进国家治理体系和治理能力现代化,是完善和发展中国特色社会主义制度的必然要求,也是建设社会主义现代化强国的题中应有之义。我们的国家治理体系和治理能力总体上是好的,是适应我国国情和发展要求的。同时也要看到,相比我国经济社会发展要求,相比人民群众期待,相比当今世界日趋激烈的国际竞争,相比实现国家长治久安,我们在国家治理体系和治理能力方面还有许多不足,有许多亟待改进的地方。真正实现社会和谐稳定、国家长治久安,还是要靠制度,靠我们在国家治理上的高超能力,靠高素质干部队伍。推进国家治理体系和治理能力现代化,就是要适应时代变化,不断改革不适应实践发展要求的体制机制,在创新中使各方面体制机制更加科学、更加完善。

坚持和完善中国特色社会主义制度、推进国家治理体系和治理能力现代化的总体目标是,到我们党成立一百年时,在各方面制度更加成熟更加定型上取得明显成效;到二〇三五年,各方面制度更加完善,基本实现国家治理体系和治理能力现代化;到新中国成立一百年时,全面实现国家治理体系和治理能力现代化，使中国特色社会主义制度更加巩固、优越性充分展现。

2. 我国国家制度和国家治理体系的显著优势

我国国家制度和国家治理体系的显著优势主要包括：坚持党的集中统一领导，坚持党的科学理论，保持政治稳定，确保国家始终沿着社会主义方向前进的显著优势；坚持人民当家作主，发展人民民主，密切联系群众，紧紧依靠人民推动国家发展的显著优势；坚持全面依法治国，建设社会主义法治国家，切实保障社会公平正义和人民权利的显著优势；坚持全国一盘棋，调动各方面积极性，集中力量办大事的显著优势；坚持各民族一律平等，铸牢中华民族共同体意识，实现共同团结奋斗、共同繁荣发展的显著优势；坚持公有制为主体、多种所有制经济共同发展和按劳分配为主体、多种分配方式并存，把社会主义制度和市场经济有机结合起来，不断解放和发展社会生产力的显著优势；坚持共同的理想信念、价值理念、道德观念，弘扬中华优秀传统文化、革命文化、社会主义先进文化，促进全体人民在思想上精神上紧紧团结在一起的显著优势；坚持以人民为中心的发展思想，不断保障和改善民生、增进人民福祉，走共同富裕道路的显著优势；坚持改革创新、与时俱进，善于自我完善、自我发展，使社会始终充满生机活力的显著优势；坚持德才兼备、选贤任能，聚天下英才而用之，培养造就更多更优秀人才的显著优势；坚持党指挥枪，确保人民军队绝对忠诚于党和人民，有力保障国家主权、安全、发展利益的显著优势；坚持“一国两制”，保持香港、澳门长期繁荣稳定，促进祖国和平统一的显著优势；坚持独立自主和对外开放相统一，积极参与全球治理，为构建人类命运共同体不断作出贡献的显著优势。这些显著优势，是我们坚定中国特色社会主义道路自信、理论自信、制度自信、文化自信的基本依据。

3. 坚持和完善中国特色社会主义制度的重点任务

着眼坚持和完善支撑中国特色社会主义制度的根本制度、基本制度、重要制度，重点坚持和完善13个方面的制度。坚持和完善党的领导制度体系，提高党科学执政、民主执政、依法执政水平；坚持和完善人民当家作主制度体系，发展社会主义民主政治；坚持和完善中国特色社会主义法治体系，提高党依法治国、依法执政能力；坚持和完善中国特色社会主义行政体制，构建职责明确、依法行政的政府治理体系；坚持和完善社会主义基本经济制度，推动经济高质量发展；坚持和完善繁荣发展社会主义先进文化的制度，巩固全体人民团结奋斗的共同思想基础；坚持和完善统筹城乡的民生保障制度，满足人民日益增长的美好生活需要；坚持和完善共建共治共享的社会治理制度，保持社会稳定、维护国家安全；坚持和完善生态文明制度体系，促进人与自然和谐共生；坚持和完善党对人民军队的绝对领导制度，确保人民军队忠实履行新时代使命任务；坚持和完善“一国两制”制度体系，推进祖国和平统一；坚持和完善独立自主的和平外交政策，推动构建人类命运共同体；坚持和完善党和国家监督体系，强化对权力运行的制约和监督。以上这些部署，内容全面、相互衔接、有机统一，第一次系统描绘了中国特色社会主义制度的图谱。

【复习思考题】

1. 如何认识全面深化改革的重大意义？
2. 如何理解全面深化改革的总目标？
3. 我国国家制度和国家治理体系的显著优势是什么？
4. 坚持和完善中国特色社会主义制度的重点任务是什么？

第九章　建设中国特色社会主义政治

第一节　中国特色社会主义政治发展道路

中国是一个发展中大国,坚持正确的政治发展道路更是关系根本、关系全局的重大问题。中国特色社会主义政治发展道路是符合中国国情、保证人民当家作主的正确道路,独特的文化传统、独特的历史命运、独特的基本国情,注定了我们必然要走适合自己特点的发展道路。

1. 中国特色社会主义政治发展道路的内涵

中国特色社会主义政治发展道路,就是高举人民民主旗帜,从中国国情出发,坚持党的领导、人民当家作主、依法治国的有机统一,以保障人民当家作主为根本,以增强党和国家活力,调动人民积极性为目标,不断推动社会主义政治制度的自我完善和发展。

中国特色社会主义政治发展道路,是中国共产党领导中国人民把马克思主义基本原理同中国具体国情相结合、经过长期探索实践逐步开辟和形成的,是中国近现代 100 多年历史发展的必然结果,是中国改革开放 40 多年历史性巨变的必然结果,是中国人民掌握自己的前途和命运、共同团结奋斗、共同繁荣发展的必然结果。

中国特色社会主义政治发展道路,是中国特色社会主义道路的重要组成部分,是唯一能够为国家富强、民族振兴、人民幸福提供根本政治保证的正确道路。

2. 坚持中国特色社会主义政治发展道路的关键

坚持党的领导、人民当家作主和依法治国的有机统一,是中国特色社会主义政治发展道路的重要内容,也是坚持和拓展这一道路的关键所在。党的领导是人民当家作主和依法治国的根本保证,人民当家作主是社会主义民主政治的本质特征,依法治国是党领导人民治理国家的基本方式,三者统一于我国社会主义民主政治伟大实践。

坚持党的领导。党的性质和宗旨,决定了党的领导与人民当家作主的统一性,共产党执政就是要领导和支持人民当家作主。在中国这样一个 14 亿人口的发展中大国,人民利益的广泛性、多样性,实现人民利益的复杂性、艰巨性,必然要求有一个能够真正反映和有效体现人民共同意志的政治核心,来领导动员和组织人民掌握好国家权力,管理好国家、社会事务和各项事业。在当代中国,能够担当起这一重任的政治力量,唯有中国共产党。

坚持人民当家作主。人民当家作主就是广大人民群众在党的领导下,掌握国家政权,行使民主权利,管理国家和社会事务,管理经济和文化事业。党领导人民努力创造各种有效的民主形式,坚持依法治国,才能充分实现人民当家作主的权利,巩固和发展党的执政地位。

坚持依法治国。依法治国就是广大人民群众在党的领导下,依照宪法和法律规定,通过各种途径行使管理国家和社会事务、管理经济和文化事业的权利,保证国家各项工作和社会政治生活都依法进行,逐步实现社会主义民主的制度化、法律化。宪法是治国安邦的总章程,具有最高法律地位、法律权威、法律效力,依法治国首先是依宪治国,依法执政关键是依宪执政,任何组织和个人都不允许有超越宪法和法律的特权。

3. 健全人民当家作主制度体系

我国社会主义民主是维护人民根本利益的最广泛、最真实、最管用的民主。人民当家作主是社会主义民主政治的本质和核心。发展社会主义民主政治就是要体现人民意志、保障人民权益、激发人民创造活力,用制度体系保证人民当家作主。

人民民主专政是我国的国体。我国宪法明确规定,中华人民共和国是工人阶级领导的、以工农联盟为基础的人民民主专政的社会主义国家。我国现阶段的人民民主专政实质上是无产阶级专政,二者的性质相同,职能作用相同,历史使命也相同。人民民主专政是适合中国国情和革命传统的一种形式,具有鲜明的中国特色。坚持人民民主专政,既在人民内部实行最广泛的民主,又依法对极少数敌人实行最有效的专政,能够维护人民的政权,维护人民的根本利益。

人民代表大会制度是我国的政体。人民代表大会制度作为我国的根本政治制度,与人民民主专政的国体相适应,为国家机构高效运转提供了有力的制度保障。在我国实行人民代表大会制度,是我们党把马克思主义基本原理同中国具体实际相结合的伟大创造,是党领导人民长期奋斗取得的制度成果。实践证明,人民代表大会制度是中国人民当家作主的根本途径和最高实现形式,也是党在国家政权中充分发扬民主、贯彻群众路线的最好实现形式,是中国社会主义政治文明的重要制度载体,已显示出强大的生命力和极大的优越性。

中国共产党领导的多党合作和政治协商制度是我国的一项基本政治制度,是中国共产党、中国人民和各民主党派、无党派人士的伟大政治创造,是从中国土壤中生长出来的新型政党制度。在这一基本政治制度中,中国共产党是领导核心,依法长期执政;各民主党派是中国共产党的亲密友党,依法参政议政。这种政党制度既不是多党制,也不是一党制,而是共产党领导的多党合作制。中国人民政治协商会议是爱国统一战线的重要组织机构,其主要职能是政治协商、民主监督、参政议政。中国共产党与各民主党派合作的基本方针是“长期共存、互相监督、肝胆相照、荣辱与共”。

民族区域自治制度是我国的一项基本政治制度,是中国特色解决民族问题的正确道路的重要内容和制度保障。这项制度体现了民族与区域、政治与经济、历史与现实、制度与法律等因素的有机结合,实现了我国社会主义多民族国家在民主基础上的高度统一。这有利于保障少数民族广泛参与国家和本民族内部事务的管理,维护和保障少数民族与民族自治地方的合法权益;有利于推动各民族和睦相处、和衷共济、和谐发展,巩固和发展平等、团结、互助、和谐的社会主义民族关系;有利于推进少数民族和民族地区经济社会建设,实现各民族共同团结奋斗、共同繁荣发展。

基层群众自治制度是我国的一项基本政治制度,是社会主义民主政治建设的基础和重要组成部分。它是依照宪法和法律的规定,由居民(村民)选举的成员组成居民(村民)委员会,实行自我管理、自我教育、自我服务、自我监督的一种制度,是人民实现当家作主最有效、最广泛的途径,也是最能体现我国社会主义民主政治特点的政治制度之一。

第二节　全面依法治国

全面依法治国是中国特色社会主义的本质要求和重要保障。全面依法治国事关我们党执政兴国,事关人民幸福安康,事关党和国家事业长远发展。

1. 党领导人民治理国家的基本方略

全面依法治国，是深刻总结我国社会主义法治建设成功经验和深刻教训作出的重大选择。新中国成立初期，我们党在废除旧法统的同时，抓紧建设社会主义法治，初步奠定了社会主义法治的基础。党的十一届三中全会以来，我们党把依法治国确定为党领导人民治理国家的基本方略，把依法执政确定为党治国理政的基本方式，始终把法治放在党和国家工作大局中来考虑、来谋划、来推进，依法治国取得重大成就。经验和教训使我们党深刻认识到，法治是治国理政不可或缺的重要手段。在我们这样一个大国，要实现经济发展、政治清明、文化昌盛、社会公正、生态良好，必须秉持法律这个准绳、用好法治这个方式。

全面依法治国，是全面建成小康社会、加快推进社会主义现代化的重要保证。当前，我国改革发展稳定形势总体是好的，但发展中不平衡、不协调、不可持续的问题依然突出，人民内部矛盾和其他社会矛盾凸显，党风政风也存在一些不容忽视的问题，其中大量矛盾和问题与有法不依、执法不严、违法不究相关。要妥善解决经济社会发展中一系列突出矛盾和问题，必须密织法律之网、强化法治之力，确保我国社会在深刻变革中既生机勃勃又井然有序。

全面依法治国，是着眼于实现中华民族伟大复兴的中国梦、实现党和国家长治久安的长远考虑。习近平同志指出："我们提出全面推进依法治国，坚定不移厉行法治。一个重要意图就是为了子孙万代计、为长远发展谋。"全面依法治国，就是要为党和国家事业发展提供根本性、全局性、长期性的制度保障。

2. 全面推进依法治国的总目标

习近平新时代中国特色社会主义思想，明确全面推进依法治国总目标是建设中国特色社会主义法治体系，建设社会主义法治国家。这就是，在中国共产党领导下，坚持中国特色社会主义制度，贯彻中国特色社会主义法治理论，形成完备的法律规范体系、高效的法治实施体系、严密的法治监督体系、有力的法治保障体系，形成完善的党内法规体系，坚持依法治国、依法执政、依法行政共同推进，坚持法治国家、法治政府、法治社会一体建设，坚持依法治国和以德治国相结合，坚持依法治国和依规治党有机统一，实现科学立法、严格执法、公正司法、全民守法，促进国家治理体系和治理能力现代化。

中国特色社会主义法治体系是中国特色社会主义制度的重要组成部分，也是坚持走中国特色社会主义法治道路的重要保证。建设中国特色社会主义法治体系是全面推进依法治国总揽全局、牵引各方的总抓手，依法治国各项工作都要围绕这个总抓手来谋划、来推进。建设中国特色社会主义法治体系就是要形成完备的法律规范体系、高效的法治实施体系、严密的法治监督体系、有力的法治保障体系，形成完善的党内法规体系。

建设社会主义法治国家，必须坚持依法治国、依法执政、依法行政共同推进，坚持法治国家、法治政府、法治社会一体建设，坚持依法治国和以德治国相结合，坚持依法治国和依规治党有机统一。

3. 坚持习近平法治思想

党的十八大以来，习近平同志高度重视全面依法治国，创造性提出了关于全面依法治国的一系列新理念新思想新战略，形成了内涵丰富、科学系统的思想体系，为建设法治中国指明了前进方向，在中国特色社会主义法治建设进程中具有重大政治意义、理论意义、实践意义。这一思想，从历史和现实相贯通、国际和国内相关联、理论和实际相结合上深刻回答了新时代为什么实行全面依法治国、怎样实行全面依法治国等一系列重大问题，是顺应实现中华民族伟大复兴时代要求应运而生的重大理论创新成果，是马克思主义法治理论中国化最新成果，是习近平新时代中国特色社会主义思想的重要组成部分，是全面依法治国的根本遵循和行动指南。这一思想，就其主要方面来讲，就是“十一个坚持”：坚持党对全面依法治国的领导；坚持以人民为中心；坚持中国特色社会主义法治道路；坚持依宪治国、依宪执政；坚持在法治轨道上推进国家治理体系和治理能力现代化；坚持建设中国特色社会主义法治体系；坚持依法治国、依法执政、依法行政共同推进，法治国家、法治政府、法治社会一体建设；坚持全面推进科学立法、严格执法、公正司法、全民守法；坚持统筹推进国内法治和涉外法治；坚持建设德才兼备的高素质法治工作队伍；坚持抓住领导干部这个“关键少数”。

4. 坚定不移走中国特色社会主义法治道路

中国特色社会主义法治道路，本质上是中国特色社会主义道路在法治领域的具体体现，是建设社会主义法治国家的唯一正确道路。坚定不移走中国特色社会主义法治道路，是社会主义法治建设成就和经验的集中体现，是坚持和完善中国特色社会主义制度的必然要求，是立足我国基本国情、顺应我国经济社会发展要求的必然选择。

全面推进依法治国，必须坚持走中国特色社会主义法治道路，就是要坚持中国共产党的领导，坚持中国特色社会主义制度，贯彻中国特色社会主义法治理论。党的领导是中国特色社会主义最本质的特征，是社会主义法治最根本的保证；中国特色社会主义制度是中国特色社会主义法治体系的根本制度基础，是全面推进依法治国的根本制度保障；中国特色社会主义法治理论是中国特色社会主义法治体系的理论指导和学理支撑，是全面推进依法治国的行动指南。

5. 深化依法治国实践

推进科学立法。按照党的十九大部署，继续推进科学立法、民主立法、依法立法，做好立改废释工作。科学立法的关键在于把握和遵循立法规律，确保所立之法遵法理、合事理、通情理；民主立法的关键在于坚持立法为了人民、依靠人民，使立法反映人民意志、得到人民拥护；依法立法的关键在于依照法定权限和程序立法，维护社会主义法制的统一和尊严。

推进严格执法。按照党的十九大部署，深入推进依法行政，推动政府工作全面纳入法治轨道。要加快建设职能科学、权责法定、执法严明、公开公正、廉洁高效、守法诚信的法治政府；全面推进政务公开法治化，决策公开、执行公开、管理公开、服务公开、结果公开，扩大和保障人民群众知情权、参与权、表达权和监督权；深化行政执法体制改革，牢固树立执法为民理念，坚持严格规范公正文明执法，坚决杜绝粗暴执法、选择性执法、钓鱼执法现象，有效解决乱执法、不执法问题。

推进公正司法。按照党的十九大部署，要加快建设公正高效权威的社会主义司法制度。进一步优化司法职权配置，加快构建司法管理监督新机制，全面推进以审判为中心的刑事诉讼制度改革，努力让司法更公正；健全多元化纠纷解决机制，深入推进案件繁简分流，运用现代科技提高办案效率，努力让司法高效；落实干预、过问案件的记录和追责制度，维护司法裁判的终局性，增强司法判决的执行力，加强对司法人员依法履职的保护，努力让司法更权威。

推进全民守法。按照党的十九大部署，要深入开展全民普法工作，真正把法律交给亿万群众，让法治走进百姓心田。加强法治宣传教育，推动宪法法律至上、法律面前人人平等的法治理念深入人心；各级党组织和全体党员带头尊法学法守法用法，始终对宪法法律怀有敬畏之心，绝不以言代法、以权压法、逐利违法、徇私枉法；创新普法工作方式方法，加强新媒体新技术的深度运用。

第三节　爱国统一战线

人心向背、力量对比是决定党和人民事业成败的关键,是最大的政治。统战工作的本质要求是大团结、大联合,解决的就是人心和力量问题。

1. 统一战线是党的事业取得胜利的重要法宝

在长期的革命、建设、改革过程中,我们党始终把统一战线和统战工作摆在全党工作的重要位置,结成了由中国共产党领导的,有各民主党派和各人民团体参加的,包括全体社会主义劳动者、社会主义事业的建设者、拥护社会主义的爱国者、拥护祖国统一和致力于中华民族伟大复兴的爱国者的广泛的爱国统一战线,为党和人民事业不断发展发挥了十分重要的作用。

进入新时代,我国社会主要矛盾已经转化为人民日益增长的美好生活需要和不平衡不充分的发展之间的矛盾,社会结构和利益格局深刻变化,新的社会阶层不断涌现,思想观念日益多样,改革发展稳定任务依然艰巨繁重。肩负历史使命、实现新的目标,需要我们最大限度把各阶层各方面的智慧和力量凝聚起来,最大限度地把全社会全民族的积极性、主动性、创造性发挥出来,巩固和发展最广泛的爱国统一战线。

2. 统一战线工作的基本要求

巩固和发展最广泛的爱国统一战线,最根本的是要坚持党的领导。统一战线是党领导的统一战线。在统战工作中,实行的政策、采取的措施都要有利于坚持和巩固党的领导地位和执政地位,必须掌握规律、坚持原则、讲究方法。同时必须明确,党对统一战线的领导主要是政治领导,即政治原则、政治方向、重大方针政策的领导,主要体现为党委领导而不是部门领导、集体领导而不是个人领导。坚持党的领导要坚定不移,但在这个过程中也要尊重、维护、照顾同盟者的利益,帮助党外人士排忧解难。

巩固和发展最广泛的爱国统一战线,必须正确处理一致性和多样性关系。正确处理两者的关系,关键是要坚持求同存异。一方面,要不断巩固共同思想政治基础,包括巩固已有共识、推动形成新的共识,这是基础和前提。另一方面,要充分发扬民主,尊重包容差异。对危害中国共产党领导、危害我国社会主义政权、危害国家制度和法治、损害最广大人民根本利益的问题,必须旗帜鲜明反对。对其他各种多样性,要尽可能通过耐心细致的工作找到最大公约数,画出最大同心圆。

巩固和发展最广泛的爱国统一战线,必须善于联谊交友。统一战线是做人的工作,搞统一战线是为了壮大共同奋斗的力量。交朋友的面要广,朋友越多越好,特别是要交一些能说心里话的挚友诤友。想交到这样的朋友,不能做快餐,而是要做“佛跳墙”这样的功夫菜。要坚持讲尊重、讲平等、讲诚恳,也要坚持讲原则、讲纪律、讲规矩,出于公心为党交一大批肝胆相照的好朋友、真朋友。

巩固和发展最广泛的爱国统一战线,必须高举爱国主义、社会主义旗帜,牢牢把握大团结、大联合的主题,把中华儿女广泛团结起来,全面建设社会主义现代化国家的伟大实践。要坚持长期共存、互相监督、肝胆相照、荣辱与共,支持民主党派按照中国特色社会主义参政党要求更好履行职能。全面贯彻党的民族政策,深化民族团结进步教育,铸牢中华民族共同体意识,加强各民族交往交流交融,促进各民族像石榴籽一样紧紧抱在一起,共同团结奋斗、共同繁荣发展。全面贯彻党的宗教工作基本方针,坚持我国宗教的中国化方向,积极引导宗教与社会主义社会相适应。加强党外知识分子工作,做好新的社会阶层人士工作,发挥他们在中国特色社会主义事业中的重要作用。构建亲清新型政商关系,促进非公有制经济健康发展和非公有制经济人士健康成长。广泛团结联系海外侨胞和归侨侨眷,共同致力于中华民族伟大复兴。

【复习思考题】

1. 如何理解中国特色社会主义政治发展道路的内涵?
2. 如何把握全面推进依法治国的总目标?
3. 如何把握统一战线工作的基本要求?

第十章　建设中国特色社会主义文化

第一节　中国特色社会主义文化发展道路

在中国特色社会主义总体布局中，文化建设为发展中国特色社会主义事业提供精神动力。在经济全球化、世界多极化、文化多样化、社会信息化的大背景下，必须坚定不移走中国特色社会主义文化发展道路。

文化是一个国家、一个民族的灵魂。文化自信是更基础、更广泛、更深厚的自信，是一个国家、一个民族发展中更基本、更深沉、更持久的力量。没有高度的文化自信，没有文化的繁荣兴盛，就没有中华民族伟大复兴。要坚持马克思主义在意识形态领域的指导地位，坚定文化自信，坚持以社会主义核心价值观引领文化建设，加强社会主义精神文明建设，围绕举旗帜、聚民心、育新人、兴文化、展形象的使命任务，促进满足人民文化需求和增强人民精神力量相统一，推进社会主义文化强国建设。

1. 坚持中国特色社会主义文化发展道路

文化兴国运兴，文化强民族强。没有高度的文化自信，没有文化的繁荣兴盛，就没有中华民族伟大复兴。要坚持中国特色社会主义文化发展道路，激发全民族文化创新创造活力，建设社会主义文化强国。

中国特色社会主义文化，源自于中华民族五千多年文明历史所孕育的中华优秀传统文化，熔铸于党领导人民在革命、建设、改革中创造的革命文化和社会主义先进文化，植根于中国特色社会主义伟大实践。

中国特色社会主义文化发展道路，就是以马克思列宁主义、毛泽东思想、中国特色社会主义理论体系为指导，坚持社会主义先进文化前进方向，以科学发展为主题，以建设社会主义核心价值体系为根本任务，以满足人民精神文化需求为出发点和落脚点，以改革创新为动力，发展面向现代化、面向世界、面向未来的，民族的科学的大众的社会主义文化，培养高度的文化自觉和文化自信，提高全民族文明素质，增强国家文化软实力，弘扬中华文化，努力建设社会主义文化强国。

2. 发展中国特色社会主义文化

发展中国特色社会主义文化，就是以马克思主义为指导，坚守中华文化立场，立足当代中国现实，结合当今时代条件，发展面向现代化、面向世界、面向未来的，民族的科学的大众的社会主义文化，推动社会主义精神文明和物质文明协调发展。

坚持以马克思主义为指导。马克思主义是指导党和人民事业的理论基础，是指引文化建设正确方向的根本指针。任何时候、任何情况下，都必须毫不动摇坚持和捍卫马克思主义，决不能有丝毫偏离和含糊。坚持以马克思主义为指导，最重要的是坚持马克思主义立场观点方法，运用马克思主义中国化最新理论成果指导文化建设。坚持以马克思主义为指导，不是抽象的而是具体的，决不能把它当作口号，而是要坚守中华文化立场，立足当代中国现实，结合当今时代条件，具体地贯穿到对中华优秀传统文化的传承弘扬中，贯穿到对革命文化和社会主义先进文化的继承发展中，贯穿到对世界优秀文化成果的借鉴吸收中，更好发展面向现代化、面向世界、面向未来的，民族的科学的大众的社会主义文化。

坚持为人民服务、为社会主义服务。文化建设是党和人民事业的重要组成部分，必须牢牢站稳人民立场，自觉服从服务于大局。必须牢固树立宗旨意识，不断强化大局观、全局观，把为人民服务、为社会主义服务统一于文化建设实践之中。要更加自觉地坚持以人民为中心的发展思想，始终把人民利益摆在至高无上的地位，把实现好、维护好、发展好人民最关心最直接最现实的利益作为出发点和落脚点，让文化改革发展成果更多更公平惠及全体人民，不断满足人民精神文化需求，更好推动人的全面发展。要更加自觉地把围绕中心、服务大局作为基本职责，坚持一切在大局下思考、一切在大局下行动，找准工作结合点和着力点，提高服务大局的能力和水平，更好推动经济持续健康发展和社会全面进步。

坚持百花齐放、百家争鸣。激发全民族文化创新创造活力，是推动文化大发展大繁荣的关键所在。要提倡理论创新、文化创新、知识创新，提倡不同观点、不同风格、不同流派相互切磋、平等讨论，鼓励解放思想、大胆探索，尊重差异、包容多样，让文化创新精神竞相迸发、持续涌流。讲尊重差异、包容多样，并不是无原则的尊重、无底线的包容，决不能让错误的东西、腐朽的东西、落后的东西滋生蔓延。要注意研究纷繁复杂的文化现象，辨析主流与支流、区分先进与落后、划清积极与消极，营造风清气正的文化生态。

坚持创造性转化、创新性发展。创新创造是文化的生命所在，是文化的本质特征。任何一个国家和民族文化的发展，都离不开继承传统和借鉴外来，更离不开创造性转化和创新性发展。在新的时代条件下，推动文化繁荣发展，必须正确处理“守”和“变”、“中”和“外”的关系，做到不忘本来、吸收外来、面向未来，更好构筑中国精神、中国价值、中国力量。要客观科学礼敬地对待中华优秀传统文化，结合新的时代条件和实践要求对其内涵和表现形式加以补充、拓展、完善，赋予其新的时代内涵和现代表达形式，充分展现中华文化独特魅力和时代价值。要坚持开放包容，以更加自信的心态、更加宽广的胸怀，广泛参与世界文明对话，借鉴吸收人类文明成果，增强中华文化的影响力和吸引力。

第二节　培育和践行社会主义核心价值观

核心价值观是一个民族赖以维系的精神纽带，是一个国家共同的思想道德基础。如果没有共同的核心价值观，一个民族、一个国家就会魂无定所、行无依归。能否构建具有强大感召力的核心价值观，关系社会和谐稳定，关系国家长治久安。

在当代中国，我们倡导富强、民主、文明、和谐，自由、平等、公正、法治，爱国、敬业、诚信、友善的社会主义核心价值观。社会主义核心价值观把涉及国家、社会、公民 3 个层面的价值要求融为一体，既体现了社会主义本质要求，继承了中华优秀传统文化，也吸收了世界文明有益成果，体现了时代精神，回答了我们要建设什么样的国家、建设什么样的社会、培育什么样的公民的重大问题，是当代中国精神的集中体现，凝结着全体人民共同的价值追求。

培育和践行社会主义核心价值观，要着力培养担当民族复兴大任的时代新人。核心价值观建设，说到底是人的思想建设、灵魂建设，聚焦的是造就具有正确世界观、人生观、价值观的社会

主义建设者。培养时代新人,要坚持立德树人、以文化人,弘扬民族精神和时代精神,加强爱国主义、集体主义、社会主义教育。持续深化社会主义思想道德建设,深入实施公民道德建设工程,加强和改进思想政治工作,推进新时代文明实践中心建设,不断提升人民思想觉悟、道德水准、文明素养和全社会文明程度。

培育和践行社会主义核心价值观,要把社会主义核心价值观融入社会生活各个方面。一种价值观要真正发挥作用,必须通过强化教育引导、舆论宣传、文化熏陶、实践养成、制度保障等,将其融入社会生活,让人们在实践中感知它、领悟它,达到“百姓日用而不觉”的程度。培育和践行社会主义核心价值观要注意把我们所提倡的与人们日常生活联系起来,在落细、落小、落实上下功夫。要把社会主义核心价值观的要求融入各种精神文明创建活动之中,吸引群众广泛参与,培育文明风尚。要广泛开展先进模范学习宣传活动,营造崇尚英雄、学习英雄、捍卫英雄、关爱英雄的浓厚氛围,推动全社会形成见贤思齐的良好风气。要利用各种时机和场合,形成有利于培育和践行社会主义核心价值观的生活情景和社会氛围,使社会主义核心价值观的影响像空气一样无所不在、无时不有。

培育和践行社会主义核心价值观,要坚持全民行动、干部带头,从家庭做起、从娃娃抓起。要在全社会弘扬和培育社会主义核心价值观,使之成为全体人民的共同价值追求,成为人民自觉遵循的行为准则。党员干部要带头培育和践行社会主义核心价值观,用自己的模范行为和高尚人格感召群众、带动群众。家庭是社会的基本细胞,是人生的第一所学校,对一个人的价值观的养成有重要影响,要重视家庭建设,注重家庭、注重家教、注重家风,发扬光大中华民族传统家庭美德,促进家庭和睦,促进亲人相亲相爱,促进下一代健康成长,促进老年人老有所养,从家庭做起培育和践行社会主义核心价值观。培育和践行社会主义核心价值观,事关青少年扣好人生的第一粒扣子,还必须从小抓起、从学校抓起。要把社会主义核心价值观的基本内容和要求渗透到学校教育教学之中,体现在学校日常管理中,做到进教材、进课堂、进头脑,让社会主义核心价值观在青少年的心田中生根发芽。

培育和践行社会主义核心价值观,必须立足中华优秀传统文化和革命文化。中华文明绵延数千年,创造了博大精深的中华文化,有其独特的价值体系。中华优秀传统文化已经成为中华民族的文化基因,植根在中国人内心深处,潜移默化影响着中国人的思维方式和行为方式。培育和践行社会主义核心价值观,要利用好中华优秀传统文化蕴含的丰富的思想道德资源,深入挖掘中华优秀传统文化蕴含的思想观念、人文精神、道德规范,结合时代要求继承创新,推动中华传统文化创造性转化、创新性发展,让中华文化展现出永久魅力和时代风采,使其成为涵养社会主义核心价值观的重要源泉。革命文化是中国革命和建设光荣历史的见证,渗透着中国共产党人的崇高理想,凝聚着广大人民群众的高尚道德和优良品质,包含了体现社会主义、共产主义价值目标的精神形态,要大力予以传承和弘扬。

培育和践行社会主义核心价值观,还必须发扬中国人民在长期奋斗中培育、继承、发展起来的伟大民族精神,这就是 2018 年 3 月习近平同志在十三届全国人大一次会议上的讲话中概括的“四种精神”,即伟大创造精神、伟大奋斗精神、伟大团结精神和伟大梦想精神。我们相信,只要 14 亿中国人民始终发扬这种伟大民族精神,我们就一定能够创造出一个又一个人间奇迹,就一定能够达到创造人民更加美好生活的宏伟目标,就一定能够形成勇往直前、无坚不摧的强大力量,就一定能够实现中华民族伟大复兴。

【复习思考题】

1. 如何理解中国特色社会主义文化发展道路的内涵?
2. 社会主义核心价值观的主要内容是什么?
3. 如何培育和践行社会主义核心价值观?

第十一章　建设社会主义和谐社会

第一节　保障和改善民生

为什么人的问题，是检验一个政党、一个政权性质的试金石。带领人民创造美好生活，是我们党始终不渝的奋斗目标。必须始终把人民利益摆在至高无上的地位，必须多谋民生之利、多解民生之忧，在发展中补齐民生短板、促进社会公平正义，在幼有所育、学有所教、劳有所得、病有所医、老有所养、住有所居、弱有所扶上不断取得新进展。尽力而为、量力而行，健全基本公共服务体系，完善共建共治共享的社会治理制度，扎实推动共同富裕，不断增强人民群众获得感、幸福感、安全感，促进人的全面发展和社会全面进步。

1. 增进民生福祉是发展根本目的

增进民生福祉是我们党立党为公、执政为民的本质要求。带领人民创造美好生活，是我们党始终不渝的奋斗目标。我们党团结带领全国各族人民进行伟大社会革命，根本目的就是让人民过上好日子。党的一切工作必须始终把人民利益摆在至高无上的地位，必须以最广大人民的根本利益作为最高标准，多谋民生之利、多解民生之忧，坚持把人民群众的小事当作自己的大事，从人民群众关心的事情做起，从让人民群众满意的事情做起。

保障和改善民生是推动发展的根本目的。我们的发展是以人民为中心的发展，人民群众是发展的主体，也是发展的最大受益者。如果发展不能满足人民的期待，不能让群众得到实际利益，这样的发展就失去意义，也不可能持续。要始终坚持发展为了人民、发展依靠人民、发展成果由人民共享，在推动经济持续健康发展的基础上，保证全体人民在共建共享发展中有更多获得感，让社会主义制度优越性得到充分体现，不断促进人的全面发展、全体人民共同富裕。

抓民生也是抓发展。我们党始终把推动经济发展和改善民生有机联系起来。经济发展是民生改善的物质基础，离开了经济发展，改善民生就成了无源之水、无本之木。同时也要看到，民生是做好经济社会发展工作的“指南针”，持续不断改善民生，既能有效解决群众后顾之忧，调动人民发展生产的积极性，又可以增进社会消费预期，扩大内需，催生新的经济增长点，为经济发展、转型升级提供强大内生动力。因此，既要通过发展经济为持续改善民生奠定坚实物质基础，又要通过持续不断改善民生为经济发展创造更多有效需求，实现二者良性循环。

2. 保障和改善民生的重点任务

提高人民收入水平。坚持按劳分配为主体、多种分配方式并存，提高劳动报酬在初次分配中的比重，完善工资制度，健全工资合理增长机制，着力提高低收入群体收入，扩大中等收入群体。完善按要素分配政策制度，健全各类生产要素由市场决定报酬的机制，探索通过土地、资本等要素使用权、收益权增加中低收入群体要素收入。多渠道增加城乡居民财产性收入。完善再分配机制，加大税收、社保、转移支付等调节力度和精准性，合理调节过高收入，取缔非法收入。发挥第三次分配作用，发展慈善事业，改善收入和财富分配格局。

强化就业优先政策。就业是最大民生。要千方百计稳定和扩大就业,坚持经济发展就业导向,扩大就业容量,提升就业质量,促进充分就业,保障劳动者待遇和权益。健全就业公共服务体系、劳动关系协调机制、终身职业技能培训制度。更加注重缓解结构性就业矛盾,加快提升劳动者技能素质,完善重点群体就业支持体系,统筹城乡就业政策体系。扩大公益性岗位安置,帮扶残疾人、零就业家庭成员就业。完善促进创业带动就业、多渠道灵活就业的保障制度,支持和规范发展新就业形态,健全就业需求调查和失业监测预警机制。

建设高质量教育体系。全面贯彻党的教育方针,坚持立德树人,加强师德师风建设,培养德智体美劳全面发展的社会主义建设者和接班人。健全学校家庭社会协同育人机制,提升教师教书育人能力素质,增强学生文明素养、社会责任意识、实践本领,重视青少年身体素质和心理健康教育。坚持教育公益性原则,深化教育改革,促进教育公平,推动义务教育均衡发展和城乡一体化,完善普惠性学前教育和特殊教育、专门教育保障机制,鼓励高中阶段学校多样化发展。加大人力资本投入,增强职业技术教育适应性,深化职普融通、产教融合、校企合作,探索中国特色学徒制,大力培养技术技能人才。提高高等教育质量,分类建设一流大学和一流学科,加快培养理工农医类专业紧缺人才。提高民族地区教育质量和水平,加大国家通用语言文字推广力度。支持和规范民办教育发展,规范校外培训机构。发挥在线教育优势,完善终身学习体系,建设学习型社会。

健全多层次社会保障体系。健全覆盖全民、统筹城乡、公平统一、可持续的多层次社会保障体系。推进社保转移接续,健全基本养老、基本医疗保险筹资和待遇调整机制。实现基本养老保险全国统筹,实施渐进式延迟法定退休年龄。发展多层次、多支柱养老保险体系。推动基本医疗保险、失业保险、工伤保险省级统筹,健全重大疾病医疗保险和救助制度,落实异地就医结算,稳步建立长期护理保险制度,积极发展商业医疗保险。健全灵活就业人员社保制度。健全退役军人工作体系和保障制度。健全分层分类的社会救助体系。坚持男女平等基本国策,保障妇女儿童合法权益。健全老年人、残疾人关爱服务体系和设施,完善帮扶残疾人、孤儿等社会福利制度。完善全国统一的社会保险公共服务平台。

全面推进健康中国建设。把保障人民健康放在优先发展的战略位置,坚持预防为主的方针,深入实施健康中国行动,完善国民健康促进政策,织牢国家公共卫生防护网,为人民提供全方位全周期健康服务。改革疾病预防控制体系,建立稳定的公共卫生事业投入机制,落实医疗机构公共卫生责任,完善突发公共卫生事件监测预警处置机制。坚持基本医疗卫生事业公益属性,深化医药卫生体制改革。支持社会办医,推广远程医疗。坚持中西医并重,大力发展中医药事业。提升健康教育、慢性病管理和残疾康复服务质量,重视精神卫生和心理健康。深入开展爱国卫生运动,促进全民养成文明健康生活方式。完善全民健身公共服务体系。加快发展健康产业。

实施积极应对人口老龄化国家战略。制定人口长期发展战略,优化生育政策,增强生育政策包容性,提高优生优育服务水平,发展普惠托育服务体系,降低生育、养育、教育成本,促进人口长期均衡发展,提高人口素质。积极开发老龄人力资源,发展银发经济。推动养老事业和养老产业协同发展,健全基本养老服务体系,发展普惠型养老服务和互助性养老,支持家庭承担养老功能,培育养老新业态,构建居家社区机构相协调、医养康养相结合的养老服务体系,健全养老服务综合监管制度。

第二节　打造共建共治共享的社会治理格局

社会治理是社会建设的重大任务、是国家治理的重要领域,社会治理现代化是国家治理体系和治理能力现代化的题中应有之义。解决我国在社会管理领域存在的问题,必须深入认识新时代社会治理规律,创新社会治理理念思路、体制机制、方法手段,提高社会管理能力,建设平安中国,维护社会和谐稳定,确保国家长治久安、人民安居乐业。

第一,创新社会治理体制。坚持完善党委领导、政府负责、社会协同、公众参与、法治保障的社会治理体制,提高社会治理社会化、法治化、智能化、专业化水平,推进社会治理精细化,打造共建共治共享的社会治理格局。在发挥好政府治理作用的基础上,健全利益表达、利益协调、利益保护机制,引导群众依法行使权利、表达诉求、解决纠纷,实现政府治理和社会调节、居民自治良性互动。加强社会治理基础制度建设,建立国家人口基础信息库、统一社会信用代码制度和相关实名登记制度,完善社会信用体系。

第二,改进社会治理方式。治理和管理一字之差,体现的是系统治理、依法治理、源头治理、综合施策。坚持系统治理,加强党委领导,发挥政府主导作用,鼓励和支持社会各方面参与。坚持依法治理,加强法治保障,运用法治思维和法治方式化解社会矛盾。坚持源头治理,标本兼治、重在治本,以网格化管理、社会化服务为方向,健全基层综合服务管理平台,及时反映和协调人民群众各方面各层次利益诉求。坚持综合治理,树立法治思维,强化道德约束,规范社会行为,调节利益关系,协调社会关系,解决社会问题,努力实现法安天下、德润人心。

第三,加强预防和化解社会矛盾机制建设。正确处理人民内部矛盾特别是涉及广大人民群众切身利益的矛盾,是保持社会安定团结良好局面的关键。完善社会矛盾排查预警机制,提高对各类社会矛盾的发现预警能力,及时排除、化解、处置各类矛盾风险。健全重大决策社会稳定风险评估机制,对直接关系群众切身利益且涉及面广、容易引发社会稳定风险的重大决策事项,要将风险评估列为必经的前置程序和刚性门槛。完善矛盾纠纷多元化解机制,积极推动人民调解、行政调解、司法调解联动工作体系形成。改革信访工作制度,建立涉法涉诉信访依法终结制度。

第四,加强社会心理服务体系建设。加强和改进思想政治工作,更加注重人文关怀和心理疏导,着力促进公民道德素质的提升。推动全社会践行社会主义核心价值观,培育知荣辱、讲正气、作奉献、促和谐的良好风尚。完善惩恶扬善机制,培育风清气正的社会氛围。加强教育、心理等手段的综合运用,培育自尊自信、理性平和、积极向上的社会心态。

第五,加强社区治理体系建设。社区是党和政府联系、服务居民群众的"最后一公里",社会治理的重心要向基层下移落到城乡社区。要尽可能把资源、服务、管理放到社区,使社区有职有权有物,更好为群众提供精准高效的服务和管理。要加强城市常态化管理,聚焦群众反映强烈的突出问题,狠抓城市管理顽症治理。要加强人口服务管理,更多运用市场化、法治化手段,促进人口有序流动,控制人口总量,优化人口结构。加强创新农村社会治理,重视化解农村社会矛盾。

第三节 坚持总体国家安全观

统筹发展和安全，增强忧患意识，做到居安思危，是我们党治国理政的一个重大原则。

1. 维护国家安全至关重要

国家安全是安邦定国的重要基础，维护国家安全是全国各族人民根本利益所在。综合分析国际国内形势，我国面临对外维护国家主权、安全和发展利益，对内维护政治安全和社会稳定的双重压力，安全和发展环境更趋复杂多变，各种可以预见和难以预见的风险因素明显增多，国家安全内涵和外延比历史上任何时候都要丰富，时空领域比历史上任何时候都要宽广，内外因素比历史上任何时候都要复杂，维护国家安全和社会稳定任务十分艰巨。我们党要巩固执政地位，要团结带领人民坚持和发展中国特色社会主义，保证国家安全是头等大事。

2. 正确理解和把握国家总体安全观

坚持总体国家安全观，必须坚持国家利益至上，以人民安全为宗旨，以政治安全为根本，以经济安全为基础，以军事、文化、社会安全为保障，以促进国际安全为依托，维护各领域国家安全，构建国家安全体系，走中国特色国家安全道路。

坚持统筹发展和安全两件大事。发展是安全的基础和目的，安全是发展的条件和保障，发展和安全要同步推进。既要善于运用发展成果夯实国家安全的实力基础，又要善于塑造有利于经济社会发展的安全环境，以发展促安全、以安全保发展，努力建久安之势、成长治之业。

坚持人民安全、政治安全、国家利益至上的有机统一。人民安全是国家安全的宗旨，政治安全是国家安全的根本，国家利益至上是国家安全的准则。要坚持国家安全一切为了人民、一切依靠人民，为人民创造良好生存发展条件和安定生产生活环境；把政权安全、制度安全放在首要位置，为国家安全提供根本政治保证；把国家利益作为制定国家安全战略的出发点，更坚决更有效地维护好捍卫好国家利益尤其是核心利益，实现人民安居乐业、党的长期执政、国家长治久安。

坚持立足于防，又有效处置风险。面对波谲云诡的国际形势、复杂敏感的周边环境、艰巨繁重的改革发展稳定任务，我们必须始终保持高度警惕。既要警惕“黑天鹅”事件，也要防范“灰犀牛”事件；既要有防范风险的先手，也要有应对和化解风险挑战的高招；既要打好防范和抵御风险的有准备之战，也要打好化险为夷、转危为机的战略主动战。

坚持维护和塑造国家安全。维护国家安全，要立足国际秩序大变局来把握，立足防范风险的大前提来统筹，立足我国发展重要战略机遇期大背景来谋划，保持战略定力、战略自信、战略耐心，把战略主动权牢牢掌握在自己手中。塑造是更高层次更具前瞻性的维护，要发挥负责任大国作用，引导国际社会共同塑造更加公正合理的国际新秩序，推动各方朝着互利互惠、共同安全的目标相向而行。

坚持科学统筹。要统筹处理好安全领域的各类问题，科学研判、辩证分析，全面把握、协调推进，既注重总体谋划，又要以重点突破带动整体推进，切实做好国家安全各项工作。加强国家安全教育，增强全党全国人民国家安全意识，充分调动各方面积极性，推动全社会形成维护国家安全的强大合力。

坚持党对国家安全工作的绝对领导，是做好国家安全工作的根本原则，是维护国家安全和社会安定的根本保证。要建立健全党委统一领导的国家安全工作责任制，实施更为有力的统领

和协调,做到守土有责、守土尽责。

【复习思考题】

1. 如何理解保障和改善民生的重大意义?
2. 如何打造共建共治共享的社会治理格局?
3. 如何正确理解和把握总体国家安全观?

第十二章　建设社会主义生态文明

第一节　坚持人与自然和谐共生

建设生态文明是中华民族永续发展的千年大计，关系人民福祉，关乎民族未来，功在当代、利在千秋。生态环境是关系党的使命宗旨的重大政治问题，也是关系民生的重大社会问题。生态环境没有替代品，用之不觉，失之难存。必须坚持节约优先、保护优先、自然恢复为主的方针，坚定不移走生产发展、生活富裕、生态良好的文明发展道路，建设人与自然和谐共生的现代化，建设望得见山、看得见水、记得住乡愁的美丽中国。

生态文明的核心是坚持人与自然和谐共生。人与自然的关系是人类社会最基本的关系。人生活在天地之间，以天地自然为生存之源、发展之本，在与自然的相互作用中，创造和发展了人类文明。在这个历程中，人与自然的关系经历了从依附自然到利用自然、再到人与自然和谐共生的发展历程。今天，人类社会正日益形成这样的普遍共识：人因自然而生，人与自然是一种共生关系，当人类合理利用、友好保护自然时，自然的回报常常是慷慨的；当人类无序开发、粗暴掠夺自然时，自然的惩罚必然是无情的。人类对自然的伤害最终会伤及人类自身，这个规律谁也无法抗拒。

面对资源约束趋紧、环境污染严重、生态系统退化的严峻形势，必须坚持绿水青山就是金山银山的理念，坚持尊重自然、顺应自然、保护自然，坚持节约优先、保护优先、自然恢复为主，守住自然生态安全边界。

尊重自然，是人与自然相处时应秉持的首要态度，要求人对自然怀有敬畏之心、感恩之情、报恩之意，尊重自然界的创造和存在，绝不能凌驾于自然之上，只有尊重自然才是人与自然相处的科学态度。尊重自然，就要深刻认识到人类与自然是平等的，人类不是自然的奴隶，也不是自然的上帝，人因自然而生，人属于自然，而不是自然属于人；就要深刻认识到自然界是人类赖以生存发展的基本条件，人类生活所需要的一切均直接或间接来自自然；就要深刻认识到一切物种均有生命，均有其独特价值，均是自然大家族中不可或缺的部分，人与自然不仅是共融共生的生命共同体，更是休戚与共的命运共同体。

顺应自然，是人与自然相处时应遵循的基本原则，要求人顺应自然的客观规律，按自然规律办事。包括人类在内的自然界是一个完整有机的生态系统，具有自身运动、变化和发展的内在规律，不以人的意志为转移。人利用和改造自然的实践活动只有适应自然规律，才能做到人与自然和谐相处。顺应自然，就是要使人类的活动符合而不是违背自然界的客观规律，以制度约束人的行为，防止出现因急功近利和个人贪欲而违背自然规律的现象。

保护自然，是人与自然相处时应承担的重要责任，要求人发挥主观能动性，在向自然界索取生存发展之需的同时，呵护自然，回报自然，保护自然界的生态系统，对自然界不能只讲索取不讲投入、只讲利用不讲建设。要把人类活动控制在自然能够承载的限度之内，给自然留下恢复

元气、休养生息、资源再生的空间，实现人类对自然获取和给予的平衡，多还旧账，不欠新账，防止出现生态赤字和人为造成的不可逆的生态灾难。

建设社会主义生态文明就是要实现人与自然和谐发展，就是要建设以资源环境承载力为基础、以自然规律为准则、以可持续发展为目标的资源节约型、环境友好型社会，努力走向社会主义生态文明新时代。

第二节　建设美丽中国的重点任务

加快生态文明体制改革，建设美丽中国，要着力完成4个方面的重点任务。

一是推进绿色发展，这是建设美丽中国的重要基础。加快建立绿色生产和消费的法律制度和政策导向，建立健全绿色低碳循环发展的经济体系。构建市场导向的绿色技术创新体系，发展绿色金融，壮大节能环保产业、清洁生产产业、清洁能源产业。推进能源生产和消费革命，构建清洁低碳、安全高效的能源体系。推进资源全面节约和循环利用，实施国家节水行动，降低能耗、物耗，实现生产系统和生活系统循环链接。倡导简约适度、绿色低碳的生活方式，反对奢侈浪费和不合理消费，开展创建节约型机关、绿色家庭、绿色学校、绿色社区和绿色出行等行动。

二是着力解决突出环境问题，这是人民群众最关心的问题。坚持全民共治、源头防治，持续实施大气污染防治行动，打赢蓝天保卫战。加快水污染防治，实施流域环境和近岸海域综合治理。强化土壤污染管控和修复，加强农业面源污染防治，开展农村人居环境整治行动。加强固体废弃物和垃圾处置。提高污染排放标准，强化排污者责任，健全环保信用评价、信息强制性披露、严惩重罚等制度。构建政府为主导、企业为主体、社会组织和公众共同参与的环境治理体系。积极参与全球环境治理，落实减排承诺。

三是加大生态系统保护力度，这是建设美丽中国的长远大计。实施重要生态系统保护和修复重大工程，优化生态安全屏障体系，构建生态廊道和生物多样性保护网络，提升生态系统质量和稳定性。完成生态保护红线、永久基本农田、城镇开发边界3条控制线划定工作。开展国土绿化行动，推进荒漠化、石漠化、水土流失综合治理，强化湿地保护和恢复，加强地质灾害防治。完善天然林保护制度，扩大退耕还林还草。严格保护耕地，扩大轮作休耕试点，健全耕地草原森林河流湖泊休养生息制度，建立市场化、多元化生态补偿机制。

四是改革生态环境监管体制，这是建设美丽中国的体制保障。加强对生态文明建设的总体设计和组织领导，设立国有自然资源资产管理和自然生态监管机构，完善生态环境管理制度，统一行使全民所有自然资源资产所有者职责，统一行使所有国土空间用途管制和生态保护修复职责，统一行使监管城乡各类污染排放和行政执法职责。构建国土空间开发保护制度，完善主体功能区配套政策，建立以国家公园为主体的自然保护地体系。坚决制止和惩处破坏生态环境行为。

【复习思考题】

1. 如何理解生态文明的核心是坚持人与自然和谐共生？
2. 坚持人与自然和谐共生必须树立什么样的生态文明理念？
3. 建设美丽中国需要着力完成哪些重点任务？

第十三章　坚持“一国两制”，实现祖国完全统一

第一节　坚持“一国两制”和推进祖国统一的方针原则

保持香港、澳门长期繁荣稳定，必须全面准确贯彻“一国两制”“港人治港”“澳人治澳”、高度自治的方针，确保“一国两制”方针不会变、不动摇，确保“一国两制”实践不变形、不走样。

贯彻这一方针，首先必须正确理解和把握“一国”和“两制”的关系。“一国两制”是一个完整的概念。“一国”是实行“两制”的前提和基础，“两制”从属和派生于“一国”，并统一于“一国”之内。“一国”是根，根深才能叶茂；“一国”是本，本固才能枝荣。要认识到，国家主体坚持实行社会主义制度，是香港、澳门实行资本主义制度、保持繁荣稳定的前提和保障；香港、澳门依照基本法实行“港人治港”“澳人治澳”、高度自治，必须充分尊重国家主体实行的社会主义制度。要把坚持“一国”原则和尊重“两制”差异有机结合起来，做到坚守“一国”之本，实现“两制”和谐相处、相互促进，把实行社会主义制度的内地建设好，把实行资本主义制度的香港、澳门建设好。

贯彻这一方针，还必须把维护中央对香港、澳门特别行政区全面管治权和保障特别行政区高度自治权有机结合起来。我国是单一制国家，中央对包括香港、澳门特别行政区在内的所有地方行政区域拥有全面管治权。香港、澳门两个特别行政区的高度自治权不是固有的，其唯一来源是中央授权。高度自治不是完全自治，中央对高度自治权的行使具有监督的权力，绝不允许以“高度自治”为名对抗中央的权力。推进“一国两制”实践，必须把维护中央对香港、澳门特别行政区全面管治权和保障特别行政区高度自治权有机结合起来，任何时候都不能偏废。必须全面准确贯彻“一国两制”方针，确保“一国两制”航船劈波斩浪、行稳致远。

贯彻这一方针，必须坚持一个中国原则、坚持“九二共识”。一个中国原则是两岸关系的政治基础。推动两岸关系和平发展，最根本的是坚持一个中国原则。虽然两岸迄今尚未统一，但中国的主权和领土完整从未分裂，两岸同属一个国家、两岸同胞同属一个民族，这一历史事实和法理基础从未改变，也不可能改变。体现一个中国原则的“九二共识”，明确界定了两岸关系的根本性质，是确保两岸关系和平发展的关键。没有这个定海神针，和平发展之舟就会遭遇惊涛骇浪，甚至彻底颠覆。2016 年 5 月以来，两岸关系和平发展面临严峻挑战，根源就是民进党当局拒不承认“九二共识”，破坏了两岸关系和平发展的政治基础。只有回到“九二共识”政治基础上来，两岸关系的发展才能拨云见日、重回正轨。

贯彻这一方针，必须坚定反对“台独”这一两岸关系和平发展的最大现实威胁。“台独”分裂势力煽动两岸同胞敌意和对立，损害国家主权和领土完整，破坏台海和平稳定，阻挠两岸关系发展，只会给两岸同胞带来深重祸害。民进党当局顽固坚持“台独”立场，纵容支持各种形式的“去中国化”“台独”分裂活动，严重冲击两岸关系和平发展。解决台湾问题、实现祖国完全统一，是全体中华儿女共同愿望，是中华民族根本利益所在。在这个民族大义和历史潮流面前，一

切分裂祖国的行径和伎俩都是注定要失败的，都会受到人民的谴责和历史的惩罚！中国人民有坚定的意志、充分的信心、足够的能力挫败一切分裂国家的活动！中国人民和中华民族有一个共同信念，这就是：我们伟大祖国的每一寸领土都绝对不能也绝对不可能从中国分割出去！我们绝不允许任何人、任何组织、任何政党，在任何时候以任何形式，把任何一块中国领土从中国分裂出去！两岸同胞要坚决反对“台独”分裂势力，共同维护两岸关系和平发展局面。

第二节　推进香港、澳门“一国两制”成功实践行稳致远

“一国两制”是中国的一个伟大创举。在统一的国家之内，国家主体实行社会主义制度，个别地区依法实行资本主义制度，这在过往的人类政治实践中还从未有过。前人用超凡的勇气探索和突破，后人要以坚定的信念实践和发展。当前，中国特色社会主义进入新时代，“一国两制”在香港、澳门的实践也进入新时代。要坚定不移把“一国两制”实践向纵深推进，奋力谱写香港、澳门长期繁荣稳定新篇章。

严格依照宪法和基本法办事。宪法是国家根本大法，是全国各族人民共同意志的体现，是特别行政区制度的法律渊源。基本法是根据宪法制定的基本法律，规定了在特别行政区实行的制度和政策，是“一国两制”方针的法律化、制度化，为“一国两制”在特别行政区的实践提供了法律保障。宪法和基本法共同构成了特别行政区的宪制基础。推进“一国两制”实践，必须维护宪法和基本法确定的特别行政区宪制秩序，落实中央对特别行政区全面管治权，落实特别行政区维护国家安全的法律制度和执行机制，维护国家主权、安全、发展利益和特别行政区社会大局稳定。要把中央依法行使权力和特别行政区履行主体责任有机结合起来，确保宪法和基本法赋予中央的权力不受侵犯，保障特别行政区依法享有的行政管理权、立法权、独立的司法权和终审权。要适应“一国两制”实践的发展要求，围绕中央对特别行政区法律备案权、行政长官和主要官员任命权、基本法解释权和修改权、中央政府向行政长官发出指令权等，健全落实基本法的具有操作性的制度和机制，确保基本法得到全面准确贯彻执行。

支持特别行政区政府和行政长官依法施政、积极作为。这是中央一贯的鲜明立场，也是落实“港人治港”“澳人治澳”、高度自治的一个最重要的体现。当前，香港、澳门内外环境出现了许多新的变化，特别行政区政府在推动经济发展上面临不少新挑战，在维护社会和谐稳定上面临许多新课题。中央将一如既往地支持特别行政区政府和行政长官依法施政、积极作为，团结带领港澳各界人士齐心协力谋发展、促和谐，保障和改善民生，有序推进民主，维护社会稳定，履行维护国家主权、安全、发展利益的宪制责任。

支持香港、澳门融入国家发展大局。国家的持续快速发展，为港澳发展提供了难得机遇、不竭动力、广阔空间，协助港澳抵御风浪、战胜挑战、赢得先机。同时，港澳一直积极参与国家改革开放和现代化建设，在国家经济发展和对外开放中的地位和功能不断提升，作出了特殊而重要的贡献。实践表明，支持香港、澳门融入国家发展大局，是发挥“一国两制”优势，保持港澳长期繁荣稳定的必然要求。要以粤港澳大湾区建设、粤港澳合作、泛珠三角区域合作等为重点，全面推进内地与香港、澳门互利合作，更好发挥港澳背靠祖国、面向世界的有利发展条件和独特竞争优势，不断拓宽港澳与内地共同发展的路径和渠道。要制定完善便利香港、澳门居民在内地发展的政策措施，为港澳同胞到广阔的祖国内地发展提供更多机会，使港澳同胞在服务国家的同时实现自身更好的发展，创造更加美好的生活。

发展壮大爱国爱港爱澳力量。“港人治港”“澳人治澳”有个界限和标准,必须以爱国者为主体。在爱国爱港爱澳旗帜下实现最广泛的团结,符合国家根本利益和港澳整体利益、长远利益,是实现港澳长治久安、繁荣发展的根本所在。要坚持爱国者为主体的“港人治港”“澳人治澳”,发展壮大爱国爱港爱澳力量,为保持“一国两制”实践的正确方向,为维护国家主权、安全、发展利益,为维护港澳长期繁荣稳定和港澳同胞福祉,提供坚强而可靠的保证。要增强香港、澳门同胞的国家意识和爱国精神,让港澳同胞同祖国人民共担民族复兴的历史责任、共享祖国繁荣富强的伟大荣光。

继续面向未来加强青少年教育培养。保证“一国两制”事业后继有人,就要加强对香港、澳门青少年的教育培养。要高度重视和关心爱护青年一代,为他们成长、成才、成功创造良好条件。要把我国历史文化和国情教育摆在青少年教育的突出位置,让青少年更多领略中华文明的博大精深,更多感悟近代以来中华民族救亡图存、发愤图强的光辉历程,更多认识新中国走过的不平凡道路和取得的巨大成就,更多理解“一国两制”与坚持和发展中国特色社会主义、实现中华民族伟大复兴的中国梦的内在联系,从而牢牢把握香港、澳门同祖国紧密相连的命运前程,增强投身“一国两制”事业的责任感和使命感,增强为中华民族伟大复兴作贡献的责任感和使命感。

第三节 推动两岸关系和平发展、推进祖国和平统一进程

实现中华民族伟大复兴,要按照一国两制原则,努力推动两岸关系和平发展,扎实推进祖国和平统一进程。

第一,携手推动民族复兴,实现和平统一目标。民族复兴、国家统一是大势所趋、大义所在、民心所向。两岸迄今尚未完全统一是历史遗留给中华民族的创伤。两岸中国人应该共同努力谋求国家统一,抚平历史创伤。台湾前途在于国家统一,台湾同胞福祉系于民族复兴。两岸关系和平发展是维护两岸和平、促进两岸共同发展、造福两岸同胞的正确道路。两岸关系和平发展要两岸同胞共同推动,靠两岸同胞共同维护,由两岸同胞共同分享。中国梦是两岸同胞共同的梦,民族复兴、国家强盛,两岸中国人才能过上富足美好的生活。在中华民族走向伟大复兴的进程中,台湾同胞定然不会缺席。两岸同胞要携手同心,共圆中国梦,共担民族复兴的责任,共享民族复兴的荣耀。台湾问题因民族弱乱而产生,必将随着民族复兴而终结!

第二,探索“两制”台湾方案,丰富和平统一实践。“和平统一、一国两制”是实现国家统一的最佳方式,体现了海纳百川、有容乃大的中华智慧,既充分考虑台湾现实情况,又有利于统一后台湾长治久安。“一国两制”的提出,本来就是为了照顾台湾现实情况,维护台湾同胞利益福祉。“一国两制”在台湾的具体实现形式会充分考虑台湾现实情况,会充分吸收两岸各界意见和建议,会充分照顾到台湾同胞利益和感情。在确保国家主权、安全、发展利益的前提下,和平统一后,台湾同胞的社会制度和生活方式等将得到充分尊重,台湾同胞的私人财产、宗教信仰、合法权益将得到充分保障。两岸同胞是一家人,两岸的事是两岸同胞的家里事,当然也应该由家里人商量着办。和平统一,是平等协商、共议统一。两岸长期存在的政治分歧问题是影响两岸关系行稳致远的总根子,总不能一代一代传下去。在一个中国原则基础上,台湾任何政党、团体同我们的交往都不存在障碍。以对话取代对抗、以合作取代争斗、以双赢取代零和,两岸关系才能行稳致远。我们愿意同台湾各党派、团体和人士就两岸政治问题和推进祖国和平统一进程

的有关问题开展对话沟通，广泛交换意见，寻求社会共识，推进政治谈判。

第三，坚持一个中国原则，维护和平统一前景。尽管海峡两岸尚未完全统一，但中国主权和领土从未分割，大陆和台湾同属一个中国的事实从未改变。一个中国原则是两岸关系的政治基础。坚持一个中国原则，两岸关系就能改善和发展，台湾同胞就能受益。背离一个中国原则，就会导致两岸关系紧张动荡，损害台湾同胞切身利益。统一是历史大势，是正道。“台独”是历史逆流，是绝路。我们坚持寄希望于台湾人民的方针，一如既往尊重台湾同胞、关爱台湾同胞、团结台湾同胞、依靠台湾同胞，全心全意为台湾同胞办实事、做好事、解难事。我们愿意为和平统一创造广阔空间，但绝不为各种形式的“台独”分裂活动留下任何空间。中国人不打中国人。我们愿意以最大诚意、尽最大努力争取和平统一的前景，因为以和平方式实现统一，对两岸同胞和全民族最有利。我们不承诺放弃使用武力，保留采取一切必要措施的选项，针对的是外部势力干涉和极少数“台独”分裂分子及其分裂活动，绝非针对台湾同胞。两岸同胞要共谋和平、共护和平、共享和平。

第四，深化两岸融合发展，夯实和平统一基础。两岸同胞血脉相连。亲望亲好，中国人要帮中国人。我们对台湾同胞一视同仁，将继续率先同台湾同胞分享大陆发展机遇，为台湾同胞台湾企业提供同等待遇，让大家有更多获得感。和平统一之后，台湾将永保太平，民众将安居乐业。有强大祖国做依靠，台湾同胞的民生福祉会更好，发展空间会更大，在国际上腰杆会更硬、底气会更足，更加安全、更有尊严。我们要积极推进两岸经济合作制度化，打造两岸共同市场，为发展增动力，为合作添活力，壮大中华民族经济。

第五，实现同胞心灵契合，增进和平统一认同。国家之魂，文以化之，文以铸之。两岸同胞同根同源、同文同种，中华文化是两岸同胞心灵的根脉和归属。人之相交，贵在知心。不管遭遇多少干扰阻碍，两岸同胞交流合作不能停、不能断、不能少。两岸同胞要共同传承中华优秀传统文化，推动其实现创造性转化、创新性发展。两岸同胞要交流互鉴、对话包容，推己及人、将心比心，加深相互理解，增进互信认同。要秉持同胞情、同理心，以正确的历史观、民族观、国家观化育后人，弘扬伟大民族精神。亲人之间，没有解不开的心结。久久为功，必定能达到两岸同胞心灵契合。

【复习思考题】

1. 怎样理解全面准确贯彻“一国两制”“港人治港”“澳人治澳”、高度自治的方针？
2. 为什么必须继续坚持一国两制原则推动两岸关系和平发展、推进祖国和平统一进程？

第十四章　当代国际社会与中国特色大国外交

第一节　当代国际社会概况

当代任何一个国家都不可能在封闭的状态下生存和发展，为了发展本国的经济、科技和文化，各国都必须同其他国家交往与合作。随着科学技术的进步和经济全球化的发展，各国之间的联系日益密切，相互依存的趋势越来越强，使国际社会成为一个不可分割的整体。

1. 国际社会的构成

国际社会的形成是人类社会发展到一定阶段的产物。在古代，由于社会经济发展水平的局限，国家之间的联系是偶然的和局部的，因而并未形成国际社会。随着近代资本主义经济政治的发展、交通工具的发达、国际贸易的繁荣，各国的相互联系不断加强，从而逐渐形成了现代的国际社会。

当代国际社会的成员主要包括两大类型。第一类是主权国家。目前，世界上共有190多个主权国家，这是国际社会的最基本成员。第二类是国际组织，国际组织是主权国家在某种共同利益基础上结成的国家集合体。此外，日益发展的跨国公司也成为当今国际社会的组成部分。

2. 国际关系

在国际社会中，存在复杂多样的关系，即人们通常所说的国际关系。国际关系主要是指国家之间、国际组织之间以及国家与国际组织之间的关系，其中最主要的是国家与国家之间的关系。

国际关系的内容是多方面的，包括政治关系、经济关系、军事关系、文化关系等。

国际关系的表现形式也是多样的，如表现为共处与竞争、合作与冲突、对抗与协调、和平与战争等。其中竞争、合作和冲突是基本的表现形式。

国家之间之所以出现亲疏离合、错综复杂的关系，主要是由各国的国家利益和国家力量决定的。国家利益是国家生存和发展的必要条件。维护国家利益是主权国家制定和推行对外政策的依据，是对外活动的目的。各国间存在着复杂的利益关系，既存在共同利益，也存在利益的差别和对立。国家间的共同利益是国家合作的基础，而利益的差别和对立则是引起国家间的摩擦或冲突的根源。国家力量是主权国家赖以生存和发展的基础，是捍卫本国利益的能力，是衡量一个国家在国际社会中的地位、作用的重要尺度。

国际关系是发展变化的。各个主权国家因其国家利益和国家力量的变化而导致对外政策的变化，必然对国际社会和其他国家产生不同程度的影响，使原来的国家关系发生相应的变化。

3. 主权国家

主权国家是国际社会的基本成员，是国际关系的主要参加者即基本行为主体。

主权国家的构成要素包括人口、领土、政权和主权，只有具备这4个要素，才能成为主权国家，享有国际法确认的权利和承担相应的义务。人口，即定居于一个国家的居民。人口是国家存在的基本要素。世界上没有一个无人口的国家。领土,即一个国家的居民永久居住、从事社会生产的地域。领土包括领陆、领水、领空。领土是国家经济发展必不可少的条件,也是国家行使主权的空间范围。没有领土,国家便失去其存在的依据。政权,即通常所说的政府组织。国家必须有行使统治权力的政权机关,否则就不称其为国家。主权,即一个国家处理其国内事务和国际事务的统一而不可分割的最高权力,对内最高性和对外独立性是它的特征。主权是国家存在的最重要因素。

主权国家在国际社会中享有的基本权利包括:第一,独立权,指国家拥有按照自己的意志处理内政、外交事务而不受他国控制和干涉的权利;第二,平等权,指国家不论大小、强弱,也不论政治、经济、意识形态和社会制度有何差异,在国际法上的地位一律平等的权利;第三,自卫权,指国家保卫自己生存和独立的权利;第四,管辖权,指国家对其领域内的一切人和物具有管辖的权利。

主权国家在享有基本权利的同时,应履行不侵犯别国,不干涉他国内政、外交,和平解决国家间争端等国际义务。

4. 国际组织

国际组织是指若干国家为特定的目的,通过条约或协议建立的有一定规章制度的团体。国际组织的主要机构、职权、活动程序,以及成员国的权利和义务,都以正式条约或协议为依据。

国际组织是国际关系发展到一定阶段的产物。自国家产生以来,就有国家之间的交往。但是,在19世纪以前,世界上并没有国际组织。随着社会生产力的提高和经济的发展,国家间的交往增加了,由于交通、贸易、电信、财政等方面国际合作的需要,国际组织在19世纪便应运而生。1865年成立的国际电报联盟,1874年成立的万国邮政联盟和1890年成立的国际铁路货运联盟,是早期范围较大的国际组织。第一次世界大战后,1920年成立的国际联盟是世界上第一个世界性的国际组织。第二次世界大战后,1945年成立的联合国,是当代世界最大的国际组织。据《国际组织年鉴》统计,现在全世界各类国际组织约有2万多个,已经形成了以联合国为中心的国际组织网络。

国际组织依据不同的标准可分为不同的类型。按其目的任务和职权范围,可分为政治性的和专业性的两大类:政治性的国际组织如联合国、阿拉伯国家联盟等;专业性的国际组织如万国邮政联盟、世界卫生组织等。按其活动的区域,可分为世界性的和区域性的两大类:世界性的国际组织如联合国、世界气象组织等;区域性的国际组织如欧洲联盟、东南亚国家联盟等。按其主体的构成,可分为政府间的和非政府间的两大类:政府间的国际组织是以主权国家名义参加的国际组织,如联合国、石油输出国组织等;非政府间的国际组织是以民间团体或个人名义参加的国际组织,如国际红十字会、国际律师协会等。

国际组织在国际社会中的作用是比较复杂的,对每个国际组织的作用要进行具体的分析。绝大多数国际组织是发展国家之间政治、经济、文化、科学、技术等方面交流与合作的纽带;是协调国际政治、经济关系,调解国际争端的主要力量;是争取世界和平和促进经济发展的重要组织形式。它们在现代国际事务中发挥着越来越重要的作用。

5. 国际法及其作用

国际法是各国公认的调整国家关系的有约束力的原则、规则和制度的总称。简言之,国际法就是调整国家之间关系的法律,如海洋法、外交关系法、战争法等。

国际法的产生是国家之间在经济、政治、文化等方面交往发展的必然结果。要使国家之间关系能够正常发展,就要有一定的法规来约束。国际法不是由某一国单独制定的,而是各国在相互交往中通过协议方式制定的。国际法对于国家具有法律上的约束力,它是调整现代国家关系,维护世界和平与安全,促进国际合作的国际法律规范。

国际法对于国家关系的正常发展具有重要作用:第一,确立辨明国际问题是非曲直的标准和法律依据;第二,规定国际社会的基本行为准则,指导国际关系的规范化,减少国际纠纷,确保建立正常的国际秩序;第三,在国际交往过程中建立各种权利与义务的关系,以便明确国际责任。

第二节　我国发展的重要战略机遇期

党的十九大报告明确指出,世界正处于大发展大变革大调整时期,和平与发展仍然是时代主题。

1. 时代主题的内涵

时代主题,是指在一定历史时期内反映世界基本特征并对世界形势的发展具有全局性影响和战略性意义的问题,就是在一定历史条件下世界历史发展进程中需要解决的主要问题。随着世界矛盾和国际形势的发展变化,时代主题也会发生转换。科学认识和准确把握时代主题,是制定正确发展战略和内外政策的重要依据。

2. 对和平与发展时代主题判断的基本点

我们党对时代主题的认识是在不断发展深化的。20 世纪 70 年代末以后,邓小平在战争与和平问题上逐渐形成了新的判断。他指出,世界政治力量对比出现重要变化,和平因素增长超出战争因素增长,世界大战打不起来,争取一个较长期的和平环境是可能的。1985 年,邓小平进一步指出:“现在世界上真正大的问题,带全球性的战略问题,一个是和平问题,一个是经济问题或者说发展问题。和平问题是东西问题,发展问题是南北问题。概括起来,就是东西南北四个字。南北问题是核心。”1987 年,党的十三大根据邓小平论述,提出了和平与发展是当今世界的两大主题这一深刻论断。

对时代主题的判断,其基本点是:第一,世界大战在一个相当长的时期内可以避免,我们有可能争取较长时期的和平环境;第二,和平与发展是当今世界两大带有全球性的战略问题,是东西方之间、发达国家与发展中国家之间矛盾全局的集中体现;第三,和平与发展是相辅相成的,世界和平是促进各国共同发展的前提条件,各国的共同发展则是保持世界和平的重要基础;第四,和平与发展成为时代主题,并不意味着这两个问题已经解决,要清醒地看到,当今世界和平与发展这两大问题一个都没有解决,还需要各国人民长期不懈地共同努力。

3. 实现和平与发展任重道远

当今,世界多极化、经济全球化、社会信息化、文化多样化深入发展,全球治理体系和国际秩序变革加速推进,各国相互联系和依存日益加深,国际力量对比更趋平衡,和平发展大势不可逆转。同时,世界面临的不稳定性不确定性突出,世界经济增长动能不足,贫富分化日益严重,地区热点问题此起彼伏,恐怖主义、网络安全、重大传染性疾病、气候变化等非传统安全威胁持续蔓延,人类面临许多共同挑战,推进人类和平与发展的崇高事业任重而道远。

第三节　构建人类命运共同体

党的十八大以来，习主席深刻把握新时代中国和世界发展大势，在对外工作上进行一系列重大理论和实践创新，形成了习近平外交思想，主要是：坚持以维护党中央权威为统领加强党对对外工作的集中统一领导，坚持以实现中华民族伟大复兴为使命推进中国特色大国外交，坚持以维护世界和平、促进共同发展为宗旨推动构建人类命运共同体，坚持以中国特色社会主义为根本增强战略自信，坚持以共商共建共享为原则推动“一带一路”建设，坚持以相互尊重、合作共赢为基础走和平发展道路，坚持以深化外交布局为依托打造全球伙伴关系，坚持以公平正义为理念引领全球治理体系改革，坚持以国家核心利益为底线维护国家主权、安全、发展利益，坚持以对外工作优良传统和时代特征相结合为方向塑造中国外交独特风范。推动构建人类命运共同体，必须全面贯彻习近平外交思想。

1. 构建人类命运共同体思想的时代背景

和平、发展、合作、共赢成为时代潮流。当今世界充满希望，也充满挑战。各国相互联系和依存日益加深，形成了你中有我、我中有你的命运共同体。没有哪个国家能够独自应对人类面对的各种挑战，也没有哪个国家能够退回到自我封闭的孤岛，没有哪个国家能够独自应对当前人类面临的各种挑战。世界各国需要以负责任的精神同舟共济，共同维护和促进世界和平与发展。

世界依然面临诸多难题和挑战。当今世界，人类面临诸多难题和挑战，国际金融危机影响深远，地区热点此起彼伏，局部动荡此起彼伏，霸权主义、强权政治和新干涉主义有所上升，网络安全、恐怖主义等非传统安全和全球挑战不断增多。国际社会迫切需要新的全球治理理念，构建新的公正合理的国际体系和秩序，开辟人类美好的发展前景。

中国是维护世界和平推动发展的重要力量。随着我国综合国力不断增强，中国的治理理念和实践受到高度赞赏和广泛认同，国际影响力、感召力、塑造力进一步提高。中国有信心有能力为世界的和平与发展作出更大贡献。中国将高举和平、发展、合作、共赢的旗帜，与世界各国友好合作，共同推动建设相互尊重、公平正义、合作共赢的新型国际关系，构建人类命运共同体。

2. 构建人类命运共同体思想的丰富内涵

构建人类命运共同体思想，是一个科学完整、内涵丰富、意义深远的思想体系，其核心就是建设持久和平、普遍安全、共同繁荣、开放包容、清洁美丽的世界。

政治上，秉持相互尊重、平等协商，努力构建对话而不对抗、结伴而不结盟的新型国际关系。建设一个持久和平的世界，根本要义在于国家之间要构建平等相待、互商互谅的伙伴关系。国家间出现矛盾和分歧，要通过平等协商，坚持对话方式解决分歧争端。和衷共济、和合共生是中华文明的精髓，和平安宁是构建人类命运共同体的基石。只有各国走和平发展道路，彼此之间才能和平相处、共同发展。

安全上，坚持对话协商，统筹应对传统与非传统安全威胁。当前，国际安全形势动荡复杂，传统安全威胁和非传统安全威胁相互交织，安全问题的内涵和外延进一步拓展，同时人类越来越利益交融、安危与共。在这种新形势下，冷战思维、军事同盟、追求自身绝对安全的传统安全观已经行不通，世界各国应树立共同、综合、合作、共赢的可持续新安全观。

经济上，促进贸易和投资自由化便利化，推动全球化向着更加开放、包容、普惠、平衡和共赢的方向发展。人类命运共同体追求的目标就是共同发展。它强调增强各国发展能力，归根到底要靠本国努力；改善国际发展环境，以和平促发展，以发展巩固和平；创造良好外部制度环境，推动建设开放型世界经济；优化发展伙伴关系，让发展成果更多惠及人民，为世界经济全面可持续增长提供新动力。

文化上，尊重世界文明多样性，以文明交流共存超越隔阂冲突。多样带来交流，交流孕育融合，融合产生进步。不同文明凝聚着不同民族的智慧和贡献，没有高低之别，更无优劣之分。要促进和而不同、兼收并蓄的文明交流对话，在交流互鉴中共同发展，使文明交流互鉴成为增进各国人民友谊的桥梁、推动人类社会进步的动力、维护世界和平的纽带。

生态上，坚持环境友好，合作应对气候变化、环境污染及治理等问题。建设生态文明关乎人类未来。解决好工业文明带来的矛盾，以人与自然和谐相处为目标，实现世界的可持续发展和人的全面发展。牢固树立尊重自然、顺应自然、保护自然的意识，坚持走绿色、低碳、循环、可持续发展之路，平衡推进2030年可持续发展议程，采取行动应对气候变化等新挑战，不断开拓生产发展、生活富裕、生态良好的文明发展道路，构筑尊崇自然、绿色发展的全球生态体系。

3. 推动构建人类命运共同体

构建人类命运共同体，既是我国外交的崇高目标，也是世界各国的共同责任和历史使命。我们要深入贯彻落实构建人类命运共同体思想，不断开创中国外交新局面，同世界各国携手合作，共同努力建设一个更加美好的世界。

坚持和平发展道路，推动建设相互尊重、公平正义、合作共赢的新型国际关系。我们不能因现实复杂而放弃梦想，不能因理想遥远而放弃追求。面对充满希望与挑战的世界，坚定不移推动建设新型国际关系，为构建人类命运共同体打下坚实基础。我们将高举和平、发展、合作、共赢的旗帜，恪守维护世界和平、促进共同发展的外交政策宗旨，坚定不移在和平共处五项原则基础上发展同各国的友好合作。坚定维护国际公平正义，反对霸权主义和强权政治。坚决捍卫国家利益，永远不称霸，永远不搞扩张。

不断完善外交布局，打造全球伙伴关系网络。以周边和大国为重点，以发展中国家为基础，以多边为舞台，以深化务实合作、加强政治互信、夯实社会基础、完善机制建设为渠道，全面发展同各国友好合作，不断完善我国全方位、多层次、立体化的外交布局。推进大国协调和合作，构建总体稳定、均衡发展的大国关系框架，按照亲诚惠容理念和与邻为善、以邻为伴周边外交方针深化同周边国家关系，秉持正确义利观和真实亲诚理念加强同发展中国家团结合作。

坚持不懈推进“一带一路”建设，进一步深化全方位对外开放格局。坚持对外开放的基本国策，坚持打开国门搞建设，把“一带一路”与构建人类命运共同体更加紧密结合起来，打造国际合作新平台，增添共同发展新动力。遵循共商共建共享原则，弘扬和平合作、开放包容、互学互鉴、互利共赢的丝路精神，加强同沿线国家的政策沟通、设施联通、贸易畅通、资金融通、民心相通，把“一带一路”建成和平之路、繁荣之路、开放之路、创新之路、文明之路。

深度参与全球治理，积极引导国际秩序变革方向。秉持共商共建共享的全球治理观，积极参与全球治理体系改革和建设。坚定维护以《联合国宪章》宗旨和原则为核心的国际秩序和国际体系，推进国际关系民主化，支持扩大发展中国家在国际事务中的代表性和发言权。建设性参与国际和地区热点问题的解决进程，积极应对各类全球性挑战，维护国际和地区和平稳定。积极维护多边贸易体制主渠道地位，促进国际贸易和投资自由化便利化，反对一切形式的保护主义。中国将继续发挥负责任大国作用，不断为完善全球治理贡献中国智慧和力量。

【复习思考题】

1. 主权国家的构成包括哪些要素？
2. 主权国家在国际社会中享有哪些基本权利？
3. 如何理解时代主题的内涵？
4. 怎样认识构建人类命运共同体思想的丰富内涵？

第十五章 中国特色社会主义事业的领导核心

第一节 办好中国的事情关键在党

中国特色社会主义进入新时代，我们党一定要有新气象新作为。党要团结带领人民进行伟大斗争、推进伟大事业、实现伟大梦想，必须毫不动摇坚持和完善党的领导，毫不动摇把党建设得更加坚强有力。

1. 中国共产党的性质和宗旨

中国共产党是中国工人阶级的先锋队，同时是中国人民和中华民族的先锋队，是中国特色社会主义事业的领导核心，代表中国先进生产力的发展要求，代表中国先进文化的前进方向，代表中国最广大人民的根本利益。党的最高理想和最终目标是实现共产主义。中国共产党以马克思列宁主义、毛泽东思想、邓小平理论、“三个代表”重要思想、科学发展观和习近平新时代中国特色社会主义思想作为自己的行动指南。

中国共产党从成立之日起，就是中国工人阶级的政党，始终坚持工人阶级先锋队的性质。第一，中国共产党是以中国工人阶级为其阶级基础的，是马克思列宁主义与中国工人运动相结合的产物；第二，中国共产党党员是中国工人阶级的有共产主义觉悟的先锋战士；第三，中国共产党是以马克思主义为理论基础和行动指南的，代表了中国社会发展的正确方向。

中国共产党是中国工人阶级的先锋队，同时是中国人民和中华民族的先锋队。中国工人阶级的根本利益同中国人民和中华民族的根本利益是一致的，只有工人阶级才能代表人民和民族的利益；成为中国人民和中华民族的先锋队，是马克思主义执政党的内在要求，是党以实现民族复兴为己任的必然选择。

“两个先锋队”是不可分割的统一整体。一方面，始终成为中国工人阶级的先锋队，是党真正成为中国人民和中华民族先锋队的政治前提。党只有成为工人阶级的先锋队，自觉做到以马克思主义为根本指导思想，以实现共产主义为最终奋斗目标，才能真正拥有当好中国人民和中华民族先锋队所必需的科学指南、政治远见和博大胸襟。另一方面，自觉成为中国人民和中华民族的先锋队，是党真正成为中国工人阶级先锋队的必然要求。党只有始终代表中国人民和整个中华民族的根本利益，才能使工人阶级先锋队性质得以充分体现。坚持“两个先锋队”，就能不断增强党的阶级基础，扩大党的群众基础，提高党在全社会的影响力，把全国各族人民紧密地团结在党的周围，完成党的执政使命。

中国共产党的性质决定党的宗旨是全心全意为人民服务。党除了工人阶级和最广大人民群众的利益，没有自己特殊的利益。坚持全心全意为人民服务的宗旨，始终把人民利益放在第一位，始终与人民心连心、同呼吸、共命运，始终依靠人民推动历史前进。坚持全心全意为人民服务的宗旨，是坚持马克思主义唯物史观的根本要求，也是中国共产党区别于一切资产阶级政党最显著的标志：中国共产党的奋斗史，就是全心全意为人民服务的历史。只有为人民服务，党才有存在的意义;只有依靠人民群众,党才会有力量。无论过去、现在和将来,都必须时刻牢记这一根本宗旨,充分发挥党密切联系群众这个最大政治优势。

2. 党的领导地位是历史和人民的选择

中国的近现代历史发展充分证明了这样的道理,没有共产党,就没有新中国;有了共产党,中国的面貌就焕然一新。党的执政地位是在长期革命斗争中逐步形成的,是近现代中国历史发展的必然,是人民的选择。

历史的主体是人民,历史的选择最终要通过人民的选择来实现。人民群众之所以信任、选择和支持中国共产党,就是因为中国共产党是为人民服务的,是能够满足人民需要的。毛泽东说:"人民要解放,就把权力委托给能够代表他们的,能够忠实为他们办事的人,这就是我们共产党人。"党适应人民的需要,领导人民推翻了"三座大山",建立了人民当家作主的共和国。新中国成立后,已经站起来的中国人民希望国家繁荣富强,过上幸福美好的生活。党适应这种需要,领导人民为恢复和发展国民经济而奋斗,并顺应社会历史发展的必然,走上了社会主义道路,取得了社会主义建设事业的伟大成就。党的执政地位是人民拥护和选择的结果。

在新的历史条件下,广大人民的根本利益,从根本上说,就是要解放和发展生产力,实现国家的繁荣富强和人民的共同富裕,实现中华民族的伟大复兴。在中国能够团结和带领全国各族人民实现这个宏伟目标的政治力量,只有中国共产党。

第一,坚持中国现代化建设的正确方向需要党的领导,摆脱国家贫穷落后面貌,实现现代化和民族复兴,是中国人民的百年追求和梦想。近代中国历史反复证明,企图通过走资本主义道路使中国实现现代化,根本行不通。中国有句古语:"橘生淮南则为橘,生于淮北则为枳。"这非常形象地说明,做任何事情都要从实际出发,不能照抄照搬别人的做法。近年来,有人脱离中国国情,认为中国应该实行西方的多党制。这种观点在理论上是错误的,在实践上是有害的。只有坚持党的领导,走中国特色社会主义道路,才能保证现代化建设事业的正确方向,才能制定和执行正确的路线、方针、政策,保证现代化建设事业不断取得进步,最终实现中华民族的伟大复兴。

第二,维护国家统一、社会和谐稳定需要党的领导。没有国家统一和社会稳定,就没有国家的繁荣富强和人民的安居乐业,维护国家统一和社会稳定,历来是中国各族人民最关切的头等重要的大事。近代中国,深受外国入侵,军阀混战和政局动荡之害,中国人民对此刻骨铭心。在新时代,党作为中国各族人民根本利益的忠实代表,以科学理论为指导,凭借其丰富的执政经验和驾驭全局的能力,统筹经济社会等各方面发展,努力构建社会主义和谐社会,能够维护国家统一和社会和谐稳定。

第三,正确处理各种矛盾,凝聚亿万人民力量,需要党的领导。中国幅员辽阔,人口众多,且城乡之间、地区之间发展不平衡,差异较大,面临着各种复杂的社会矛盾。面对新形势、新任务,全面建成小康社会,进而建成富强民主文明和谐美丽的社会主义现代化国家,实现中华民族伟大复兴的中国梦,必须在新的历史起点上全面深化改革。只有加强和改善党的领导,充分发挥党总揽全局、协调各方的领导核心作用,提高党的领导水平和执政能力,才能正确处理人民内部矛盾,顺利解决前进中的各种困难和问题,才能凝聚人心,凝聚力量,确保改革取得成功,共建美好未来。

第四,应对复杂国际环境需要党的领导。当前,经济全球化和世界多极化在曲折中发展,科学技术发展日新月异,综合国力的竞争日趋激烈,敌对势力仍然对我国实施西化、分化战略,在复杂的国际局势下,只有以坚强的政治核心把全国各族人民团结起来,才能保证我国真正走独立自主的和平发展道路。中国共产党就是这样一个能够把人民组织起来、团结起来走和平发展道路的政治核心。

第二节 坚持党对一切工作的领导

中国特色社会主义最本质的特征是中国共产党领导,中国特色社会主义制度的最大优势是中国共产党领导,党是最高政治领导力量。党政军民学,东西南北中,党是领导一切的。党的领导地位是历史的选择,也是人民的重托,归根到底是近代以来中国的历史逻辑、政治逻辑、实践逻辑所决定的。正是有了党的坚强领导,中国人民才从根本上改变了自己的命运,中国发展才取得了举世瞩目的伟大成就,中华民族才迎来了伟大复兴的光明前景。党的十八大以来,党和国家各项事业之所以开创新局、谱写新篇,也离不开党的坚强领导和顽强奋斗。坚持党的领导,是党和国家的根本所在、命脉所在,是全国各族人民的利益所系、幸福所系。

1. 坚持党对一切工作的领导,必须自觉维护党中央权威和集中统一领导

自觉维护党中央权威和集中统一领导,自觉在思想上、政治上、行动上同党中央保持高度一致,这是一条根本的政治规矩。过去一个时期,由于种种原因,一些同志在这个问题上产生模糊认识,一些地方和部门不敢旗帜鲜明坚持党的领导,党的领导弱化问题比较普遍,甚至出现放弃党的领导的现象。以习近平同志为核心的党中央针对这个问题,果断提出全党必须增强政治意识、大局意识、核心意识、看齐意识,严明党的政治纪律和政治规矩,党的领导得到全面加强,党的领导被忽视、淡化、削弱的状况得到明显转变。

2. 坚持党对一切工作的领导,要确保党始终总揽全局、协调各方

我国社会主义政治制度优越性的一个突出特点,就是坚持党总揽全局、协调各方的领导核心地位。中央委员会、中央政治局、中央政治局常委会,这是党的领导决策核心。党中央作出的决策部署,党的组织、宣传、统战、政法等部门要贯彻落实,人大、政府、政协、法院、检察院的党组织要贯彻落实,事业单位、人民团体等的党组织也要贯彻落实。各方面党组织都要对党委负责,自觉向党委报告重大工作和重大情况,在党委统一领导下尽心尽力做好自身职责范围内的工作。各地区各部门党委(党组)要加强向党中央报告工作。要坚决防止和反对个人主义、分散主义、自由主义、本位主义、好人主义,坚决防止和反对宗派主义、圈子文化、码头文化,坚决反对搞两面派、做两面人,实现全党思想上统一、政治上团结、行动上一致,把党的路线方针政策体现和落实到经济建设、政治建设、文化建设、社会建设、生态文明建设以及国防和军队建设、外交、党的建设等各个方面。

3. 坚持党对一切工作的领导,必须坚持民主集中制原则

我们党实行的民主集中制,是民主基础上的集中和集中指导下的民主相结合的制度,既要充分发扬民主,又要善于集中。一方面,党的重大决策都要严格按照程序办事,充分发扬民主,广泛听取意见和建议,做到兼听善听、防止偏听偏信,做到科学决策、民主决策、依法决策。另一方面,在充分发扬民主的基础上,要有正确的集中,党中央从全局出发、集中各方面智慧作出的决定,各地方各部门都要坚决贯彻执行,不允许任何人讨价还价。要充分发挥各地方各部门的积极性、主动性、创造性,但决不允许自行其是、各自为政,决不允许有令不行、有禁不止,决不允许搞上有政策、下有对策。

第三节　坚持全面从严治党

习近平同志指出，在全面从严治党这个问题上，我们不能有差不多了，该松口气、歇歇脚的想法，不能有打一仗就一劳永逸的想法，不能有初见成效就见好就收的想法。全面从严治党只有进行时、没有完成时，永远在路上。

1. 全面从严治党的重大意义

实现党的历史使命，必须坚持全面从严治党。我们党从诞生那一天起，就义无反顾担当起为中国人民谋幸福、为中华民族谋复兴的历史使命。90 多年来，我们党不忘初心，牢记使命，团结带领全国各族人民，跨过一道又一道沟坎，取得一个又一个胜利，创造一个又一个奇迹，使中华民族伟大复兴展现前所未有的光明前景。针对党员干部队伍中出现的一系列严重问题，我们全面加强党的领导和党的建设，坚决改变管党治党宽松软状况，消除了党和国家内部的严重隐患，刹住了一些过去认为不可能刹住的歪风邪气，攻克了一些司空见惯的顽瘴痼疾，形成了反腐败斗争的压倒性态势，巩固了党的执政基础。实践证明，实现党的历史使命，党必须始终坚强有力，全面从严治党永远在路上。

党要紧跟时代前进步伐，必须坚持全面从严治党。面对世界多极化、经济全球化、社会信息化、文化多样化的深入发展，面对以经济实力、科技实力、文化实力、军事实力为主要内容的综合国力竞争的日趋激烈，面对我们党执政环境的深刻变化，面对党风廉政建设和反腐败斗争的继续深化，我们党的领导核心作用与推进国家治理体系和治理能力现代化的关系更加密切，党要管党、全面从严治党的任务越来越艰巨繁重，这些都要求我们坚持问题导向、保持战略定力，推动全面从严治党向纵深发展。

解决党内深层次矛盾和问题，必须坚持全面从严治党。党的十八大以来，以习近平同志为核心的党中央以刀刃向内、自我革命的精神从严管党治党，使我们党经历了一次革命性锻造，在解决突出问题上开创了崭新局面。同时必须清醒认识到，我们党面临的执政环境是复杂的，影响党的先进性、弱化党的纯洁性的因素也是复杂的，党内存在的思想不纯、组织不纯、作风不纯等突出问题尚未得到根本解决。因此，我们必须增强忧患意识，坚定不移全面从严治党，不断提高党的创造力、凝聚力、战斗力，使我们党永远立于不败之地。在全面从严治党这个根本问题上，决不能有打好一战就一劳永逸的幻想。

2. 新时代党的建设总要求

新时代党的建设总要求是：坚持和加强党的全面领导，坚持党要管党、全面从严治党，以加强党的长期执政能力建设、先进性和纯洁性建设为主线，以党的政治建设为统领，以坚定理想信念宗旨为根基，以调动全党积极性、主动性、创造性为着力点，全面推进党的政治建设、思想建设、组织建设、作风建设、纪律建设，把制度建设贯穿其中，深入推进反腐败斗争，不断提高党的建设质量，把党建设成为始终走在时代前列、人民衷心拥护、勇于自我革命、经得起各种风浪考验、朝气蓬勃的马克思主义执政党。

党的建设的根本方针。一是坚持和加强党的全面领导，这是新时代党的建设的根本出发点和落脚点。党政军民学，东西南北中，党是领导一切的。习近平同志反复强调，中国共产党的领导，是中国特色社会主义最本质的特征，是中国特色社会主义制度的最大优势。党的十九大报告把坚持和加强党的全面领导确定为党的建设的根本方针，充分显示了我们党坚定的政治自信，表明了党的建设的初心所在。二是坚持党要管党、全面从严治党，这是党的建设的一贯方针和要求。在从严治党前加上“全面”二字，是对党的十八大以来党的建设的实践经验的规律性把握，实现了党的建设指导方针的与时俱进。新时代党的建设必须紧紧围绕“两个坚持”的根本方针来部署、来推进、来检验，通过加强党的建设，不断增强党的创造力、凝聚力、战斗力和领导力、号召力。

党的建设的工作思路。“以加强党的长期执政能力建设、先进性和纯洁性建设为主线”，继承和发展了党的十八大报告相关表述，特别是把长期执政能力建设提到了全党面前，凸显了“永远在路上”的思想内涵和实践导向。“以党的政治建设为统领”，这是对党的建设历史特别是十八大以来党的建设宝贵经验的科学总结和理论升华，抓住了马克思主义执政党建设的根本点、关键点，对党的各方面建设必将起到纲举目张的作用。“以坚定理想信念宗旨为根基”，强调的是共产党人的初心和政治灵魂，通过加强党的建设，使广大党员干部不断坚定对马克思主义的信仰，始终牢记全心全意为人民服务的宗旨，自觉成为共产主义远大理想和中国特色社会主义共同理想的坚定信仰者和忠实实践者。“以调动全党积极性、主动性、创造性为着力点”，强调的是推进新时代中国特色社会主义伟大事业必须尊重党员的主体地位和首创精神，最大限度调动广大党员干部积极性、主动性、创造性，推动形成想作为、敢作为、善作为的良好风尚。

党的建设的总体布局。“全面推进党的政治建设、思想建设、组织建设、作风建设、纪律建设，把制度建设贯穿其中，深入推进反腐败斗争”，这是党的十九大报告对党的建设总体布局的一个重大理论和实践创新，对于新时代全面加强党的建设具有重要意义。将长期沿用的“思想政治建设”区分为政治建设和思想建设，凸显了政治建设在党的各项建设中的统领和首要地位；新增“纪律建设”，体现了管党治党要把纪律规矩挺在前面的新鲜经验；将制度建设贯穿党的各项建设之中，回归了制度建设的内在规定性，更加凸显了制度建设的重要地位和作用；强调要“深入推进反腐败斗争”，与加强纪律建设一起，充分表明了我们党坚定不移正风肃纪的坚强决心。

党的建设的迫切任务。当前，一些地方和部门党的建设工作质量不高，有的搞“两张皮”，围绕中心服务大局不够；有的搞形式主义，注重实效不够。党的十九大报告强调要提高党的建设质量，就是要求党的建设工作必须紧紧围绕新时代党和国家各项工作的布局来展开，坚持和加强党的全面领导，不断提高党的建设科学化水平。

党的建设的总目标。“始终走在时代前列、人民衷心拥护、勇于自我革命、经得起各种风浪考验、朝气蓬勃的马克思主义执政党”，这是对新时代党的建设总目标的一个全新的概括。“五句话”既有各自丰富的内涵，更构成了一个统一的整体，充分彰显了我们党作为马克思主义执政党的先进性纯洁性，彰显了我们党引领时代潮流、与时俱进的品格，彰显了我们党为中国人民谋幸福、为中华民族谋复兴的立党初心。

3. 全面从严治党的战略部署

把党的政治建设摆在首位。旗帜鲜明讲政治是我们党作为马克思主义政党的根本要求。党的政治建设是党的根本性建设，决定党的建设方向和效果。保证全党服从中央，坚持党中央权威和集中统一领导，是党的政治建设的首要任务。要坚定执行党的政治路线，严格遵守政治纪律和政治规矩，在政治立场、政治方向、政治原则、政治道路上同党中央保持高度一致。要尊崇党章，严格执行新形势下党内政治生活若干准则，增强党内政治生活的政治性、时代性、原则性、战斗性。完善和落实民主集中制的各项制度，坚持民主基础上的集中和集中指导下的民主

相结合。弘扬忠诚老实、公道正派、实事求是、清正廉洁等价值观。

用新时代中国特色社会主义思想武装全党。思想建设是党的基础性建设。革命理想高于天。共产主义远大理想和中国特色社会主义共同理想,是中国共产党人的精神支柱和政治灵魂,也是保持党的团结统一的思想基础。要把坚定理想信念作为党的思想建设的首要任务,牢记党的宗旨,挺起共产党人的精神脊梁,自觉做共产主义远大理想和中国特色社会主义共同理想的坚定信仰者和忠实实践者。

建设高素质专业化干部队伍。党的干部是党和国家事业的中坚力量。要坚持党管干部原则,坚持德才兼备、以德为先,坚持五湖四海、任人唯贤,坚持事业为上、公道正派,把好干部标准落到实处。要坚持党管人才原则,聚天下英才而用之,加快建设人才强国。

加强基层组织建设。党的基层组织是确保党的路线方针政策和决策部署贯彻落实的基础。要以提升组织力为重点,突出政治功能,把企业、农村、机关、学校、科研院所、街道社区、社会组织等基层党组织建设成为宣传党的主张、贯彻党的决定、领导基层治理、团结动员群众、推动改革发展的坚强战斗堡垒。

持之以恒正风肃纪。我们党来自人民、植根人民、服务人民,一旦脱离群众,就会失去生命力。加强作风建设,必须紧紧围绕保持党同人民群众的血肉联系,增强群众观念和群众感情,不断厚植党执政的群众基础。凡是群众反映强烈的问题都要严肃认真对待,凡是损害群众利益的行为都要坚决纠正。

夺取反腐败斗争压倒性胜利。人民群众最痛恨腐败现象,腐败是我们党面临的最大威胁。只有以反腐败永远在路上的坚韧和执着,深化标本兼治,保证干部清正、政府清廉、政治清明,才能跳出历史周期率,确保党和国家长治久安。要坚持无禁区、全覆盖、零容忍,坚持重遏制、强高压、长震慑,坚持受贿行贿一起查,坚决防止党内形成利益集团。强化不敢腐的震慑,扎牢不能腐的笼子,增强不想腐的自觉,通过不懈努力换来海晏河清、朗朗乾坤。

健全党和国家监督体系。增强党自我净化能力,根本靠强化党的自我监督和群众监督。要加强对权力运行的制约和监督,让人民监督权力,让权力在阳光下运行,把权力关进制度的笼子。强化自上而下的组织监督,改进自下而上的民主监督,发挥同级相互监督作用,加强对党员领导干部的日常管理监督。构建党统一指挥、全面覆盖、权威高效的监督体系,把党内监督同国家机关监督、民主监督、司法监督、群众监督、舆论监督贯通起来,增强监督合力。

全面增强执政本领。领导 14 亿多人的社会主义大国,我们党既要政治过硬,也要本领高强。要增强学习本领,增强政治领导本领,增强改革创新本领,增强科学发展本领,增强依法执政本领,增强群众工作本领,增强狠抓落实本领,增强驾驭风险本领。

【复习思考题】

1. 中国共产党的性质是什么?
2. 如何理解办好中国的事情关键在党?
3. 如何理解坚持党对一切工作的领导?
4. 怎样认识全面从严治党的重大意义?
5. 如何把握新时代党的建设总要求?

典型例题

一、习近平新时代中国特色社会主义思想

1. 把习近平新时代中国特色社会主义思想确立为党必须长期坚持的指导思想是在________。(单项选择)

A. 党的十八大　　B. 党的十九大

C. 党的十九届四中全会　　D. 党的十九届五中全会

【参考答案】B

2. 习近平新时代中国特色社会主义思想最重要、最核心的内容就是党的十九大报告概括的“八个明确”,其中之一是明确了中国特色社会主义最本质的特征是________。(单项选择)

A. 中国共产党领导　　B. 全面深化改革

C. 实现中华民族伟大复兴　　D. 以人民为中心

【参考答案】A

3. 如何理解习近平新时代中国特色社会主义思想是马克思主义中国化最新理论成果?(论述)

【参考答案】

习近平新时代中国特色社会主义思想是对马克思列宁主义、毛泽东思想、邓小平理论、“三个代表”重要思想、科学发展观的继承和发展,是马克思主义中国化最新成果,是党和人民实践经验和集体智慧的结晶,是中国特色社会主义理论体系的重要组成部分,是当代中国马克思主义、21世纪马克思主义。

习近平新时代中国特色社会主义思想开辟了马克思主义新境界。这一思想以一系列具有原创性的新思想新观点新论断,在理论上实现了重大突破、重大创新、重大发展,写出了马克思主义新版本,对马克思主义在21世纪的发展作出了重大原创性贡献,以全新视野深化了对共产党执政规律、社会主义建设规律和人类社会发展规律的认识,充分彰显了科学理论的强大生命力和中国共产党人的理论创造力,是当代最现实最鲜活的马克思主义。

习近平新时代中国特色社会主义思想开辟了中国特色社会主义新境界。中国特色社会主义是改革开放以来党的全部理论和实践的主题。以习近平同志为核心的党中央坚持和发展中国特色社会主义一以贯之,续写中国特色社会主义这篇大文章,形成了系统完备、逻辑严密、内在统一的科学体系,把中国特色社会主义和实现社会主义现代化、实现中华民族伟大复兴有机贯通起来,聚焦“从哪里来、到哪里去”的历史追问,系统阐述了民族复兴的深刻内涵、历史方位、实现路径和战略步骤,为实现中华民族伟大复兴的中国梦提供了强大精神力量,标注了正确前进方向,充分体现了中国特色社会主义理论自信,也向世界展示了社会主义的光明图景。

习近平新时代中国特色社会主义思想对人类文明进步具有重要意义。面对摆在全人类面前的共同挑战,习近平新时代中国特色社会主义思想洞察时代风云,把握世界发展大势,回答了关系人类前途命运的重大问题,包括中国新型现代化之路、新型经济全球化方案、“一带一路”建设、世界经济复苏方案、“人类命运共同体”理念、共商共建共享原则等思想。中国的做法和经验为发展中国家提供了路径启示,拓展了发展中国家走向现代化的途径,给世界上那些既希

望加快发展又希望保持自身独立性的国家和民族提供了全新选择。为应对全球性挑战、解决全球性问题贡献了中国智慧和中国方案,为人类文明思想宝库增添了绚丽夺目的瑰宝。

二、当代中国发展的历史方位

4. 经过长期努力,中国特色社会主义进入了新时代,这是我国发展新的________。(单项选择)

A. 未来方向　　B. 未来方位　　C. 历史方向　　D. 历史方位

【参考答案】D

5. 新时代是________新时代,而不是别的什么新时代。(单项选择)

A. 中国

B. 21 世纪

C. 中国特色社会主义

D. 现代化

【参考答案】C

6. 党的十九大对我国社会主义所处历史阶段作出“两个没有变”的重大判断,具体是指________。(单项选择)

①我国仍处于并将长期处于社会主义初级阶段的基本国情没有变

②我国现阶段社会主要矛盾没有变

③我国改革开放的基本国策没有变

④我国是世界上最大发展中国家的国际地位没有变

A. ①④　　B. ①②　　C. ②③　　D. ③④

【参考答案】A

7. 如何把握我国社会主要矛盾的变化?(论述)

【参考答案】

(1)党的十九大报告把我国社会主要矛盾的表述修改为“人民日益增长的美好生活需要和不平衡不充分的发展之间的矛盾”,主要依据有以下 3 个方面。

第一,经过改革开放近 40 年的发展,我国社会生产力水平明显提高,社会生产能力在很多方面进入世界前列,“落后的社会生产”的提法已经不能真实反映我国发展的现状。

第二,人民生活显著改善,对美好生活的向往更加强烈,不仅对物质文化生活提出了更高要求,而且在民主、法治、公平、正义、安全、环境等方面的要求日益增长,再只讲“物质文化需要”已经不能真实全面反映人民群众的愿望和要求。人民群众对美好生活的期待越来越强烈。

第三,影响满足人民美好生活需要的因素有很多,但主要是发展不平衡不充分问题。对社会主要矛盾作出新判断新表述,必须找准制约满足人民美好生活需要的主要因素,这是社会主要矛盾的主要方面。综合分析,当前和今后一个时期制约满足人民美好生活需要的主要因素是发展不平衡不充分问题,其他问题归根结底都是由这个问题造成或派生的。发展不平衡,主要指各区域各领域各方面发展不够平衡,包括经济社会发展各个领域各个方面不够平衡,存在“一条腿长、一条腿短”的失衡现象,制约了全国发展水平提升。发展不充分,主要指一些地区、一些领域、一些方面还存在发展不足的问题,发展的任务仍然很重。

(2)党的十九大报告把我国社会主要矛盾的表述修改为“人民日益增长的美好生活需要和不平衡不充分的发展之间的矛盾”,是从历史和现实、理论和实践、国内和国际等的结合上进行思考,得出的正确结论。

(3)我国社会主要矛盾的变化,没有改变我们对我国社会主义所处历史阶段的判断。社会主要矛盾的变化,只是反映了一定时期社会矛盾运动的内涵和形式发生了变化,但不足以说明由生产力和生产关系这一社会基本矛盾所决定的社会发展阶段发生了变化。我国仍处于并将长期处于社会主义初级阶段的基本国情没有变,我国是世界最大发展中国家的国际地位没有变。

三、坚持和发展中国特色社会主义的总任务

8. 中国梦的本质是________。(单项选择)

A. 国家富强、民族振兴、社会发展

B. 国家富强、民族振兴、人民幸福

C. 国家振兴、民族富强、美好生活

D. 世界繁荣、国家富强、民族振兴

【参考答案】B

9. 坚持和发展中国特色社会主义的总任务是什么?(简答)

【参考答案】

坚持和发展中国特色社会主义的总任务,是实现社会主义现代化和中华民族伟大复兴,在全面建成小康社会的基础上分两步走,在本世纪中叶建成富强民主文明和谐美丽的社会主义现代化强国。

四、全面深化改革

10. 全面深化改革的总目标是________。(单项选择)

①完善和发展中国特色社会主义　　②推进“五位一体”更加完善

③协调“四个全面”战略布局　　④推进国家治理体系和治理能力现代化

A. ①②③　　B. ②③　　C. ①④　　D. ①②③④

【参考答案】C

11. 国家治理体系和治理能力是一个国家的________和________的集中体现,两者相辅相成。(单项选择)

①制度　②综合国力　③制度执行能力　④软实力

A. ①③　　B. ①④　　C. ③④　　D. ②④

【参考答案】A

12. 论述全面深化改革的重大意义。(论述)

【参考答案】

(1)改革开放是我们党的一次伟大觉醒,正是这个伟大觉醒孕育了我们党从理论到实践的伟大创造。改革开放是中国人民和中华民族发展史上一次伟大革命,正是这个伟大革命推动了中国特色社会主义事业的伟大飞跃。“改革开放是决定当代中国命运的关键一招,也是决定实现‘两个一百年’奋斗目标、实现中华民族伟大复兴的关键一招。”我国40多年来的快速发展靠

的是改革开放,决胜全面建成小康社会、全面建设社会主义现代化国家也必须坚定不移依靠改革开放。

(2)全面深化改革,是顺应当今世界发展大势的必然选择。纵观世界,变革是大势所趋、人心所向。现在世界各国正在加快推进变革,新一轮科技革命和产业变革正在孕育兴起。在这样的形势下,要如期全面建成小康社会,实现中华民族伟大复兴,必须认清形势、居安思危、奋起直追。停顿和倒退没有出路,思想僵化、固步自封,必将被时代所淘汰。

(3)全面深化改革,是解决中国现实问题的根本途径。改革是由问题倒逼而产生,又在不断解决问题中得以深化。同时,旧的问题解决了,新的问题又会产生,因而改革既不可能一蹴而就、也不可能一劳永逸。当前我国发展还面临一系列突出矛盾和挑战,前进道路上还有不少困难和问题。破解发展中面临的难题,化解来自各方面的风险挑战,推动经济社会持续健康发展,必须依靠全面深化改革。

(4)全面深化改革,是抓住和用好历史性机遇,抢占未来发展制高点的必然选择。我国发展走到今天,发展和改革高度融合,发展前进一步就需要改革前进一步,改革不断前进,也能为发展提供强劲动力。当前,国内外环境和主客观条件都对我们全面深化改革有利。这个历史性机遇千载难逢,抓住就能赢得战略主动,否则就有可能陷于被动。必须增强机遇意识,通过全面深化改革,充分发挥我们的独特优势,激发党和国家生机活力。

五、建设中国特色社会主义政治

13. ________是坚持党的领导、人民当家作主、依法治国有机统一的根本政治制度安排。(单项选择)

A. 人民代表大会制度　　B. 多党合作和政治协商制度

C. 民族区域自治制度　　D. 基层群众自治制度

【参考答案】A

14. ________是社会主义民主政治的本质和核心。(单项选择)

A. 党的领导　　B. 人民当家作主

C. 依法治国　　D. 政治体制改革

【参考答案】B

15. ________是社会主义的生命。(单项选择)

A. 党的领导　　B. 依法治国

C. 人民民主　　D. 改革开放

【参考答案】C

16. ________作为我国一项基本政治制度,是中国共产党、中国人民和各民主党派、无党派人士的伟大政治创造,是从中国土壤中生长出来的新型政党制度。(单项选择)

A. 中国共产党领导的多党合作和政治协商制度

B. 民族区域自治制度

C. 基层群众自治制度

D. 人民代表大会制度

【参考答案】A

17. 全面推进依法治国的总目标是什么?(简答)

【参考答案】

（1）习近平新时代中国特色社会主义思想，明确全面推进依法治国总目标是建设中国特色社会主义法治体系，建设社会主义法治国家。

（2）具体地说，就是在中国共产党领导下，坚持中国特色社会主义制度，贯彻中国特色社会主义法治理论，形成完备的法律规范体系、高效的法治实施体系、严密的法治监督体系、有力的法治保障体系，形成完善的党内法规体系，坚持依法治国、依法执政、依法行政共同推进，坚持法治国家、法治政府、法治社会一体建设，坚持依法治国和以德治国相结合，坚持依法治国和依规治党有机统一，实现科学立法、严格执法、公正司法、全民守法，促进国家治理体系和治理能力现代化。

六、建设中国特色社会主义文化

18. 培育和践行社会主义核心价值观，要着力培养________。（单项选择）

A. 实现几代中国人夙愿的时代新人

B. 担当民族复兴大任的时代新人

C. 拥有文化自信的时代新人

D. 有理想有道德的时代新人

【参考答案】B

19. 社会主义文化建设的使命任务是________。（单项选择）

①举旗帜　②聚民心　③育新人　④兴文化　⑤展形象

A. ①②③④⑤　　B. ②③④⑤　　C. ①②③⑤　　D. ①②④⑤

【参考答案】A

20. 如何理解中国特色社会主义文化？（简答）

【参考答案】

（1）中国特色社会主义文化，源自于中华民族五千多年文明历史所孕育的中华优秀传统文化，熔铸于党领导人民在革命、建设、改革中创造的革命文化和社会主义先进文化，植根于中国特色社会主义伟大实践。

（2）发展中国特色社会主义文化，就是以马克思主义为指导，坚守中华文化立场，立足当代中国现实，结合当今时代条件，发展面向现代化、面向世界、面向未来的，民族的科学的大众的社会主义文化，推动社会主义精神文明和物质文明协调发展。要坚持为人民服务、为社会主义服务，坚持百花齐放、百家争鸣，坚持创造性转化、创新性发展，不断铸就中华文化新辉煌。

七、建设社会主义和谐社会

21. ________是人民幸福之基、社会和谐之本。（单项选择）

A. 民生　　B. 就业

C. 保障　　D. 健康

【参考答案】A

22. 坚定不移走中国特色社会主义社会治理之路，打造________社会治理格局，形成人人有责、人人尽责的社会治理共同体。（单项选择）

A. 共商共建共赢　　B. 共建共享共赢

C. 共商共建共享　　　　D. 共建共治共享

【参考答案】D

23. 如何正确理解和把握总体国家安全观?(简答)

【参考答案】

(1)坚持总体国家安全观,必须坚持国家利益至上,以人民安全为宗旨,以政治安全为根本,统筹外部安全和内部安全、国土安全和国民安全、传统安全和非传统安全、自身安全和共同安全,完善国家安全制度体系,加强国家安全能力建设,坚决维护国家主权、安全、发展利益。

(2)坚持统筹发展和安全两件大事。这是治国理政的一个重大原则,也是推进国家安全工作的必然要求。

(3)坚持人民安全、政治安全、国家利益至上有机统一。

(4)坚持维护和塑造国家安全。这是新时代国家安全的基本定位。新时代国家安全,既要解决好大国发展进程中面临的安全共性问题,更要处理好中华民族伟大复兴关键阶段面临的特殊安全问题。

(5)坚持科学统筹的根本方法。坚持总体国家安全观,要求始终把国家安全置于中国特色社会主义事业全局中来把握,充分调动各方面积极性,形成国家安全合力。

八、建设社会主义生态文明

24. ________是关系中华民族永续发展的根本大计。(单项选择)

A. 经济建设　　　　B. 政治建设

C. 生态文明建设　　　　D. 文化建设

【参考答案】C

25. 绿水青山就是金山银山,阐述了________和________的关系,揭示了保护生态环境就是保护生产力、改善生态环境就是发展生产力的道理,指明了实现发展和保护协同共生的新路径。(单项选择)

①经济发展　②地区发展　③生态环境保护　④森林保护

A. ①②　　B. ②③　　C. ①③　　D. ②④

【参考答案】C

26. 生态文明的核心就是坚持人与自然和谐共生。(论述)

【参考答案】

(1)人因自然而生,人与自然是一种共生关系,对自然的伤害最终会伤及人类自身。人类必须尊重自然、顺应自然、保护自然,否则就会遭到大自然的报复。我们决不能以牺牲生态环境为代价换取经济发展,坚决摒弃损害甚至破坏生态环境的发展模式和做法,要走经济发展与生态环境保护有机统一的绿色发展之路,建设生态文明。

(2)生态文明的核心就是坚持人与自然和谐共生。基于这样的出发点,建设生态文明,第一,要尊重自然、顺应自然、保护自然,保护自然生态系统,维护人与自然之间形成的生命共同体。第二,要树立和践行绿水青山就是金山银山的理念。第三,要坚定不移推动形成绿色发展方式和生活方式,坚持节约资源和保护环境的基本国策,实行最严格的生态环境保护制度,以新发展理念为指导,创新生产方式,改变生活方式,坚定走生产发展、生活富裕、生态良好的文明发展道路。第四,要把生态文明建设融入经济建设、政治建设、文化建设、社会建设各方面和全过程，着力树立生态文明理念、完善生态文明制度体系、维护生态安全，优化生态环境，形成节约资源和保护环境的空间格局、产业结构、生产方式、生活方式，建设美丽中国，努力开创社会主义生态文明新时代。

(3)建设人与自然和谐共生的生态文明，关系人民福祉，关系民族未来。我们要建设的现代化是人与自然和谐共生的现代化，既要创造更多物质财富和精神财富以满足人民日益增长的美好生活需要，也要提供更多优质生态产品以满足人民日益增长的优美生态环境需要。

九、坚持“一国两制”，实现祖国完全统一

27. ________是解决台湾问题的基本方针，也是实现国家统一的最佳方式。(单项选择)

①“和平统一” ②“一国两制” ③“九二共识” ④“平等互利”

A. ①② B. ②③ C. ①③ D. ②④

【参考答案】A

28. 保持香港、澳门长期繁荣稳定，必须全面准确贯彻________高度自治的方针。(单项选择)

①“一国两制” ②“港人治港” ③“澳人治澳” ④“九二共识”

A. ①②③ B. ①③④ C. ②③④ D. ①②③④

【参考答案】A

29. 怎样理解全面准确贯彻“一国两制”“港人治港”“澳人治澳”、高度自治的方针？(论述)

【参考答案】

(1)贯彻这一方针，首先必须正确理解和把握“一国”和“两制”的关系。“一国两制”是一个完整的概念。“一国”是实行“两制”的前提和基础，“两制”从属和派生于“一国”，并统一于“一国”之内。“一国”是根，根深才能叶茂；“一国”是本，本固才能枝荣。要认识到，国家主体坚持实行社会主义制度，是香港、澳门实行资本主义制度、保持繁荣稳定的前提和保障；香港、澳门依照基本法实行“港人治港”“澳人治澳”、高度自治，必须充分尊重国家主体实行的社会主义制度。要把坚持“一国”原则和尊重“两制”差异有机结合起来，做到坚守“一国”之本，实现“两制”和谐相处、相互促进，把实行社会主义制度的内地建设好，把实行资本主义制度的香港、澳门建设好。

(2)贯彻这一方针，还必须把维护中央对香港、澳门特别行政区全面管治权和保障特别行政区高度自治权有机结合起来。我国是单一制国家，中央对包括香港、澳门特别行政区在内的所有地方行政区域拥有全面管治权。香港、澳门两个特别行政区的高度自治权不是固有的，其唯一来源是中央授权。高度自治不是完全自治，中央对高度自治权的行使具有监督的权力，绝不允许以“高度自治”为名对抗中央的权力。推进“一国两制”实践，必须把维护中央对香港、澳门特别行政区全面管治权和保障特别行政区高度自治权有机结合起来，任何时候都不能偏废。

(3)贯彻这一方针，必须坚持一个中国原则、坚持“九二共识”。一个中国原则是两岸关系的政治基础。推动两岸关系和平发展，最根本的是坚持一个中国原则。虽然两岸迄今尚未统一，但中国的主权和领土完整从未分裂，两岸同属一个国家、两岸同胞同属一个民族，这一历史事实和法理基础从未改变，也不可能改变。体现一个中国原则的“九二共识”，明确界定了两岸关系的根本性质，是确保两岸关系和平发展的关键。

(4)贯彻这一方针，必须坚定反对“台独”这一两岸关系和平发展的最大现实威胁。“台独”

分裂势力煽动两岸同胞敌意和对立，损害国家主权和领土完整，破坏台海和平稳定，阻挠两岸关系发展，只会给两岸同胞带来深重祸害。解决台湾问题、实现祖国完全统一，是全体中华儿女共同愿望，是中华民族根本利益所在。我们绝不允许任何人、任何组织、任何政党、在任何时候、以任何形式、把任何一块中国领土从中国分裂出去。两岸同胞要坚决反对“台独”分裂势力，共同维护两岸关系和平发展局面。

十、当代国际社会与中国特色大国外交

30. 当代国际社会的成员主要包括________。（单项选择）

①主权国家　②独立国家　③国际组织　④非国际组织

A. ①②　　B. ①③　　C. ②③　　D. ①②③④

【参考答案】B

31. 推动建设新型国际关系，________是构建人类命运共同体的基本路径。（单项选择）

①相互尊重　②公平正义　③合作共赢　④平等互利

A. ①②③　　B. ②③④　　C. ①②④　　D. ①②③④

【参考答案】A

32. 主权国家的构成要素包括________。（单项选择）

① 人口　②领土　③ 政权　④主权

A. ①②③　　B. ①②④　　C. ②③④　　D. ①②③④

【参考答案】D

33. “一带一路”是“丝绸之路经济带”和________的简称。（单项选择）

A. 沿海丝绸之路　　B. 海上丝绸之路

C. 21 世纪海上丝绸之路　　D. 长江经济带

【参考答案】C

34. 构建人类命运共同体思想内涵是什么？（简答）

【参考答案】

（1）构建人类命运共同体思想，是一个科学完整、内涵丰富、意义深远的思想体系，其核心就是建设持久和平、普遍安全、共同繁荣、开放包容、清洁美丽的世界。

（2）政治上，秉持相互尊重、平等协商，努力构建对话而不对抗、结伴而不结盟的新型国际关系。

（3）安全上，坚持对话协商，统筹应对传统与非传统安全威胁。

（4）经济上，促进贸易和投资自由化便利化，推动全球化向着更加开放、包容、普惠、平衡和共赢的方向发展。

（5）文化上，尊重世界文明多样性，以文明交流共存超越隔阂冲突。多样带来交流，交流孕育融合，融合产生进步。

（6）生态上，坚持环境友好，合作应对气候变化、环境污染及治理等问题。建设生态文明关乎人类未来。

十一、中国特色社会主义事业的领导核心

35. 办好中国的事情，关键在党，关键在坚持________。（单项选择）

①党要管党　②领导一切　③自我革命　④全面从严治党

A. ①②　　B. ②③　　C. ①②④　　D. ①④

【参考答案】D

36. 我们党把________纳入党的建设总体布局并摆在首位,抓住了全面从严治党的根本性问题。(单项选择)

A. 政治建设　　B. 组织建设　　C. 纪律建设　　D. 制度建设

【参考答案】A

37. 要把坚决做到________作为首要政治纪律,决不允许在重大政治原则问题上、大是大非问题上同党中央唱反调,搞自由主义。(单项选择)

A.“五个必须”　　B.“七个有之”　　C.“两个维护”　　D.“四个坚持”

【参考答案】C

38. 如何理解坚持党对一切工作的领导?(论述)

【参考答案】

(1)中国特色社会主义最本质的特征是中国共产党领导,中国特色社会主义制度的最大优势是中国共产党领导,党是最高政治领导力量。党政军民学,东西南北中,党是领导一切的。党的领导地位是历史的选择,也是人民的重托,归根到底是近代以来中国的历史逻辑、政治逻辑、实践逻辑所决定的。正是有了党的坚强领导,中国人民才从根本上改变了自己的命运,中国发展才取得了举世瞩目的伟大成就,中华民族才迎来了伟大复兴的光明前景。坚持党的领导,是党和国家的根本所在、命脉所在,是全国各族人民的利益所系、幸福所系。

(2)第一,坚持党对一切工作的领导,必须自觉维护党中央权威和集中统一领导,自觉在思想上政治上行动上同党中央保持高度一致。这是一条根本的政治规矩。

(3)第二,坚持党对一切工作的领导,要确保党始终总揽全局、协调各方。我国社会主义政治制度优越性的一个突出特点,就是坚持党总揽全局、协调各方的领导核心地位。中央委员会、中央政治局、中央政治局常委会,这是党的领导决策核心。党中央作出的决策部署,党的组织、宣传、统战、政法等部门要贯彻落实,人大、政府、政协、法院、检察院的党组织要贯彻落实,事业单位、人民团体等的党组织也要贯彻落实。

(4)第三,坚持党对一切工作的领导,同坚持党的民主集中制原则是一致的。我们党实行的民主集中制,是民主基础上的集中和集中指导下的民主相结合的制度,既要充分发扬民主,又要善于集中。一方面,党的重大决策都要严格按照程序办事,充分发扬民主,广泛听取意见和建议,做到兼听善听、防止偏听偏信,做到科学决策、民主决策、依法决策。另一方面,在充分发扬民主的基础上,要有正确的集中,党中央从全局出发、集中各方面智慧作出的决定,各地方各部门都要坚决贯彻执行,不允许任何人讨价还价。

第三单元　经济常识

第十六章　商品和货币

第一节　商品

一、商品的使用价值和价值

商品经济不是从来就有的，而是在一定的历史条件下，作为自然经济的对立物而产生和发展起来的。自然经济即自给自足经济，指生产是为了直接满足生产者个人或经济单位的需要，而不是为了交换的经济形式。商品经济是以交换为目的而进行生产的经济形式，它得以产生的社会历史条件有两个：一是存在社会分工；二是生产资料和劳动产品属于不同的所有者。

商品是用来交换的劳动产品，它首先必须是一个有用物，能用来满足人们的某种需要。商品的有用性就是商品的使用价值。

每一种商品的使用价值，具有各不相同的性质，用来满足人们各种不同的需要。正因为各种商品具有不同的使用价值，它们之间才会发生交换关系。使用价值是商品的自然属性。商品必须有使用价值，但不能反过来说，凡是有使用价值的东西都是商品。商品不仅有使用价值，而且应有与其他商品相交换的属性，即应有交换价值。使用价值是交换价值的物质承担者。

交换价值首先表现为一种使用价值与另一种使用价值相交换的量的比例。那么，商品的交换价值又是由什么决定的呢？不同使用价值的商品可以按照一定的比例相互交换，这说明各种商品必然包含有某种同质的东西。因为只有同质的东西，才能从量上计算它们的比例关系。

一切商品从它们都是劳动产品、都有商品生产者的劳动凝结在里面这个角度看，就变成了性质相同的东西了。价值就是凝结在商品中的无差别的人类劳动，即一般人类劳动。劳动创造了价值，价值就是决定交换价值的基础，交换价值是价值的表现形式。价值是商品的社会属性，体现着商品生产者互相交换劳动的社会关系。

使用价值和价值是商品的两个基本属性，也称作商品的两个因素。商品是使用价值和价值的统一体。一种东西如果没有使用价值，即使在它上面付出大量劳动，也不能形成价值，因而不是商品，如工厂生产出的废品。有些对人类有很大的使用价值的天然物品，如阳光、空气和水，由于没有人的劳动耗费在其中，就没有价值，不能成为商品。但是，只要加上人的劳动，它们就有了价值，就可以成为同其他劳动产品相交换的商品，如把河水加工成自来水。可见，一种东西要成为商品，它必须既有使用价值又有价值，两者缺一不可。

二、社会必要劳动时间决定商品的价值量

商品的价值是劳动创造的，所以商品的价值量是由体现在商品中的劳动量决定的。劳动量

是由劳动时间来计量的,而劳动时间又是以一定的时间单位如小时、日等作为尺度的。因此,商品的价值量是由生产这种商品所耗费的劳动时间决定的。

那么,是不是谁耗费的劳动时间多,谁的商品价值量就大;谁耗费的劳动时间少,谁的商品价值量就小呢?当然不是。因为如果这样,就不会出现有的厂家盈利多,有的厂家盈利少,有的厂家甚至亏本的情况了。

现实生活说明,商品是一个“天生的平等派”,它不管个别生产者耗费的劳动时间有多大差别,在市场上出卖时,只能是同样商品卖同样的价钱,也就是说,同样商品的价值量是相同的。决定商品价值量的劳动时间,不是个别劳动时间,而是社会必要劳动时间。马克思说:“社会必要劳动时间是在现有的社会正常的生产条件下,在社会平均的劳动熟练程度和劳动强度下制造某种使用价值所需要的劳动时间。”

商品的价值量是由生产商品的社会必要劳动时间决定的。而社会必要劳动时间会随着劳动生产率的变化而变化。劳动生产率是指劳动者的生产效率,它通常用同一劳动在单位时间内生产某种产品的数量来表示,也可用生产单位产品的劳动时间来表示。单位时间生产的产品数量越多,或者说单位产品所消耗的劳动时间越少,说明劳动生产率越高。可见,社会劳动生产率越高,单位商品生产中耗费的社会必要劳动时间就越少,单位商品的价值量就越小。反之,社会劳动生产率越低,单位商品生产中耗费的社会必要劳动时间就越多,单位商品的价值量就越大。所以,商品的价值量与体现在商品中的社会必要劳动量成正比,与劳动生产率成反比。

价值规律是商品生产和商品交换的基本规律。这一规律的主要内容和客观要求是:商品的价值量由生产商品的社会必要劳动时间决定,商品交换以价值量为基础,按照等价交换的原则进行。价值规律贯穿于商品经济的全部过程,它既支配商品生产,又支配商品流通。

第二节　货币

一、货币的产生

货币是商品交换发展的结果,是在商品交换漫长的历史发展过程中,从商品世界中游离出来固定地充当一般等价物的特殊商品。

充当一般等价物的商品,开始是不固定的。随着历史的发展,一般等价物最终固定在贵金属金和银上。金、银一旦固定地充当一般等价物,就成了货币。可见,货币是从商品世界分离出来的、固定地充当一般等价物的商品。货币的本质就是一般等价物。金、银能够充当货币,是因为金、银本身也是商品,具有价值。此外,金、银有着许多最适宜充当货币的优点。首先,体积小、价值大。开采金、银要耗费巨大的劳动,所以金、银价值大,金比银价值更大。这样人们只要携带少量的金、银,就能够买到大量的商品。其次,容易分割,质地均匀。金、银可以随意熔合,任意分割,而且其价值不会受到损失。最后,金、银不会腐烂,久藏不坏。所以,货币最终由贵金属金、银来承担,绝非偶然。

二、货币的职能

货币的职能是指货币在经济社会中所起的作用,它是货币本质的体现。货币自产生起,就具有价值尺度和流通手段两种基本职能。

1. 价值尺度

价值尺度,是指货币用来充当衡量和表现商品价值量大小的标准。

货币之所以能执行价值尺度的职能,能用来衡量其他一切商品的价值,是因为货币同其他商品一样,都是社会劳动的产物,本身包含着一定的价值。但执行价值尺度的职能时,可以是观念上的货币,而不必是现实的货币。

用货币表现出来的商品价值就是商品的价格。换言之,价格是价值的货币表现。我们平常讲的物价,就是商品的价格。

2. 流通手段

流通手段,是指货币充当商品交换的媒介。商品流通是以货币为媒介的商品交换。其公式为:商品—货币—商品。货币在两种商品的交换中起着媒介作用,也就是执行流通手段的职能。

执行流通手段职能的货币不能只是观念上的货币,而应该是实实在在的货币。

3. 货币的其他职能

货币除了具有价值尺度和流通手段两种基本职能外,还具有储藏手段、支付手段、世界货币等职能。

货币退出流通领域,当作社会财富的代表被保存起来,这时货币执行着储藏手段的职能。

货币执行支付手段的职能是随着商品赊账买卖的产生而出现的。在赊销赊购中,货币被用来偿还债务。后来,它又被用来支付地租、利息、税款、工资等。

当货币越出国内市场,在世界市场购买外国商品,支付国际收支差额,作为社会财富的代表在国与国之间转移时,它就有了世界货币的职能。

三、纸币

金属货币最初是以金银条块的形式流动的,每做一笔生意都要核实重量、检查成色,很不方便,于是就出现了具有一定形状、重量、成色和面额价值的铸币。金属铸币在长期流通过程中会逐渐磨损,成为不足值的货币,一般情况下并不影响它同足值的铸币一样使用。后来,又产生了作为价值符号的纸币。与金属货币相比,纸币的制作成本低,更易于保管、携带和运输,避免了铸币在流通中的磨损。所以,纸币被世界各国普遍使用。

纸币是由国家(或某些地区)发行的、强制使用的价值符号。国家有权发行纸币,但不可以任意发行纸币。纸币的发行量必须以流通中所需要的货币量为限度。如果纸币发行量超过了流通中实际需要的货币量,就会引起物价上涨。通货膨胀,是经济运行中出现的全面、持续的物价上涨的现象。而纸币发行量超过流通中实际需要的货币量,是导致通货膨胀的主要原因之一;但如果纸币发行量小于流通中实际需要的货币量,会使商品销售发生困难,直接阻碍商品流通,甚至引发通货紧缩。通货紧缩,是与通货膨胀相反的一种经济现象。它表现为物价全面持续下跌,通常伴随着经济衰退的出现。

随着信息技术的发展,特别是银行计算机网络化的实现,出现了用电子计算机进行储存、转账、购买、支付的“电子货币”,人们越来越多地借助银行的电子计算机系统完成自动转账业务。

四、信用工具和外汇

1. 信用工具

在核算一定时期的各项经济收支往来时,人们通常使用两种结算方式:一是现金结算;二是转账结算。前者是用纸币来完成经济往来的收付行为,后者是双方通过银行转账来完成经济往来的收付行为。信用卡、支票等,是经济往来结算中经常使用的信用工具。

信用卡。信用卡是具有消费、转账结算、存取现金、信用贷款等部分或全部功能的电子支付卡。其中,银行信用卡是商业银行对资信状况良好的客户发行的一种信用凭证。持卡人可以在发卡银行指定的消费场所消费,也可以在指定的营业机构存取现金或转账。使用信用卡可以集存款、取款、消费、结算、查询于一体,能减少现金的使用,简化收款手续,方便购物消费,增强消费安全,给持卡人带来诸多便利。

支票。支票是活期存款的凭证,是持票人委托银行等金融机构见票时无条件支付一定金额给收款人或者持票人的票据。凡在银行开立支票存款账户的,银行给予空白支票簿,存户可在其存款金额内签发支票。银行按照票面上签注的金额付款给持票人。

2. 外汇

同外国人做生意,出国旅游、购物,需要使用外汇。外汇是用外币表示的用于国际间结算的支付手段。使用外汇必须了解汇率。汇率又称汇价,是两种货币之间的兑换比率。如果用一定单位外币可以兑换更多的人民币,说明外币的汇率升高;反之,则说明外币汇率跌落。

保持人民币币值基本稳定,即对内保持物价总水平稳定,对外保持人民币汇率稳定,这对人民生活安定、国民经济又好又快发展,对世界金融稳定、经济发展,具有重要意义。

第三节　商品的价格

一、影响价格的因素

1. 供求影响价格

市场上同一商品的价格经常发生变化,有时高,有时低;有的地方高,有的地方低。引起价格变动和差异的因素很多,如气候、时间、地域、生产条件、政策等,甚至宗教信仰、习俗等文化因素也对价格产生影响。各种因素对商品价格的影响,是通过改变该商品的供求关系实现的。

当一种商品供不应求时,商品短缺,购买者争相购买,销售者趁机提价,买方不得不接受较高的价格以满足自身的需要,于是出现“物以稀为贵”的现象。这就是卖方市场。

当一种商品供过于求时,商品过剩,销售者竞相出售,购买者持币待购,卖方不得不以较低的价格处理过剩的存货,于是出现“货多不值钱”的现象。这就是买方市场。

2. 价值决定价格

虽然价格的变动受供求关系的影响,但最终是由价值决定的。价值是价格的基础,价格是价值的货币表现。市场上各种商品的价格高低不等,首先是因为它们所包含的价值量不同。在其他条件不变的情况下,商品的价值量越大,价格越高;商品的价值量越小,价格越低。

由于供求关系不断变化,商品的价格有时高于价值,有时低于价值。供不应求时,价格高于价值;供过于求时,价格低于价值。但是,价格既不可能无限上涨,也不可能无限下跌,而是以商品的价值为基础,始终围绕着价值上下波动。从单个交换过程来看,价格时涨时落,但从一段较长时间看,商品的价格总的来说仍然与价值相符合。

商品的价值量由生产该商品的社会必要劳动时间决定,商品交换以价值量为基础实行等价交换,是价值规律的基本内容。商品价格受供求关系的影响,围绕价值上下波动,则是价值规律的表现形式。

二、价格变动的影响

1. 对人们生活的影响

消费者享有消费自由,可以根据商品价格的涨跌来决定是否购买。一般来说,当某种商品的价格上升时,人们会减少对它的购买;当这种商品的价格下降时,人们会增加对它的购买。

价格变动会引起需求量的变动,但不同商品的需求量对价格变动的反应程度是不同的。粮食、食盐等生活必需品价格的上涨,往往不会导致消费者对其消费量的急剧减少。而液晶电视机、轿车等高档耐用品的价格的大幅度下降,则会导致消费者对其需求量的迅速增加。

消费者对既定商品的需求,不仅受该商品价格变动的影响,而且受相关商品价格变动的影响。

对于出行者来说,火车和飞机是可以相互替代的交通工具;对于一些家庭来说,牛肉和羊肉互为替代品。在可以替代的两种商品中,一种商品价格上升,消费者将减少对该商品的需求量,转而消费另一种商品,导致对另一种商品的需求量增加;反之,一种商品价格下降,消费者将增加对该商品的需求量,导致对另一种商品的需求量减少。

对于体育爱好者来说,乒乓球和乒乓球拍是互补商品。在有关互补关系的商品中,一种商品的价格上升,不仅使该商品的需求量减少,也会使另一种商品的需求量减少;反之,一种商品价格下降、需求量增加,会引起另一种商品需求量随之增加。

2. 对生产经营的影响

价格变动对生产的影响,集中地表现在以下几个方面:

(1)调节生产规模。当市场上某种商品供过于求时,该商品的价格下降,生产者获利减少,这时生产者会压缩生产规模,减少产量。当商品供不应求时,该商品的价格上涨,生产者获利增加,这时生产者会扩大生产规模,增加产量。

(2)提高劳动生产率。企业只有提高劳动生产率,才能缩短其生产商品的个别劳动时间,给自己的产品提供降价的空间,使其在价格竞争乃至生存竞争中更具优势。

(3)促使企业生产适销对路的高质量产品。消费者购买商品是为了获得使用价值,哪个生产者能提供质量好的或其他企业无法生产的产品,他就能获得较大的市场份额,从而获取更多利润。

【复习思考题】

1. 商品的两个因素是什么?
2. 商品的价值量是由什么决定的?
3. 货币有哪些职能?
4. 影响商品价格的因素是什么?
5. 价格变动对人们的生活和生产经营有哪些影响?

第十七章　坚持和完善社会主义基本经济制度

第一节　坚持公有制为主体、多种所有制经济共同发展

公有制为主体、多种所有制经济共同发展，按劳分配为主体、多种分配方式并存，社会主义市场经济体制等社会主义基本经济制度，既体现了社会主义制度优越性，又同我国社会主义初级阶段社会生产力发展水平相适应，是党和人民的伟大创造。

一、毫不动摇巩固和发展公有制经济

毫不动摇巩固和发展公有制经济，坚持公有制的主体地位，是由我国公有制的性质决定的。公有制是社会主义的根本特征。《中华人民共和国宪法》第六条规定，中华人民共和国的社会主义经济制度的基础是生产资料的社会主义公有制，即全民所有制和劳动群众集体所有制。第七条规定，国有经济，即社会主义全民所有制经济，是国民经济的主导力量。国家保障国有经济的巩固和发展。第八条规定，农村集体经济组织实行家庭承包经营为基础、统分结合的双层经营体制。农村中的生产、供销、信用、消费等各种形式的合作经济，是社会主义劳动群众集体所有制经济。城镇中的手工业、工业、建筑业、运输业、商业、服务业等行业的各种形式的合作经济，都是社会主义劳动群众集体所有制经济。国家保护城乡集体经济组织的合法权利和利益，鼓励、指导和帮助集体经济的发展。因此，坚持公有制为主体、巩固和发展公有制经济，直接关系到坚持社会主义基本经济制度，我们是共产党领导的社会主义国家，在这一点上不能有丝毫动摇。

毫不动摇巩固和发展公有制经济，坚持公有制的主体地位，是由公有制在国民经济中的作用决定的。公有制经济是在我国长期发展历程中形成的。新中国成立初期，经过社会主义改造，消灭了剥削制度，建立了生产资料公有制的社会主义制度。几十年来，公有制经济控制着我国国民经济的命脉，为国家建设、国防安全、人民生活改善作出了突出贡献。改革开放 40 多年来，经过一系列改革和布局战略调整，国有企业数量占比虽然有所下降，但企业实力、影响力和控制力进一步增强。同时，国有企业还承担了大量社会责任，许多投资大、收益薄的基础设施和公共服务建设，许多周期长、风险大的基础性研发，许多国防科技工业的重大项目，许多重大自然灾害、突发事件的抗击救援，许多脱贫攻坚、改善民生项目的实施，都是由国有企业扛起来的。如果没有国有企业长期以来为我国发展打下的重要物质基础，就没有我国的经济独立和国家安全，就没有人民生活的不断改善，就没有我国今天在世界上的地位，就没有社会主义中国在世界东方的岿然屹立。由此可见，国有企业在我国国民经济中始终发挥着中流砥柱作用，是全体中国人民的宝贵财富，必须要巩固好、发展好，使其继续为改革开放和社会主义现代化建设作出更大贡献。

我们党对毫不动摇地巩固和发展公有制经济的方针是一以贯之的，从未动摇过，今后也不

会变、不能变。我们坚持公有制主体地位,发挥国有经济主导作用,是保证我国各族人民共享发展成果的制度保证,也是巩固党的执政地位、坚持我国社会主义制度的重要保证。今后,重点在5个方面坚持和完善这项制度。一是随着实践的发展,不断探索公有制多种实现形式。二是推进国有经济布局优化和结构调整,发展混合所有制经济。公有制经济的主体地位,主要体现在国有经济竞争力、创新力、控制力、影响力、抗风险能力不断增强上,体现在国有资本不断做强做优做大上。三是进一步深化国有企业改革,完善中国特色现代企业制度。四是形成以管资本为主的国有资产监管体制,有效发挥国有资本投资、运营公司功能作用,加强国有资产监管,防止国有资产流失。五是深化农村集体产权制度改革,发展农村集体经济,完善农村基本经济制度。

二、毫不动摇鼓励、支持、引导非公有制经济发展

毫不动摇鼓励、支持、引导非公有制经济发展,这是同我国社会主义初级阶段生产力发展水平相适应的必然选择,是坚持和完善社会主义基本经济制度的题中应有之义。

我国非公有制经济,是改革开放以来在我们党的理论和路线方针政策指引下发展起来的,是我们党对中国特色社会主义规律性认识不断深化的结果,也是党领导人民开辟出来的一条成功的发展道路。随着我们党和国家对非公有制经济的认识不断深化、各方面支持政策不断完善,非公有制经济快速增长,在国民经济发展中的地位和作用不断上升。2018 年,我国民营企业已超过 2500 万户,贡献了全国税收的 50% 以上,创造的国内生产总值、固定资产投资以及对外直接投资均超过 60%,民营企业中的高新技术企业占全国高新技术企业的比重超过 70%,民营企业城镇就业人数占全国城镇就业人数的 80% 以上,民营企业对新增就业贡献率达到 90%。非公有制经济在党的方针政策指引下,从小到大、由弱到强、快速发展,在稳定增长、促进创新、增加就业、改善民生等方面发挥了重要作用,成为稳定经济的重要基础、国家税收的重要来源、技术创新的重要主体、金融发展的重要依托,成为支撑我国经济持续健康发展的重要力量。

毫不动摇鼓励、支持、引导非公有制经济发展,是我国正处于并将长期处于社会主义初级阶段基本国情所决定的。我们国家大、人口多,改革开放以来我们党领导人民创造了世所罕见了经济快速发展奇迹,但我国是最大发展中国家的国际地位没有变。进入新时代,我们即将全面建成小康社会,开启全面建设社会主义现代化强国新征程,发展仍然是我们党治国理政的第一要务,需要把各方面促进发展的积极性、主动性、创造性保护好、发挥好。为此,一是健全支持民营经济、外商投资企业发展的法治环境;二是完善构建亲清政商关系的政策体系,健全支持中小企业发展制度,促进非公有制经济健康发展和非公有制经济人士健康成长;三是营造各种所有制主体依法平等使用资源要素、公开公平公正参与竞争、同等受到法律保护的市场环境。

第二节　坚持按劳分配为主体、多种分配方式并存

一、坚持按劳分配为主体

社会主义之所以必须坚持按劳分配的主体地位,是由社会主义公有制和生产力发展水平决定的。公有制是实行按劳分配的所有制基础。公有制实现了人们在生产资料占有上的平等关系,排除了个人凭借对生产资料的所有权来无偿地占有他人劳动成果的可能;同时,劳动者在共

同占有生产资料的基础上为社会提供劳动,社会则根据每个劳动者提供的劳动数量和质量进行收入分配。生产力水平是实行按劳分配的物质基础。在社会主义社会,生产力水平还没有达到高度发达的程度,社会产品还没有极大丰富,劳动还是谋生的手段,还没有成为生活的第一需要,不具备实行按需分配的条件。在现阶段,劳动者向社会提供的劳动数量和质量存在着差别。只有承认这种差别,并在个人收入分配上体现这种差别,才能充分调动劳动者的积极性。坚持按劳分配的主体地位,体现为按劳分配是全社会占主体的分配原则,也体现为它是公有制经济内部的主体分配原则。随着经济体制改革的深化,公有制的实现形式已经发生了深刻的变化,在这样的条件下,虽然企业职工收入的来源和形式已经不仅仅依靠按劳分配,但是只要企业仍然是公有制或公有控股企业,按劳分配就仍然是企业内部职工收入的主要形式,职工收入主要仍然来自按劳分配。坚持按劳分配的主体地位对于坚持中国特色社会主义经济的性质具有重要意义。按劳分配是社会主义公有制在分配领域的体现,只有坚持按劳分配的主体地位,才能体现公有制的主体地位,才能保证人们相互之间在平等的经济关系基础上建立和谐的经济利益关系,才能保证向共同富裕这一目标前进。

二、坚持多种分配方式并存

按劳分配以外的多种分配方式,其实质是按生产要素的占有状况进行分配。按生产要素分配,就是指生产要素的所有者凭借其生产要素所有权从生产要素使用者那里获得收益。生产要素归纳起来可以分成两大类:一类是各种物质生产条件,如土地等自然资源以及各种生产资料;另一类则是人的劳动,包括人们在生产过程中提供的技术、信息、管理等。实行按生产要素分配,必须健全劳动、资本、土地、知识、技术、管理、数据等生产要素由市场评价贡献、按贡献决定报酬的机制,使多种分配方式的实现具有制度保证。社会主义初级阶段实行按生产要素分配有其必要性。各种生产要素都是物质财富和使用价值的源泉,是社会生产不可或缺的要素,这是按生产要素分配的物质基础;同时,由于存在着多种所有制经济,当生产要素被排他性地占有时,实行按生产要素分配的原则,才能使各种生产要素得到充分有效的利用,这是按生产要素分配的经济基础。依据生产要素的不同类别,按生产要素分配大体可以区分为以下几种形式:按劳动力价值分配,按资本或资产等物质生产要素分配,按管理和知识类的生产要素,如科技发明、创造、信息、专利等形式参与生产成果的分配。

三、共同富裕是社会主义的根本目标

共同富裕是社会主义的本质要求,是人民群众的共同期盼。我们推动经济社会发展,归根结底是要实现全体人民共同富裕。新中国成立以来特别是改革开放以来,我们党团结带领人民向着实现共同富裕的目标不懈努力,人民生活水平不断提高。十八大以来,我们党把脱贫攻坚作为重中之重,使现行标准下农村贫困人口全部脱贫,就是促进全体人民共同富裕的一项重大举措。当前,我国发展不平衡不充分问题仍然突出,城乡区域发展和收入分配差距较大,促进全体人民共同富裕是一项长期任务,但随着我国全面建成小康社会、开启全面建设社会主义现代化国家新征程,必须把促进全体人民共同富裕摆在更加重要的位置,脚踏实地,久久为功,向着这个目标更加积极有为地进行努力。党的十九届五中全会提出到2035年基本实现社会主义现代化远景目标,其中包括“全体人民共同富裕取得更为明显的实质性进展”,在改善人民生活品质部分突出强调了“扎实推动共同富裕”,这既指明了前进方向和奋斗目标,也是实事求是、符

合发展规律的,兼顾了需要和可能,有利于在工作中积极稳妥把握,在促进全体人民共同富裕的道路上不断向前迈进。

共同富裕不是同时富裕、同等富裕。社会主义实行按劳分配结果,必然是一部分人先富裕起来。在以劳动为尺度分配个人消费品的条件下,一些人向社会提供的劳动数量较多、质量较高、家庭负担又较轻,他们必然较早地富裕起来。由于我国生产力的发展很不平衡,那些物质条件和人力条件较好的地区、企业,劳动者的收入也比较高。我国还存在除按劳分配外的其他一些分配方式,也会使一部分人先富起来。可见,要求所有的劳动者和所有地区同时、同等程度地富裕起来,在我国现阶段是不可能做到的。

在通过"先富"走向"共富"的道路上,必须反对和克服平均主义,防止和纠正收入差别过分悬殊这两种分配不公的错误倾向。通过完善工资制度、按要素分配政策制度,发挥第三次分配作用等,不断缩小收入差距,逐步走向共同富裕。

第三节　加快完善社会主义市场经济体制

自从 1992 年党的十四大确立我国建立社会主义市场经济体制的改革目标以来,我国社会主义市场经济体制不断健全和完善。党的十八届三中全会提出加快完善现代市场体系,建设统一开放、竞争有序的市场体系,使市场在资源配置中起决定性作用和更好发挥政府作用。党的十九届四中全会提出建设高标准市场体系,党的十九届五中全会进一步提出构建高水平社会主义市场经济体制。

完善产权制度。产权制度是市场经济的基础性制度,完善产权制度是党的十九大报告提出的经济体制改革的重点任务之一。我国产权制度建设取得长足进步,但仍存在一些领域产权保护不力、产权制度不健全等问题,必须抓紧完善相关制度。要健全以公平为原则的产权保护制度,建立知识产权侵权惩罚性赔偿制度。

完善要素市场化配置。改革开放 40 多年来,我国商品市场发育较为充分,目前市场决定商品价格基本实现全覆盖。但是我国要素市场发育滞后,市场决定资源配置范围有限、要素流动存在体制机制障碍、新型要素相关市场规则建设滞后等,成为高标准建设市场体系的短板。党的十九大报告将完善要素市场化配置作为经济体制改革的重点任务之一。党的十九届四中全会提出,推进要素市场制度建设,实现要素价格市场决定、流动自主有序、配置高效公平。这就要求在全国加快推进土地、金融、科技、数据等重要领域的制度规则建设和市场化改革。关于金融改革,要加强资本市场基础制度建设,健全具有高度适应性、竞争力、普惠性的现代金融体系,有效防范化解金融风险。

健全完善市场规则。公平竞争是市场高效配置资源的前提,垄断和不正当竞争是市场经济的天敌。为此,要全面实施市场准入负面清单制度,改革生产许可制度,健全破产制度。党的十九届四中全会提出,强化竞争政策基础地位,落实公平竞争审查制度,加强和改进反垄断和反不正当竞争执法,加强企业商业秘密保护。这就把竞争政策摆到了十分重要的位置上。同时,针对我国对消费者权益保护不力、维权成本高、侵权成本低这一老大难问题,要强化消费者权益,探索建立集体诉讼制度。

推动城乡区域协调发展。建设新时代高标准市场体系,要有助于资源、要素、经济活动的空间配置合理高效。因此,要实施乡村振兴战略,完善农业农村优先发展和保障国家粮食安全的制度政策,健全城乡融合发展体制机制;要构建区域协调发展新机制,形成主体功能明显、优势互补、高质量发展的区域经济布局。

【复习思考题】

1. 我国的基本经济制度是什么?
2. 怎样理解“两个毫不动摇”?
3. 为什么要坚持按劳分配为主体、多种分配方式并存的分配制度?

第十八章　以新发展理念引领经济高质量发展

第一节　贯彻新发展理念

发展是解决我国一切问题的基础和关键。发展理念是发展行动的先导，是发展思路、发展方向、发展着力点的集中体现。发展理念是否对头，从根本上决定着发展成效乃至成败。

发展必须是科学发展，必须坚定不移贯彻创新、协调、绿色、开放、共享的新发展理念。新发展理念不是凭空得来的，是在深刻总结国内外发展经验教训、深刻分析国内外发展大势的基础上形成的，是针对我国发展中的突出矛盾和问题提出来的。坚持新发展理念，是关系我国发展全局的一场深刻变革。

创新是引领发展的第一动力，创新发展注重的是解决发展动力问题，必须把创新摆在国家发展全局的核心位置，让创新贯穿党和国家的一切工作。协调是持续健康发展的内在要求，协调发展注重的是解决发展不平衡问题，必须正确处理发展中的重大关系，不断增强发展整体性。绿色是永续发展的必要条件和人民对美好生活追求的重要体现，绿色发展注重的是解决人与自然和谐共生问题，必须实现经济社会发展和生态环境保护协同共进，为人民群众创造良好生产生活环境。开放是国家繁荣发展的必由之路，开放发展注重的是解决发展内外联动问题，必须发展更高层次的开放型经济，以扩大开放推进改革发展。共享是中国特色社会主义的本质要求，共享发展注重的是解决社会公平正义问题，必须坚持全民共享、全面共享、共建共享、渐进共享，不断推进全体人民共同富裕。

创新、协调、绿色、开放、共享的发展理念，相互贯通、相互促进，是具有内在联系的集合体，要统一贯彻，不能顾此失彼，也不能相互替代。哪一个发展理念贯彻不到位，发展进程都会受到影响。

新时代新阶段的发展必须贯彻新发展理念，必须是高质量发展。当前，我国社会主要矛盾已经转化为人民日益增长的美好生活需要和不平衡不充分的发展之间的矛盾，发展中的矛盾和问题集中体现在发展质量上。这就要求我们必须把发展质量问题摆在更为突出的位置，着力提升发展质量和效益。可以说，高质量发展，是能够很好满足人民日益增长的美好生活需要的发展，是体现新发展理念的发展，是创新成为第一动力、协调成为内生特点、绿色成为普遍形态、开放成为必由之路、共享成为根本目的的发展。更明确地说，高质量发展，就是经济发展从“有没有”转向“好不好”。

推动高质量发展，是当前和今后一个时期确定发展思路、制定经济政策、实施宏观调控的根本要求。必须坚持质量第一、效益优先，推动经济发展质量变革、效率变革、动力变革，不断增强经济创新力和竞争力。加快形成推动高质量发展的指标体系、政策体系、标准体系、统计体系、绩效评价、政绩考核，创建和完善制度环境，推动我国经济在实现高质量发展上不断取得新进展。

第二节 建设现代化经济体系

国家强，经济体系必须强。建设现代化经济体系，是以习近平同志为核心的党中央从党和国家事业全局出发，着眼于实现“两个一百年”奋斗目标、顺应中国特色社会主义进入新时代的新要求作出的重大战略决策部署。

现代化经济体系，是由社会经济活动各个环节、各个层面、各个领域的相互关系和内在联系构成的有机整体。我们建设的现代化经济体系，要借鉴发达国家有益做法，更要符合中国国情、具有中国特色。要建设创新引领、协同发展的产业体系，统一开放、竞争有序的市场体系，体现效率、促进公平的收入分配体系，彰显优势、协调联动的城乡区域发展体系，资源节约、环境友好的绿色发展体系，多元平衡、安全高效的全面开放体系，充分发挥市场作用、更好发挥政府作用的经济体制。这几个体系是统一整体，要一体建设、一体推进。

建设现代化经济体系，要加快发展现代产业体系，坚持把发展经济着力点放在实体经济上，坚定不移建设制造强国、质量强国、网络强国、数字中国，推进产业基础高级化、产业链现代化，提高经济质量效益和核心竞争力，推动经济体系优化升级。

建设现代化经济体系的主要任务有以下几个方面。一是要大力发展实体经济，筑牢现代化经济体系的坚实基础。实体经济是抓好一国经济的立身之本，是财富创造的根本源泉，是国家强盛的重要支柱。要加快发展先进制造业，坚定不移建设制造强国。推动互联网、大数据、人工智能同实体经济深度融合，推动资源要素向实体经济集聚、政策措施向实体经济倾斜、工作力量向实体经济加强。金融是实体经济的血脉，要全面提高金融为实体经济服务的效率和水平。二是要加快实施创新驱动发展战略，强化现代化经济体系的战略支撑。科技创新对提高社会生产力和综合国力至关重要。要加强国家创新体系建设，推动以科技创新为核心的全面创新，强化战略科技力量，塑造更多依靠创新驱动、更多发挥先发优势的引领型发展。实践反复告诉我们，关键核心技术是要不来、买不来、讨不来的。要加快关键核心技术自主创新，把创新主动权、发展主动权牢牢掌握在自己手中，为经济社会发展打造新引擎。三是要积极推动城乡区域协调发展，优化现代化经济体系的空间布局。要培育和发挥区域比较优势，落实主体功能区制度，加强区域优势互补，在协调发展中拓宽发展空间，在加强薄弱领域中增强发展后劲。统筹推进西部大开发、东北全面振兴、中部地区崛起、东部率先发展。推动京津冀协同发展，高起点规划、高标准建设雄安新区，推动粤港澳大湾区建设、长三角区域一体化发展，推动长江经济带发展。大力实施乡村振兴战略，建立健全城乡融合发展体制机制和政策体系，加快推进农业农村现代化。四是要着力发展开放型经济，提高现代化经济体系的国际竞争力。要适应新形势、把握新特点，推动由商品和要素流动型开放向规则等制度型开放转变。统一内外资法律法规，完善公开、透明的涉外法律体系，全面实行准入前国民待遇加负面清单管理制度，持续放宽市场准入，尊重国际营商惯例，保护外资企业合法权益。推动全球经济治理体系改革完善，积极引导全球经济议程，促进国际经济秩序朝着平等公正、合作共赢的方向发展。拓展对外贸易，培育贸易新业态新模式，推进贸易强国建设。五是要深化经济体制改革，完善现代化经济体系的制度保障。要加快完善社会主义市场经济体制，坚决破除各方面体制机制弊端，有效激发全社会创新创业活力。经济体制改革必须以完善产权制度和要素市场化配置为重点，实现产权有效激励、要素自由流动、价格反应灵活、竞争公平有序、企业优胜劣汰。要深化四梁八柱性质的改革，以增强微观主

体活力为重点,推动相关改革走深走实。

建设现代化经济体系,是我国发展的战略目标,是中国特色社会主义经济发展规律的必然要求,事关我们能否引领世界科技革命和产业变革潮流,事关我们能否赢得国际竞争的主动。要按照建设社会主义现代化强国的要求,加快建设现代化经济体系,为实现人民对美好生活的向往打下更为坚实而强大的物质基础。

第三节 构建新发展格局

一、加快构建新发展格局的重大意义

党的十九届五中全会通过的《中共中央关于制定国民经济和社会发展第十四个五年规划和二〇三五年远景目标的建议》提出,要加快构建以国内大循环为主体、国内国际双循环相互促进的新发展格局。这是以习近平同志为核心的党中央根据我国新发展阶段、新历史任务、新环境条件作出的重大战略决策,是习近平新时代中国特色社会主义经济思想的又一重大理论成果。

第一,这是适应我国经济发展阶段变化的主动选择。经济发展是螺旋式上升的过程,也是分阶段的。不同阶段对应不同的需求结构、产业结构、技术体系和关联方式,要求发展方式与时俱进。改革开放以后相当时间内,我国人均收入水平较低,我们发挥劳动力等要素低成本优势,抓住经济全球化的重要机遇,充分利用国际分工机会,形成市场和资源"两头在外"发展模式,参与国际经济大循环,推动了经济高速增长,人民生活从温饱不足到全面小康。经过长期努力,我国人均国内生产总值超过1万美元,需求结构和生产函数发生重大变化,生产体系内部循环不畅和供求脱节现象显现,"卡脖子"问题突出,结构转换复杂性上升。解决这一矛盾,要求发展转向更多依靠创新驱动,不断提高供给质量和水平,推动高质量发展。这是大国经济发展的关口,我们要主动适应变化,努力攻坚克难,加快构建新发展格局。

第二,这是应对错综复杂的国际环境变化的战略举措。新世纪以来,新一轮科技革命和产业变革加速发展,世界贸易和产业分工格局发生重大调整,国际力量对比呈现趋势性变迁。2008年国际金融危机后,全球市场收缩,世界经济陷入持续低迷,国际经济大循环动能弱化。近年来,西方主要国家民粹主义盛行、贸易保护主义抬头,经济全球化遭遇逆流。新冠肺炎疫情影响广泛深远,逆全球化趋势更加明显,全球产业链、供应链面临重大冲击,风险加大。面对外部环境变化带来的新矛盾新挑战,必须顺势而为调整经济发展路径,在努力打通国际循环的同时,进一步畅通国内大循环,提升经济发展的自主性、可持续性,增强韧性,保持我国经济平稳健康发展。

第三,这是发挥我国超大规模经济体优势的内在要求。大国经济的重要特征,就是必须实现内部可循环,并且提供巨大国内市场和供给能力,支撑并带动外循环。经过改革开放以来40多年的发展,我国经济快速成长,国内大循环的条件和基础日益完善。从需求潜力看,我国已经形成拥有14亿人口、4亿多中等收入群体的全球最大最有潜力市场,随着向高收入国家行列迈进,规模巨大的国内市场不断扩张。从供给能力看,我国储蓄率仍然较高,拥有全球最完整、规模最大的工业体系和完善的配套能力,拥有1.3亿户市场主体和1.7亿多受过高等教育或拥有各种专业技能的人才,研发能力不断提升。从供求双方看,我们具备实现内部大循环、促进内外

双循环的诸多条件，必须利用好大国经济纵深广阔的优势，使规模效应和集聚效应充分发挥。市场是全球最稀缺的资源，我们构建新发展格局和扩大内需，可以释放巨大而持久的动能，推动全球经济稳步复苏和增长。

经济发展战略的导向，是我国经济长期稳定健康发展的重要保障。改革开放以来，我们顺应经济全球化态势，实施出口导向型发展战略，取得经济发展的重大成就。面对亚洲金融危机和国际金融危机两次大冲击，我们实施扩大内需战略，有效应对了外部风险，推动经济发展向国内需求主导转变。党的十八大以来，基于国内外形势发展变化，党中央及时作出我国经济发展进入新常态的判断，提出推进供给侧结构性改革的重大战略性思路，按照“三去一降一补”和“巩固、增强、提升、畅通”八字方针推进和深化供给侧结构性改革，有效改善了供求关系。面对全球政治经济环境出现的重大变化，适应我国发展阶段性新特征，党中央准确研判大势，立足当前，着眼长远，提出了构建新发展格局的战略。这既是供给侧结构性改革的递进深化，也是我国以往发展战略的整合提升，具有重大现实意义和深远历史意义。

二、把握构建新发展格局的科学内涵

构建新发展格局，关键在于实现经济循环流转和产业关联畅通。根本要求是提升供给体系的创新力和关联性，解决各类“卡脖子”和瓶颈问题，畅通国民经济循环。深入理解新发展格局的内涵，科学指导实践，需要把握好几个重大关系。

从供给和需求的关系看，要坚持深化供给侧结构性改革这条主线。当前和今后一个时期，我国经济运行面临的主要矛盾仍然在供给侧，供给结构不能适应需求结构变化，产品和服务的品种、质量难以满足多层次、多样化市场需求。必须坚持深化供给侧结构性改革，提高供给体系对国内需求的满足能力，以创新驱动、高质量供给引领和创造新需求。在坚持以供给侧结构性改革为主线的过程中，要高度重视需求侧管理，坚持扩大内需这个战略基点，始终把实施扩大内需战略同深化供给侧结构性改革有机结合起来。

从国内大循环与国内国际双循环的关系看，国内循环是基础，两者是统一体。国际市场是国内市场的延伸，国内大循环为国内国际双循环提供坚实基础。发挥我国超大规模市场优势，将为世界各国提供更加广阔的市场机会，依托国内大循环吸引全球商品和资源要素，打造我国新的国际合作和竞争优势。国内大循环绝不是自我封闭、自给自足，也不是各地区的小循环，更不可能什么都自己做，放弃国际分工与合作。要坚持开放合作的双循环，通过强化开放合作，更加紧密地同世界经济联系互动，提升国内大循环的效率和水平。可以说，推动双循环必须坚持实施更大范围、更宽领域、更深层次对外开放。

从深化改革和推动发展的关系看，构建新发展格局必须全面深化改革。构建新发展格局是发展问题，但本质上是改革问题。我们必须运用改革思维和改革办法，形成充满活力的市场主体，建立有效的激励机制，营造鼓励创新的制度环境，扫除阻碍国内大循环和国内国际双循环畅通的制度、观念和利益羁绊，破除妨碍生产要素市场化配置和商品服务流通的体制机制障碍，形成高效规范、公平竞争、充分开放的国内统一大市场，形成高标准的市场化、法治化、国际化营商环境，降低全社会交易成本，构建高水平社会主义市场经济体制，实现社会生产力大发展。

【复习思考题】

1. 如何准确把握新发展理念的科学内涵？
2. 建设现代化经济体系有哪些主要任务？
3. 加快构建新发展格局有何重大意义？

第十九章 对外开放的社会主义经济

第一节 经济全球化带来的机遇和挑战

一、经济全球化内涵及其主要表现

1. 经济全球化的内涵

经济全球化是指生产、贸易、金融等经济活动超越国界,向全球拓展的过程,是资本、能源、技术、劳务等生产要素在全球配置和自由流通的过程,是各国经济相互依存和融合不断加强的过程。经济全球化的不断深化是当今世界发展的客观趋势和基本特征。推动我国发展,必须主动顺应经济全球化潮流,主动参与和推动经济全球化进程,发展更高层次的开放型经济。

2. 经济全球化的主要表现

经济全球化是当今世界经济最为突出的特点。主要表现如下:

生产全球化日益深入,跨国公司更趋活跃。经济全球化是各国生产过程更加紧密地结合在一起,国际产业结构调整和转移加快,国际分工进一步深化,水平型国际分工取代过去的垂直型分工,发达国家与发展中国家之间的部门间分工,发达国家之间部门内部分工,跨国公司内部分工和同一产品生产过程的国际分工,成为国际分工的主要方式。

贸易自由化在深度和广度上不断拓展。经济全球化发展、各种贸易壁垒不断被突破、贸易自由化便利化不断加强,不仅极大地促进了国际贸易的增长,而且促进了国际贸易结构发生深刻变化,生产全球化的发展和产业结构的调整,使国际贸易结构发生深刻变化,包括旅游、运输、知识产权和与贸易有关的投资措施等服务性贸易在国际贸易中的比重不断上升。

金融国际化不断加快,国际资本流动空前增加。随着信息技术在金融领域被广泛应用,金融自由化浪潮席卷全球,全球金融市场空前发展,金融机构国际化趋势不断加强,金融产品日趋多样化,金融国际化的发展,使各国的经济活动,越来越多地同国际金融市场相联系。

科技全球化日新月异。科技革命进程加快,科技成果迅速应用转化,国际科技合作不断加强,生产全球化带来的技术全球性扩展使科技全球化成为经济全球化的重要表现之一。

人员跨国界流动规模不断扩大。经济全球化的发展,促进了以劳务、旅游和移民等为主导的人员跨国界流动大规模增加,进一步促进了全球化发展。

二、经济全球化的作用

1. 经济全球化的积极作用

经济全球化对每个国家来说都是一把“双刃剑”,既是机遇,也是挑战,经济全球化的积极作用,表现在以下几个方面:

第一,有利于各国生产要素的优化配置和合理利用。一国经济运行的效率,无论多高,总要受本国资源和市场的限制,只有全球资源和市场一体化,才能使一国经济在目前条件下,最大限度地摆脱资源和市场的束缚,经济全球化可以实现以最有利的条件来进行生产,以最有利的市场来进行销售,生产要素得以在全球范围内优化配置,各个国家可在世界经济的密切交往中实现优势互补,提高经济效益。

第二,促进了国际分工的发展和国际竞争力的提高。经济全球化促进了世界市场的不断扩大和区域统一,使国际分工更加深化,各国可以充分发挥自身优势,根据世界市场竞争的要求,从事能获得最大限度的比较优势的产品生产,提高生产效率;经济全球化可以弥补各国资本、技术等生产要素的不足,使各国积极参与国际市场竞争,迅速实现产业演进和制度创新,提高自身的国际竞争力。

第三,为发展中国家利用后发优势实现跨越式发展提供机遇。产业结构的世界范围梯度转移,为不同发展水平的国家适应世界范围产业结构调整创造条件,所有国家都能利用信息技术和现代运输技术加入全球产品与服务贸易市场,有助于缩小强势国家与弱势国家之间的差距,广大发展中国家获得更多发展机遇。

第四,促进世界经济多极化发展。经济全球化使国际经济关系更加复杂,它使以往的国别关系、地区关系发展成为多极关系和全球关系,推动了处理这些关系的国际协调和合作机制的发展,并导致一系列全球性经济规则的产生,使参与经济全球化进程的国家让渡或放弃部分主权,形成和遵守这些经济规则。因此,从这个意义上说,经济全球化是一个制度变迁的过程,是一个既相互竞争又相互融合渗透的过程。

2. 经济全球化的消极作用

由于经济全球化会导致严重的不平等、不公平和全球贫富分化的加剧,因此并不是所有国家和民众都能平等地从全球化中获益,反全球化运动浪潮就成为对全球化负效应的集中回应。经济全球化的消极作用,主要表现在两个方面:

一方面,经济全球化加剧了世界资源配置和经济发展的不平衡。经济全球化是在不公平不合理的国际经济旧秩序没有根本转变的情况下发生和发展的,使南北发展差距继续扩大,贫富分化加剧。作为资本和先进技术的主要拥有者,发达国家总是处在全球化的中心地位,这使它们在价格制定等方面具有主导权,并可以利用对世界银行、国际货币基金组织、世界贸易组织的控制权,制定利己规则,实行趋同化标准,强迫发展中国家开放市场;发展中国家则总是处在边缘地位,必然造成富者越富,贫者越贫。

另一方面,经济全球化使主权国家的经济安全面临严峻挑战。经济全球化把市场经济的盲目性、自发性、滞后性、无序性等扩展到全球范围。由于各国经济紧密地联系在一起,导致经济动荡和经济萧条在国际间的传递、放大,特别是国际资本的巨额流动和国际金融投机活动的规模,远远超过许多国家的抵御能力,使主权国家的经济安全受到空前巨大的压力,对发展中国家的负面影响更应引起注意。同样是两场百年一遇的大危机,20 世纪 30 年代的大萧条,冲击的主要是欧美国家,但 2008 年始于美国的金融危机则席卷全球,世界各国都被波及。现在不仅大国打喷嚏小国会感冒,小国风吹草动,也可能产生蝴蝶效应。

第二节　形成全面开放新格局

一、对外开放是一项基本国策

开放带来进步，封闭必然落后。中国开放的大门不会关闭，只会越开越大。开放也是改革，改革和开放密不可分、相辅相成。20 世纪 70 年代末，中国在改革的同时，实行对外开放，并逐步把它作为一项长期坚持的基本国策。40 多年来，对外开放和改革一起成为当代中国最鲜明的特色，成为推动中国特色社会主义发展的强大动力，在全面建成小康社会，全面深化改革的进程中，强调必须毫不动摇地坚持对外开放，主要是基于以下几方面的原因：

一是对中国发展历史经验教训深刻总结的结果。邓小平说："现在任何国家要发达起来，闭关自守都不可能，我们吃过这个苦头，我们的老祖宗吃过这个苦头。"经验表明，关起门来搞建设是不可能成功的，只会限制自己的发展，甚至给国家和民族带来灾难。综观世界历史，每个强国盛世都是开放的。从我国经验看，也是越开放越发展，越发展越开放。40 多年来，我们从建立经济特区到开始沿海、沿江、沿边内陆地区，再到加入世界贸易组织，从大规模"引进来"到大踏步"走出去"，形成了开放型经济，货物贸易进出口总额、吸收利用外资、外汇储备等均位居世界第一，服务贸易、对外投资发展迅速，对外开放成为推动发展持续不断的动力。

二是顺应经济全球化大势和科技发展机遇的客观要求。历史告诉我们，一个国家要发展繁荣，必须把握和顺应世界发展大势。现在的世界是开放的，世界开放是世界经济发展的历史趋势，在以信息化为基础的新技术革命推动下，经济全球化趋势快速推进，世界经济联系越发紧密，各国相互依赖和利益交融程度进一步加深，为在国际分工和国际竞争中获取最大利益，各国纷纷实行更加开放的政策。20 世纪 80 年代以来，我们抓住了经济全球化和新科技革命的机遇，通过对外开放特别是通过加入世界贸易组织，主动参与经济全球化，综合国力上了一个大台阶。当前我们正面对推进科技创新的重要历史机遇，机不可失，时不再来，必须紧紧抓住。

三是为了借鉴和吸收人类文明的一切优秀成果。人类文明源远流长、灿烂辉煌，各种文明"五色交辉，相得益彰；八音合奏，终和且平"，推动了人类的共同进步。资本主义经过几百年的发展，特别是一些发达国家，在经济、科技、教育、文化和社会管理等方面积累了丰富的经验，取得了许多历史性的文明成果。社会主义作为崭新的社会制度，必须大胆借鉴、吸收人类社会包括资本主义社会创造出来的文明成果，根据国情，结合新的实践进行新的创造，这样才能加快发展，赢得同资本主义相比较的优势。

四是加快社会主义现代化建设的需要。在我们这样一个人口众多的发展中的社会主义大国，任何时候都不可能依靠别人搞建设，必须始终把独立自主、自力更生作为自己发展的根本基点，但同时又需要开拓国际市场，利用国外资源，坚持互利共赢。独立自主是实行对外开放的目的，对外开放是实现独立自主发展的手段。在推进对外开放的过程中，努力做到利用国际有利条件和充分发挥我国优势相结合，扩大引进技术和全面增强自主创新能力相结合，利用外资和大力促进国内产业结构优化升级相结合，支持"走出去"战略和缓解国内短缺资源约束相结合，促进内外资源合理配置，内外市场互为补充，提高我国经济的整体竞争力，增强独立自主的能力。

实行对外开放，使中国成功实现了从封闭半封闭到全方位开放的伟大历史转变，中国已经

越来越多地融入世界，在促进自身快速发展的同时，也为世界的繁荣发展做出了重要贡献。从当今时代和世界发展趋势看，全球化的加速使各国经济联系越发紧密，面临的共同问题、共同利益和相互依存度增加，这更要求实行开放式发展战略，共同应对挑战，在合作共赢中发展。中国对外开放的大门打开就不会关上，不但不会关上，而且会在更大范围、更宽领域、更深层次上开放。中国对外开放不是权宜之计，而是必须长期坚持的基本国策。

二、全面开放的基本内涵

党的十九大强调，要以"一带一路"建设为重点，坚持"引进来"和"走出去"并重，遵循共商、共建、共享原则，加强创新能力开放合作，形成陆海内外联动、东西双向互济的开放格局。这一重大工作部署，既包括开放范围扩大、领域拓宽、层次加深，也包括开放方式创新、布局优化、质量提升，具有深远战略意义。坚持主动开放，把开放作为发展的内在要求，更加积极主动地扩大对外开放。坚持双向开放，把"引进来"与"走出去"更好地结合起来，拓展经济发展空间。坚持全面开放，推动形成陆海内外联动、东西双向互济的开放格局。坚持公平开放，构建公平竞争的内外资发展环境。坚持共赢开放，推动经济全球化朝着普惠共赢方向发展。坚持包容开放，探索求同存异、包容共生的国际发展合作新途径。

三、中国开放的大门越开越大

纵观世界发展大势，经济全球化是不可逆转的时代潮流。中国坚持对外开放的基本国策，坚持打开国门搞建设，中国开放的大门不会关闭，只会越开越大！

推进"一带一路"建设。"一带一路"建设是我国扩大对外开放的重大举措。要着力把"一带一路"建成和平之路、繁荣之路、开放之路、创新之路、文明之路。共建"一带一路"倡议源于中国，但机会和成果属于世界，中国不打地缘博弈小算盘，不搞封闭排他小圈子，不做凌驾于人的强买强卖。秉持和遵循共商共建共享的原则，把"一带一路"打造成为顺应经济全球化潮流的最广泛国际合作平台，让共建"一带一路"更好造福各国人民。

加快贸易强国建设。要加快转变外贸发展方式，从以货物贸易为主向货物和服务贸易协调发展转变，从依靠模仿跟随向依靠创新创造转变，从大进大出向优质优价、优进优出转变。加快货物贸易优化升级，鼓励高新技术、装备制造、品牌产品出口，引导加工贸易转型升级。促进服务贸易创新发展，改革服务贸易发展机制，大力发展服务外包，打造"中国服务"国家品牌。培育贸易新业态新模式，支持跨境电子商务、市场采购贸易、外贸综合服务等健康发展，打造外贸新的增长点。实施更加积极的进口政策，不以追求贸易顺差为目标，主动扩大进口，向世界表明中国愿意打开自己的市场、分享发展机遇。

改善外商投资环境。加强利用外资法治建设，统一内外资法律法规，制定新的外资基础性法律，与国家对外开放大方向和大原则不符的法律法规和条款要限期废止或修订。完善外商投资管理体制，营造公平竞争的市场环境，全面实行准入前国民待遇加负面清单管理制度，依法给予内外资企业同等待遇。大幅度放宽市场准入，放宽银行、证券、保险行业外资股比限制，放宽外资金融机构设立限制，扩大外资金融机构在我国的业务范围，拓宽中外金融市场合作领域。保护外商投资合法权益，不以强制转让技术作为市场准入的前提条件。加强知识产权保护，严厉打击侵权假冒违法犯罪行为，鼓励中外企业开展正常技术交流合作。

优化区域开放布局。加大西部开放力度，完善口岸、跨境运输等开放基础设施，实施更加灵活的政策，在西部地区形成若干开放型经济新增长极。赋予自由贸易试验区更大改革自主权，鼓励地方大胆试、大胆闯、自主改，形成更多制度创新成果，进一步彰显全面深化改革和扩大开放的试验田作用。支持海南全岛建设自由贸易试验区，支持海南逐步探索、稳步推进中国特色自由贸易港建设，打造开放层次更高、营商环境更优、辐射作用更强的开放新高地。

创新对外投资方式。促进国际产能合作，在更高层面上、更广空间内参与国际合作，培育互利共赢的新格局。加强对海外并购的引导，重在扩大市场渠道、提高创新能力、打造国际品牌，增强企业核心竞争力。规范海外经营行为，引导企业遵守东道国法律法规、保护环境、履行社会责任，遏制恶性竞争，努力实现共同、可持续的发展。健全服务保障，加强和改善信息、法律、领事保护等服务，保障海外人员安全，维护海外利益。

促进贸易和投资自由化、便利化。支持多边贸易体制，落实世贸组织《贸易便利化协定》，积极参与服务贸易协定、政府采购协定等谈判。稳步推进自由贸易区建设，推动区域全面经济伙伴关系协定早日达成，推进亚太自贸区和东亚经济共同体建设，逐步构筑起立足周边、辐射“一带一路”、面向全球的高标准自由贸易区网络。继续与有关国家商谈高水平的投资协定以及各种形式的优惠贸易安排，妥善应对贸易摩擦，既管控好分歧，又维护好利益。

积极参与全球经济治理体系改革。坚持平等协商、互利共赢，推动二十国集团等发挥国际经济合作功能。维护多边贸易体制，积极参与世界贸易组织改革，推动完善更加公正合理的全球经济治理体系。积极参与多双边区域投资贸易合作机制，推动新兴领域经济治理规则制定，提高参与国际金融治理能力。实施自由贸易区提升战略，构建面向全球的高标准自由贸易区网络。

人类的历史就是在开放中发展的。40 多年来，中国共产党领导中国人民坚持对外开放基本国策，打开国门搞建设，成功实现从封闭半封闭到全方位开放的伟大转折。面向未来，我们也必将在更加开放的条件下，推动中国经济实现高质量发展，以实际行动推动经济全球化造福世界各国人民。

【复习思考题】

1. 经济全球化的主要表现有哪些？
2. 如何正确认识经济全球化的作用？
3. 为什么必须毫不动摇地坚持对外开放？
4. 如何把握全面开放的基本内涵？

典型例题

一、商品和货币

1. 商品是________。(单项选择)

A. 一切物品　　B. 一切有用的物品

C. 用于满足人们需要的劳动产品　　D. 用来交换的有用的劳动产品

【参考答案】D

2. 即使供不应求,一辆普通的自行车的价格再涨,也不会比一辆汽车的价格高。从根本上说这是因为________。(单项选择)

A. 生产一辆汽车比生产一辆普通自行车耗费的社会必要劳动时间多

B. 生产一辆汽车比生产一辆普通自行车耗费的个别劳动时间多

C. 一辆汽车的实用性比一辆普通自行车的实用性大得多

D. 喜欢坐汽车的人比喜欢骑普通自行车的人多

【参考答案】A

3. 怎样认识“液晶电视刚上市时,价格很高,现在却越来越便宜”这种现象?(简答)

【参考答案】

(1) 商品的价格是由价值决定的。一般来说,价值量大的商品价格高。

(2) 商品的价值是由生产该商品所耗费的社会必要劳动时间决定的。生产商品所耗费的社会必要劳动时间多,商品的价值量就大,价格就高。

(3) 社会劳动生产率提高时,生产商品的社会必要劳动时间减少,商品的价值量变小,商品的价格就降低。

(4) 一般来说,商品供不应求,价格上涨;供过于求,价格下跌。

(5) 液晶电视刚上市时,由于技术等方面的原因,其成本高,耗费的社会必要劳动时间多,商品的价值量大,供不应求,因而价格高。

(6) 随着科学技术的发展,生产液晶电视机的社会劳动生产率不断提高,生产液晶电视机的社会必要劳动时间缩短,电视机的价值量减少,供给量也大为增加,因而价格不断降低。

二、坚持和完善社会主义基本经济制度

4. 2016 年上半年,攀枝花市非公有制经济增加值占攀枝花市经济总量(GDP)的比重为 49.5%,比去年同期提高 0.9 个百分点,非公有制经济比重逐年提高,已成为攀枝花市经济的重要组成部分。对此,下列认识正确的是________。(单项选择)

① 非公有制经济在我国国民经济中具有主体地位

② 非公有制经济在一定程度上促进了经济社会发展

③ 非公有制经济在我国国民经济中具有合法地位

④ 非公有制经济已成为攀枝花市国民经济的主体

A. ①④ B. ①② C. ①③ D. ②③

【参考答案】D

5. 我国现阶段实行按劳分配为主体、多种分配方式并存的分配制度。实行这种分配制度的根本原因是________。(单项选择)

A. 我国实行公有制为主体、多种所有制经济共同发展的基本经济制度

B. 我国构建和谐社会的客观要求

C. 我国现阶段生产力发展的水平和特点

D. 社会主义条件下人们劳动的性质和特点

【参考答案】C

6. 我国经济体制改革必须坚持和完善我国的基本经济制度。这是因为我国的基本经济制度是________。(单项选择)

①由我国现阶段生产力状况决定的

②社会主义市场经济体制的根基

③社会主义经济的唯一组成部分

④必须与我国现阶段分配制度相适应的

A. ①②　　B. ②④　　C. ①③　　D. ③④

【参考答案】A

7. 我国的基本经济制度是什么？（简答）

【参考答案】

党的十九届四中全会将公有制为主体、多种所有制经济共同发展，按劳分配为主体、多种分配方式并存，社会主义市场经济体制等看作社会主义基本经济制度，是对社会主义基本经济制度内涵的新概括和新发展。

三、以新发展理念引领经济高质量发展

8.《中共中央关于制定国民经济和社会发展第十四个五年规划和二〇三五年远景目标的建议》明确指出，要加快构建________新发展格局。（单项选择）

A. 国内大循环为主体、国内国际双循环相互促进

B. 国际国内双循环为主体、国内大循环为辅助

C. 国际大循环为主体，国内国际双循环相互促进

D. 省际大循环为主体、省内国内双循环相互促进

【参考答案】A

9. 贯彻新发展理念，建设现代化经济体系，必须坚持质量第一、效益优先，以________为主线。（单项选择）

A. 转变发展方式

B. 优化经济结构

C. 供给侧结构性改革

D. 转换增长动力

【参考答案】C

10. 建设现代化经济体系的主要任务包括哪几个方面？（简答）

【参考答案】

一是要大力发展实体经济，筑牢现代化经济体系的坚实基础。

二是要加快实施创新驱动发展战略，强化现代化经济体系的战略支撑。

三是要积极推动城乡区域协调发展，优化现代化经济体系的空间布局。

四是要着力发展开放型经济，提高现代化经济体系的国际竞争力。

五是要深化经济体制改革，完善现代化经济体系的制度保障。

四、对外开放的社会主义经济

11. 2019 年 2 月 25 日，中国安踏体育用品有限公司以 46 亿欧元收购芬兰体育品牌巨头亚玛芬体育公司获得全部官方批准。从经济全球化角度看，企业跨国并购主要体现了________。（单项选择）

A. 生产全球化　　B. 贸易全球化

C. 资本全球化　　D. 供应全球化

【参考答案】C

12. 在我国,实行对外开放、发展对外经济关系必须始终坚持的根本基点是________。(单项选择)

A. 独立自主、自力更生的原则

B. 平等互利原则

C. 非歧视原则

D. 贸易平衡原则

【参考答案】A

13. 目前,我国已经成为全球最大贸易国。但长期以来,我国产品参与国际竞争主要依赖数量和价格优势,缺乏核心竞争力。为此必须________。(单项选择)

① 实施更加积极主动的开放战略,全面提高开放型经济水平

② 加快推动开放朝着优化结构、拓展深度、提高效益方向转变

③ 加快形成以技术、品牌、质量、服务等为核心的出口竞争新优势

④ 充分利用劳动力资源丰富的优势,大力发展劳动密集型产品

A. ①②③　　B. ①②④　　C. ①③④　　D. ②③④

【参考答案】A

14. 党的十九大报告指出,推动形成全面开放新格局。要以________建设为重点,坚持引进来和走出去并重,遵循共商共建共享原则,加强创新能力开放合作,形成陆海内外联动、东西双向互济的开放格局。(单项选择)

A. "金砖机制"　　B. 自贸区

C. "一带一路"　　D. 区域合作

【参考答案】C

15. 谈谈你对全面开放基本内涵的理解。(简答)

【参考答案】

(1)坚持主动开放,把开放作为发展的内在要求,更加积极主动地扩大对外开放。

(2)坚持双向开放,把"引进来"与"走出去"更好结合起来,拓展经济发展空间。

(3)坚持全面开放,推动形成陆海内外联动、东西双向互济的开放格局。

(4)坚持公平开放,构建公平竞争的内外资发展环境。

(5)坚持共赢开放,推动经济全球化朝着普惠共赢方向发展。

(6)坚持包容开放,探索求同存异、包容共生的国际发展合作新途径。

第四单元　思想道德修养与法律常识

第二十章　树立正确的人生观、价值观

古往今来，为什么有的人身处逆境能够百折不挠，有的人在顺境当中却空虚叹息？为什么有的人能够助人为乐，有的人却私字当头？有着不同的人生观、价值观，必然有着不同的人生和选择。

第一节　人生和人生观

青年时期是形成正确人生观的关键时期，是人生的"拔节孕穗期"。思考和规划自己的人生之路，首先要学会科学看待人生的根本问题，认识个人与社会的辩证关系，掌握人生观的基本理论。

一、人生观的主要内容

人生是人的生命活动的社会旅程。人的生命历程不同于其他动物的生命过程，人生不仅仅是一个自然过程，还包含着极为丰富的社会内容。人不仅活着，还要生产、交往、创造，在极为丰富的社会生活中观察、思索、判别和选择，形成一定的人生价值目标，以一定的人生观指导自己的行为，赋予人生这样或那样的意义。人生观决定着人生道路的方向，也决定着人们行为选择的价值取向和用什么样的方式对待实际生活。人生观的主要内容包括人生目的、人生态度和人生价值。

人生目的是指生活在一定历史条件下的人在人生实践中关于自身行为的根本指向和人生追求。人生目的是对"人为什么活着"这一人生根本问题的认识和回答，在人生实践中具有重要的作用。人生目的是人生观的核心，它决定人生道路、人生态度和人生价值选择。

人生态度是指人们通过生活实践形成的对人生问题的一种稳定的心理倾向和精神状态。它既影响人们对人生矛盾和问题的认识与把握，又影响人生的精神状态和走向。人生态度是人生观的重要内容。一个人有什么样的人生观就会有什么样的人生态度。

人生价值是指人的生命及其实践活动对于社会和个人所具有的作用和意义。选择什么样的人生目的，走什么样的人生道路，如何处理生命历程中个人与社会、现实与理想、付出与收获、生与死等一系列人生中的重大问题，人们总是有所取舍、有所好恶，对于赞成什么、反对什么，认同什么、抵制什么，总会有一定的标准。这些都与人们对人生价值的看法密切相关。

二、人生观在人生实践中的重要作用

人生观是人生的航标，指引人生的航向。它对于每个人的人生实践发挥重大作用，具体体

现在以下几个方面：

第一，人生观是人们选择生活内容的内在根据。常言说，内化于心，外化于行。一个人立志做什么样的人，成就什么样的事业，生活中追求什么，有什么样的生活情趣和个人爱好，所有这些，从它们形成的内在根据上来说，都是由一个人的人生观决定的。因此，我们也就不难理解，生活在同一社会环境中的人，甚至于生活在同一个家庭的成员，由于每个人的人生价值取向不同，每个人的具体生活状态也会差别很大。享乐主义者，把享乐作为人生的全部意义所在。具有共产主义人生观的人，则会把有限的生命，投入到无限的为人民服务事业当中。

第二，人生观是人们选择人生道路的基本原则。对于每个人来说，人生道路是实现人生目标的基本途径。如果人生观不同，即使人们在某种生活方面有相同之处，但是具体的人生之路也会有所不同。比如，见利思义者也会有对金钱的一定需求，但他会把对金钱的追求保持在合理的限度内。而拜金主义者为了最大限度地获得金钱，可以为达目的，不择手段，突破道德的底线和法律的红线。

第三，人生观是人生的巨大精神力量。人们一旦确立了一种人生观，就会为实现在这种人生观支配下产生的各种人生目标而积极付出，甚至于可以不惜一切代价。例如，惟利是图者，为了获得最大化的利益，可以铤而走险。相反，以实现人类正义事业为崇高目标的人，可以为实现这一目标赴汤蹈火，不惜抛头颅、洒热血，甚至牺牲生命也无怨无悔。比如，夏明翰的那首就义诗，“砍头不要紧，只要主义真，杀了夏明翰，还有后来人”，就是形象生动的证明。

三、新时代革命军人要树立正确的人生观

不言而喻，人生观对于人的一生产生重大深刻的影响。因此，树立什么样的人生观，对于人们来说，是个极其重要的问题。如果是错误的人生观，往往会导致政治上的变质、经济上的贪婪、道德上的堕落、生活上的腐化。相反，正确的人生观，则能使人成为一个有益于社会，有益于人民，最终也有益于自身存在的人。因此，树立正确的人生观，对于新时代革命军人来说，具有特别重要的意义。

第一，树立正确的人生观，能够激发我们的奉献精神。一个人确立了服务人民、奉献社会的人生追求，才能清楚地把握人的生命历程和奋斗目标，深刻理解人为了什么而活、应走什么样的人生之路等道理。军人是一种特别具有牺牲奉献精神的特殊职业。他们为了国家的安危、民族的存亡、人民的安宁，不惜任何代价，冲锋陷阵，赴汤蹈火，甚至于不惜自己的生命，这些都是以树立正确的人生观为基础的。

第二，树立正确的人生观，能够激发我们立足本职建功立业的精神动力。军队是一个大学校、大熔炉，是新时代革命军人实现人生理想的地方。在正确的人生观的引领下，广大官兵就能清醒地体会到尽责于自己的岗位职责，不仅是一种牺牲奉献，更是成长自己、成就人生梦想、建立人生功业的最佳方式。

第三，树立正确的人生观，能够指引我们辨明正确人生方向，避免误入人生歧途。常言说得好，差之毫厘，谬之千里。正如人生观的方向错了，越有能力，所谓人生步伐走得越快，越会把人引向堕落甚至毁灭的深渊。这就是常说的，一失足成千古恨，再回头已成百年身。有些人生观方面的错误，甚至连人生回头的机会都没有。当前，新兴媒体对官兵的影响无处不在、无时不有，网络上滋长蔓延的拜金主义、享乐主义、极端个人主义的价值观念和生活方式，对于官兵思想的渗透腐蚀，更是不容忽视。在这种文化环境下，新时代革命军人只有树立正确的人生观，才

能守得住清贫、耐得住寂寞、抵得住诱惑、经得起考验,从而无悔于自己的军旅人生。

第二节　人生价值和人生价值观

有人说,人生如白驹过隙;也有人说,人生弹指一挥间。确实,人生是有限而短暂的,但每个人的人生价值却大相径庭,有的稳如泰山,有的却轻如鸿毛。到底什么是人生价值？应该树立什么样的人生价值观？这是每一位新时代革命军人必须直面的重大人生问题。

一、人生价值

人是一种特殊的价值存在。人生价值内在地包括两方面的内容:一是人生的自我价值;二是人生的社会价值。

人生的自我价值,就是指个体的人生活动对自己的生存和发展所具有的价值,主要表现为对自身的物质和精神需要的满足程度。人们常说,“一个人通过拼搏实现他个人的价值”。说的就是,通过自己的辛苦付出,满足了自己的需要,实现了自己的人生所求。比如,一个人为了在体育比赛中获得好的成绩,平时刻苦训练,最后在体育比赛中如愿以偿,获得冠军,这就是实现了个人的自我价值。从一般意义来说,一个人通过自己的辛苦付出,所能达到的自我满足、自我完善的程度越高,他实现的自我价值也就越大,从中获得的自我价值感也就越充分。相反,如果一个人不喜欢努力付出,整个消极懈怠,无所事事,什么事情也不想做,百无聊赖。渐渐地,很多方面与别人的差距越来越大,长此以往下去,必然会对自己的人生失去信心,觉得人生无意义,甚至会产生无自我价值可言的哀叹。

人生的社会价值,是指个体的人生活动对他人、社会所具有的价值,主要表现在个体对他人、社会所做的贡献。一般来说,一个人为社会、他人所做的贡献越大,传播的正能量越多,他的人生社会价值也就越大,他的人生自我价值感也就越充实。当然,一个人社会价值的大小,也绝不是可以量化的。由于每个人的能力不同,所处的社会环境不同,从事的职业不同,所以在社会中发挥的具体作用也不一样。

对于每个人来说,自我价值和社会价值是人生价值的两个方面。它们如同一枚钱币的两面,既有所区别,更密切相关,不可分割。一方面,人生自我价值的实现是个体为社会创造更大价值的前提。个人如果在很多方面能力不足、素质欠缺,既没有实现个人价值的基础,也没有实现社会价值的前提。从一般意义上说,人们为实现自己合理的自我价值而努力奋斗的过程,其实也是为社会、为他人作出贡献的过程。在此情况下,人们实现的自我价值越大,给予社会的正能量也越大,他的社会价值也越大。另一方面,人生的社会价值也是实现人生的自我价值的基础。俗话说,大河有水小河满,大河无水小河干。人是社会的人,即使是个人价值的实现,也离不开社会各种因素的作用。一个人在实践活动中,越重视他的社会价值的实现,他的个人价值也就越大。相反,如果把人生的个人价值和社会价值对立起来,私字当头,只顾个人价值的实现,无视自己的行为给社会带来什么影响,甚至以损人利己、损公肥私的方式实现所谓的个人价值,最终个人价值也会成为泡影。人们常说的众怒难犯、专欲难成,也就是这个道理。

二、人生价值的评价

坚持能力有大小与贡献须尽力相统一。每个人的职业不同、能力大小不同,对社会贡献的

绝对量也不同,不能简单地认为能力大的人就实现了人生价值,能力小的人就没有实现人生价值。考察一个人的人生价值,要把个人对社会的贡献同他的能力以及与能力相对应的职责联系起来。任何人只要在自己的岗位上尽职尽责,兢兢业业,就应该对他的人生价值给予积极肯定的评价。

坚持物质贡献与精神贡献相统一。在现实生活中,人们容易把个人对社会的贡献局限于物质贡献,而忽视其精神贡献。其实,社会的发展与进步是物质文明和精神文明的共同发展与进步。一个人的社会价值,既要看物质的方面,也要看精神的方面。既要看有形的贡献,更要看无形的贡献。既要看当前的影响,还要看长远的影响。比如雷锋,他全心全意为人民服务的行为,都是平凡生活琐事,看似平凡,但其精神却是伟大的,雷锋精神成为中国文化历史长河中一座永恒的精神丰碑。

坚持完善自身与贡献社会相统一。人生的社会价值是实现人生自我价值的基础,评价人生价值的大小应主要看一个人对社会所作的贡献,但这并不意味着要否认人生的自我价值。人的自我完善和全面发展、人生自我价值的实现,是社会发展的根本目标;而人生自我价值的实现,又有助于个体为社会创造更大价值。

人是一种价值性的存在。人生的意义,需要从人生价值的角度进行审视和评价。作为新时代革命军人,只有找到自己对生活意义的正确答案,才会自觉地朝着选定的目标努力,以全部的情感、意志、信念去创造无愧于时代的军旅人生价值。

三、人生价值观

价值观,是人们对于事物现象有何意义作用的判断。它包括什么是价值、价值的内容是什么、价值判断的标准是什么等一系列相关问题。如果把价值观用来衡量评价人生问题,那么,就会形成关于人应当追求什么,应当摒弃什么,什么是真善美,什么是假恶丑。对待自己、他人及社会等问题的基本观点和为人处世的基本原则等,都是人生价值观关注的内容。

古今中外,任何一个人都会有意识或无意识地形成一定的人生价值观。人生价值观,是人生历程的方向盘。无论是人们的衣食住行活动,还是各种社会活动,无不受其人生价值观的影响和支配。另一方面,人生价值观也是对人生实践活动的反映。所以,生活环境不同、接受的文化教育不同、所处的历史时代不同、经济条件不同、社会角色不同,都会对人生价值观的形成产生很大影响。在阶级社会中,所处的阶级地位不同,人生价值观会打上深深的阶级烙印,因而有着鲜明的阶级性。比如,资产阶级人生价值观的基本特征,就是把个人价值放在高于一切的位置,把对金钱的追求作为人生的目的,以利为上,把个人自由、自我享乐看得十分重要。社会、他人等也就往往沦为他们实现个人价值追求的手段和工具。所以,自由主义、享乐主义、拜金主义、极端个人主义等也就成为资产阶级人生价值观的主要表现形式。

与之相反,马克思主义认为,人在其本质上是社会关系的总和。人的个人价值虽然也很重要,但人的社会价值才是人生价值的根本方面。所以,衡量一个人价值的大小,主要看他为社会的贡献大小。人的自我价值是从属于社会价值的。所以,对于人们来说,只有在努力实现社会价值的过程中才能实现个人的自我价值,而决不能像资产阶级的人生价值观那样本末倒置,那样的人生价值观是扭曲的人生价值观,也是我们应该坚决抵制和反对的。

四、社会主义核心价值观

核心价值观是一个国家的重要稳定器。一个民族、一个国家，如果没有共同的核心价值观，就会行无依归。一个国家、一个民族的核心价值观必须同自身的文化历史相联系，与自身正在进行的奋斗相结合，与自身需要解决的问题相适应。党的十八大提出倡导富强、民主、文明、和谐，倡导自由、平等、公正、法治，倡导爱国、敬业、诚信、友善，积极培育和践行社会主义核心价值观。社会主义核心价值观把涉及国家、社会、公民的价值要求融为一体，体现了社会主义本质要求，继承了中华优秀传统文化，吸收了世界文明有益成果，体现了时代精神，是对我们要建设什么样的国家、建设什么样的社会、培育什么样的公民等重大问题的深刻解答。

富强、民主、文明、和谐。这一价值追求，回答了我们要建设什么样的国家的重大问题，揭示了当代中国在经济发展、政治文明、文化繁荣、社会进步等方面的价值目标，从国家层面标注了社会主义核心价值观的时代刻度。

自由、平等、公正、法治。这一价值追求，反映了人们对美好社会的期望和憧憬，是衡量现代社会是否充满活力又和谐有序的重要标志。这一价值追求回答了我们要建设什么样的社会的重大问题，与实现国家治理体系和治理能力现代化的要求相契合，揭示了社会主义社会发展的价值取向。

爱国、敬业、诚信、友善。这一价值追求，回答了我们要培育什么样的公民的重大问题，涵盖了社会公德、职业道德、家庭美德、个人品德等各个方面，是每一个公民都应当遵守的道德规范。爱国才能担当时代赋予的使命，敬业才能创造更大的人生价值，诚信才能赢得良好的发展环境，友善才能形成和谐的人际关系。

新时代革命军人要做社会主义核心价值观的积极践行者。从现在做起，从自己做起，努力成为社会主义核心价值观的坚定信仰者、积极传播者、模范践行者。此外，新时代革命军人还要践行当代革命军人核心价值观。当代革命军人核心价值观的基本内容是“忠诚于党，热爱人民，报效国家，献身使命，崇高荣誉”。这 5 个方面，是相互联系的有机整体，必须全面准确地理解和把握，并内化于心，外化于行，成为新时代革命军人的精气神。

五、做“四有”新时代革命军人

一代军人有一代军人的风采，一代军人有一代军人的样子。新时代革命军人的样子，就是有灵魂、有本事、有血性、有品德。有灵魂，就是要信念坚定、听党指挥；有本事，就是要素质过硬、能打胜仗；有血性，就是要英勇顽强、不怕牺牲；有品德，就是要情趣高尚、品行端正。其中，有灵魂是统领，有本事是核心，有血性是关键，有品德是基础。这“四有”紧密联系、内在统一，构成一个有机整体，勾勒出新时代革命军人的清晰画像。

培养“四有”新时代革命军人，实现了强军目标与育人目标的对接，为科学规划军旅人生指明了奋斗方向。“四有”立起了官兵立身、立志、立德的基本准则，明确了做什么样的人才最有意义、做什么样的军人才最有价值，标定了革命军人价值追求的时代坐标。“四有”指明了革命军人强军报国的实现途径，把官兵成长进步与军队建设发展紧密联系起来，实现了中国梦、强军梦与个人梦的统一，为当代官兵建功立业、成就梦想明确了行动指南。

成为“四有”新时代革命军人，是对全军官兵的政治要求，也是每名官兵义不容辞的责任。要深化认知、增进认同，深入学习领会习主席关于培养“四有”新时代革命军人的重要论述，充分认清重大意义和战略考量，准确把握内涵要义和标准要求，不断强化争当“四有”新时代革命军人的政治自觉和责任担当。要见诸于行、躬身实践，把“四有”新时代革命军人的要求化为行为准则、职业操守、生活习惯，融入日常工作生活，落细、落小、落实，脚踏实地、苦干实干，一步一个脚印地成长成才。

【复习思考题】

1. 人生观包括哪些主要内容？
2. 新时代革命军人为什么要树立正确的人生观？
3. 社会主义核心价值观的主要内容是什么？
4. 人生价值的评价标准是什么？

第二十一章　理想信念是人生的精神支柱

理想信念，是人们对未来人生目标的向往。对于新时代革命军人来说，理想是青春的火焰，信念是生命的动力。远大的理想如太阳，有源源不断的阳光撒满大地。崇高的信念如灯塔，能照亮更远的航行。

第一节　理想信念的内涵及重要性

理想信念是人类特有的精神现象，它是人们思想世界的核心。志存高远的人，再遥远的地方也能达到，再坚固的东西也能突破。理想指引人生方向，信念决定事业成败。

一、什么是理想

理想是人们在实践中形成的、有实现可能性的、对未来社会和自身发展目标的向往与追求，是人们的世界观、人生观和价值观在奋斗目标上的集中体现。理想是多方面和多类型的，根据不同的标准，可分为个人理想和社会理想，近期理想和远期理想，生活理想、职业理想、道德理想和政治理想等。

理想具有超越性。理想因其远大而为理想。理想在现实中产生，但它不是对现状的简单描绘，而是对与奋斗目标相联系的未来的描绘，是人们对未来美好生活的憧憬和期待。离开理想的指引，人们会失去前进的方向；离开现实的努力，理想同样不能实现。科学的理想是人的主观能动性与社会发展客观趋势的一致性的反映，是在正确把握社会历史发展客观规律的基础上形成的合乎社会发展要求、合乎人民利益的理想。

理想具有实践性。理想是处在特定历史条件下的人们对社会实践活动理性认识的结晶。离开了实践，任何理想的产生都是不可思议的。理想的实现，同样也离不开实践。人们只有在改造客观世界和主观世界的过程中才能以实践为桥梁，化理想为现实。理想在实践中产生，在实践中发展，而且也只有在实践中才能得以实现。

理想具有时代性。理想同任何一种社会意识形式一样，都是一定时代的产物，都带着特定历史时代的烙印。不同时代的生产力发展水平不同，社会历史条件和政治经济关系不同，人们对社会现实状况、社会实践活动及其发展规律认识的深度和广度不同，形成的理想也就会有所不同。理想的时代性，不仅体现为它受时代条件的制约，而且体现为它随着时代的发展而发展。随着社会的发展进步，以及对社会发展规律和人的发展规律认识的逐步深化，人们也会不断地调整、丰富和发展自己的理想。

二、什么是信念

信念同理想一样，也是人类特有的精神现象。信念是人们在一定的认识基础上确立的对某种思想或事物坚信不疑并身体力行的精神状态。信念是认知、情感和意志的有机统一体，为人

们矢志不渝、百折不挠地追求理想目标提供了强大的精神动力。

信念具有执着性。信念因其执着而为信念。信念一旦形成,就不会轻易改变。当一个人抱有坚定的信念时,他就会全身心投入到为实现目标而努力奋斗的事业中去,精神上高度集中,态度上充满热情,行为上坚定不移。坚定的信念使得人们具有强大的精神定力,不为利益所动,不为诱惑所扰,不为困难所惧。

信念具有多样性。一方面,不同的人由于社会环境、思想观念、利益需要、人生经历和性格特征等方面的差异,会形成不同的信念;另一方面,同一个人也会形成不同类型和层次的信念,并由此构成其信念体系。在信念体系中,高层次的信念决定低层次的信念,低层次的信念服从高层次的信念。信仰是最高层次的信念,具有最大的统摄力。信仰有盲目和科学之分。盲目的信仰就是对虚幻的世界、不切实际的观念、荒谬的理论等的迷信和狂热崇拜,科学的信仰则来自人们对自然界和人类社会发展规律的正确认识。

理想和信念总是相互依存。理想是信念所指的对象,信念则是理想实现的保障。离开理想这个人们确信和追求的目标,信念无从产生;离开信念这种对奋斗目标的执着向往和追求,理想寸步难行。在此意义上,理想和信念难以分割地紧密联系在一起。也正因如此,人们常将理想与信念合称为理想信念。

三、理想信念是精神之"钙"

理想信念是人精神上的"钙"。理想信念坚定,骨头就硬,没有理想信念,理想信念不坚定,精神上就会"缺钙",就会得"软骨病"。

理想信念昭示奋斗目标。人生是一个在实践中奋斗的过程。要使生命富有意义,就必须在科学的理想信念指引下,沿着正确的人生道路前进。理想信念是人的思想和行为的定向器,一旦确立就可以使人方向明确、精神振奋。即使前进的道路曲折、人生的境遇复杂,也能使人看到未来的希望和曙光,永不迷失前进的方向。有什么样的理想信念,就意味着以什么样的期望和方式去改造自然和社会,塑造和成就自身。

理想信念提供前进动力。心中有信仰,脚下有力量。一代又一代共产党人为了追求民族独立和人民解放,不惜流血牺牲,靠的就是一种信仰,为的就是一个理想。一个人树立了崇高坚定的理想信念,就会以惊人的毅力和不懈的努力成就事业。与此相反,一个人如果没有崇高坚定的理想信念,就有可能浑浑噩噩、庸庸碌碌、虚度一生,甚至腐化堕落、走上邪路。人生目标的确立、生活态度的形成、知识才能的丰富、发展方向的设定、工作岗位的选择,以及如何择友、如何面对挫折、如何克服困难等问题的解决,都需要一个总的原则和目标,都离不开理想信念的指引和激励。

理想信念提高精神境界。理想信念是衡量一个人精神境界高下的重要标尺。理想信念作为人的精神世界的核心,一方面能使人的精神生活的各个方面统一起来,使人的精神世界成为一个健康有序的系统,避免精神空虚和迷茫;另一方面又能引导人们不断地追求更高的人生目标,并在追求和实现理想目标的过程中提升精神境界、塑造高尚人格。

第二节　架起通往理想彼岸的桥梁

理想信念不仅是一个思想认识问题,更是一个实践问题。如果说,现实是当下,理想是未来。只有个人的人生奋斗实践才是把二者联系起来的桥梁。理想不等于现实,理想的实现往往以经历充满艰难险阻的曲折之路。只有脚踏实地、辛苦付出,才是实现理想的正途。

一、把握个人理想与社会理想的辩证关系

个人理想是指处于一定历史条件和社会关系中的个体对于自己的未来物质生活、精神生活所产生的各种向往和设想。社会理想是指社会集体乃至社会全体成员的共同理想,即在全社会占主导地位的共同奋斗目标。今天我们的社会理想,就是中国特色社会主义共同理想。

1. 个人理想和社会理想,既有区别,又密不可分

没有个人理想构成的社会理想,是虚无缥缈的海市蜃楼,是没有根基的空中楼阁。没有社会理想的个人理想,是杂乱无序的一盘散沙。社会理想以个人理想为基础,个人理想以社会理想为价值指向。个人理想不只有个体的意义,而且具有社会的意义。这是因为,个人总是存在于一定社会之中。新时代革命军人在确立自己的个人理想时,不能脱离当代中国的社会现实。

2. 个人理想和社会理想互相依存、互为条件

个人理想是社会理想的必要基础和前提。社会历史的第一个前提是有生命的个人的存在,个人只有获得自我需要的必要的满足,才能生存、发展,成为价值的创造者,才能为他人和社会做贡献。个人理想不能脱离社会理想而存在。个人是在社会中并通过社会才能实现个人理想。个人理想的价值也要通过人的社会价值来实现和表现,人要通过对社会的贡献去显示自己的人生意义。从根本上说,人与社会的基本关系决定了人只有在社会中,并且只有通过社会才能实现自己的个人理想和社会理想。为他人服务,为社会奉献,为人类造福,不仅与人的自我完善、自我实现不相冲突,而且还是人自我完善、自我实现的根本途径。

3. 社会理想规范引领个人理想

人是社会的人,追求个人理想的实践活动都是在社会中进行的。因此,个人理想不能依个人愿望随意确定,它以正确的社会理想为价值坐标。个人理想的实现,必须以社会理想的实现为前提和基础。所以,个人理想只有同国家的前途、民族的命运相结合,个人的向往和追求只有同社会的需要和人民的利益相一致,才可能变为现实。“得其大者可以兼其小”,只有把人生理想融入国家和民族的事业中,才能最终成就一番事业。新时代革命军人要把个人的命运与国家、人民和军队的命运紧密联系在一起,把个人理想融入社会理想之中,在为实现社会理想而奋斗的过程中实现个人理想,这是新时代革命军人成长成才的必由之路。

二、认清实现理想的长期性、曲折性和艰巨性

理想变为现实是一个过程。一般来说,一个理想目标越小越低,实现它需要的时间和努力就越少;而理想越是远大,实现它则需要更长的时间、更多的付出。即使是那些比较容易实现的理想,也不是唾手可得、轻而易举实现的。

理想的实现具有长期性。任何一种理想的实现都不是简单小事。在现实生活中,人们对于理想的美好有充分的想象,而对理想实现的艰难则估计不足。希望顺利地实现理想,渴望尽快实现理想,这是人之常情。但是如果不切实际地把实现理想设想得过分容易,对前进道路上的困难缺乏思想准备,那不仅会对人的追求产生不利的影响,而且容易使人产生挫折感。所以,实现理想,要理性地认识到理想实现的长期性。

理想的实现具有曲折性。通向理想境界的道路没有笔直的,总是九曲十八弯。正由于曲曲

折折，所以追求理想的道路才更加漫长。有时候，有一条道路似乎很直接，离目标最近，但走到最后却发现理想的实现还是可望不可及。有时候，人们走上一条迂回弯曲的道路，似乎越走离目标越远，但实际上却真正能到达终点。人世间的任何一条道路没有笔直的，实现理想的过程也无不如此。人们在探索实现理想的过程中，犯一些错误、走一些弯路是难以避免的。这就使得追求理想实现的路如同盘山公路，在不断转弯过程中不断地接近目标。

理想的实现具有艰巨性。实现任何伟大的理想，没有平坦的大道可走。一切贪图安逸、不愿继续艰苦奋斗的想法都是要不得的，一切骄傲自满、不愿继续开拓前进的想法都是要不得的。“宝剑锋从磨砺出，梅花香自古寒来”。新时代革命军人要不怕困难、攻坚克难，从自身做起，从点滴做起，用勤劳的双手、一流的业绩成就属于自己的人生精彩。

三、立足岗位成才是军人实现理想的可靠方式

人民军队历来被人们公认为是一所培养人、造就人的大学校。回顾人民军队的光荣历史，我们不难理解，人民军队之所以能够培养造就一批批人才，是因为它有这样一些独特优势。一是思想政治优势。扎实的思想政治工作，造就了革命军人良好的思想政治素质、培养了高尚的道德人格，是革命军人奋发向上的强大精神动力和坚实思想支撑。二是管理优势。严明的纪律、严格的管理，能够培养和锻炼军人遵纪守法、令行禁止的良好作风。三是实践优势。严格的军事训练，急难险重的任务，战场上血与火的考验，使艰难困苦的实践磨炼与军旅人生相伴随。这些宝贵的精神财富是一般社会上的人难以获得的。但这些素质的磨砺和提高，又是任何一个事业有成者不可缺少的。四是文化环境优势。战友们来自天南海北、五湖四海，这就使军营大家庭成了丰富文化的汇集地，在相互学习借鉴中，培养了军人的见多识广，这也是社会上的一般人没有机会获得的。

事业有成，是每个人的合理愿望。尤其是对于青年官兵来说，渴望成才的愿望更加迫切。但是，作为一名新时代革命军人，要必须清醒地认识到，立足岗位，才是军旅人生事业有成的唯一正途。

1. 热爱本职工作，才是事业有成的强大动力

从一般意义上说，人的潜力是无限的，而潜力的发挥需要靠热情把它激发出来。热情源于对于本职工作的热爱。只要我们热爱本职工作，下决心钻研下去，必然能够事业有成，成为某个方面的行家里手。

2. 立足本职岗位，才有事业有成的保证

军队里的每一个岗位，都是军事实践活动中不可或缺的。因此，都有其不可代替的重要性。无论从事哪个工作，扎扎实实地干下去，刻苦耐劳，坚持不懈，必然成为某个岗位的技术能手，成就令人欢欣鼓舞的人生价值。

3. 献身本职工作，才能厚实事业有成的素质基础

实践出真知。丰富的岗位实践，能够积累厚实的专业技术知识，能够培养成就过人的能力素质。比如，坚定的意志，充满热情的干劲，吃苦耐劳的精神，丰富的人生智慧，锲而不舍的执着精神，高标准严要求、雷厉风行的执行力，等等。有了这些过硬的能力素质，无论现在，还是未来，从事什么工作，都能闯出自己的一片天地来。

【复习思考题】

1. 理想信念的作用是什么？
2. 如何把握个人理想与社会理想的辩证关系？
3. 怎样理解实现理想的长期性、曲折性和艰巨性？
4. 为什么说岗位成才是军人实现理想的可靠方式？

第二十二章　对党绝对忠诚

忠诚是人们孜孜以求的崇高品质，是世界上所有国家对军队的共同要求。革命军人讲忠诚，指向更鲜明，标准更严格，是对古今中外忠诚品格的继承和超越，是我军特有政治优势的集中体现。

第一节　忠诚是古今中外军队的共同品格要求

军队是国家政权的重要组成部分，是维护统治阶级利益的暴力工具。军队的这种特殊性，决定了古今中外各个国家和政治集团都十分看重军人的忠诚品质。对军人来说，忠诚于谁，听谁的话，跟谁走，是从军入伍必须首先要弄清楚的问题。

回首中国历史，一代代将士血染沙场，以身殉国，谱写了一曲曲气贯长虹的忠诚赞歌。在精忠报国传统的滋养下，铸就了很多军人忠贯日月的道德丰碑。西方国家也十分看重军人的忠诚品质。古罗马统帅凯撒要求军人“随着他的意志走”。法军要求军人“忠于法兰西，做不屈的高卢雄鸡”。美军对军人的第一条要求是忠于国家、宪法、军队和自己所属部队。

当然，任何思想观念与行为方式，都是一定历史时代的产物。中国古代军队忠诚的是皇权或个人，西方国家军队忠诚的只是剥削阶级，这决定了其忠诚的历史和阶级局限性。只有无产阶级领导的革命军队，才克服了以往军人忠诚的局限性，把全心全意为人民服务奉行为根本宗旨，使军人的忠诚发生了质的转变，实现了忠诚观的升华，达到了历史上一切旧军人无法企及的崇高境界。

第二节　对党绝对忠诚是革命军人最根本的政治品格

一个人的脊梁，不是骨头而是精神；一支军队的脊梁，不是武器而是灵魂。我军是执行党的政治任务的武装集团，对党绝对忠诚，是由我军的鲜明党性决定的，在革命军人所有政治品格中居于首要地位。

对党绝对忠诚是革命军人打牢政治底色的根本要求。人民军队的政治底色是由我们党的政治本色决定的。中国共产党是中国工人阶级的先锋队，同时是中国人民和中华民族的先锋队。我军从诞生那一天起，就从党这个先进的“母体”中传承了先进的红色基因。党的先进性赋予人民军队的先进性，把我们这样一支以农民为主要成分的军队改造成为无产阶级性质的新型人民军队，确立了我军全心全意为人民服务的根本宗旨，使我军始终沿着党指引的方向前进，成为革命的依托、民族的希望，成为巩固党的长期执政地位，保证社会主义红色江山永不变色的中流砥柱。作为人民军队的一分子，必须深刻认识党的先进性，增进对党的政治主张和奋斗纲领的高度认同，坚定在党的绝对领导下为人民牺牲奋斗的政治自觉和行动自觉。

对党绝对忠诚是革命军人履行职责使命的可靠保证。军队因使命而存在，军人因履行使命而荣光。建军90多年来,人民军队一路披荆斩棘,浴血奋战,在为中国人民谋幸福、为中华民族谋复兴而奋斗的征程中建立了伟大的历史功勋。在风雨如磐的漫长革命道路上,我军将士讲得最多的一句话是:“只要跟党走,一定能胜利!”忠诚,造就了人民军队对党的赤胆忠心,造就了人民军队和人民的鱼水情意,造就了人民军队为党和人民冲锋陷阵的坚定意志。新的长征路上,我们还有许多“雪山”“草地”需要跨越,还有许多新的“娄山关”“腊子口”需要征服,使命更艰巨、任务更繁重。只有绝对忠诚于党,才能把党的政治优势和组织优势转化为制胜优势,获得战胜一切艰难险阻的强大力量。

对党绝对忠诚是革命军人全面发展进步的首要条件。马克思主义认为,“人们自己创造自己的历史,但是他们并不是随心所欲地创造,并不是在他们自己选定的条件下创造,而是在直接碰到的、既定的、从过去承继下来的条件下创造。”革命军人成长发展,也离不开特定条件,其中最重要的是党的领导。党的理论是确立崇高理想信念的指路明灯,真学笃信践行党的创新理论,才能筑牢信仰之基、补足精神之钙、把稳思想之舵,在大是大非面前立场坚定,在风浪考验面前站稳脚跟,在各种诱惑面前保持定力。党的光荣传统和优良作风是个人成长进步的丰富滋养。传承红色基因,才能保持思想道德纯洁,在纷繁复杂的社会生活中分清是非、辨别良莠,坚守革命军人的道德情操。党的事业是个人奋斗创造的广阔舞台,把个人前途命运和国家、民族的前途命运紧密联系在一起,才能在党的领导下充分施展个人才华,为党和人民建功立业。

第三节　对党绝对忠诚要害在“绝对”两个字

对党绝对忠诚有着深刻丰富的内涵。现实生活中有人说,只要不反党反社会主义,就不能说对党忠诚有问题。这样的认识是很肤浅的,是在理解把握“绝对”的内涵要义上出了偏差。我们讲的“绝对忠诚”,就是唯一的、彻底的、无条件的、不掺任何杂质的、没有任何水分的忠诚。“绝对”二字,表达的是恪守根本建军原则的鲜明态度,传递的是坚持党的领导的坚强决心,明确的是革命军人政治操守的最高标准。

“绝对”诠释了忠诚的唯一性。人民军队只能接受中国共产党的领导,而不能接受其他任何政治力量的领导和指挥。与此相对应,革命军人的忠诚对象是唯一的、排他的,必须对党忠贞不二、矢志不渝,决不能心猿意马、三心二意。

“绝对”诠释了忠诚的彻底性。对党忠诚的彻底性,强调的是革命军人忠诚的纯度和程度。按照“绝对”的标准看,全心全意是忠诚,半心半意不是忠诚;言行一致是忠诚,说一套做一套不是忠诚;始终如一、无怨无悔是忠诚,顺境时忠诚、逆境时不忠诚也不是真正的忠诚。一句话,就是要把自己完完全全交给党,甘于为党的事业牺牲一切,泰山压顶不弯腰,虽九死而不悔。

“绝对”诠释了忠诚的无条件性。对党无条件的忠诚,强调的是革命军人对党忠诚没有任何预设前提和附加条件,就是做到党叫干什么就坚决干,党不允许干什么就坚决不干,绝不讲价钱、打折扣、搞变通。

第四节　忠诚核心、拥戴核心、维护核心

我们党是高度集中统一的马克思主义政党,思想上的统一、政治上的团结、行动上的一致是党的事业不断发展壮大的根本所在。经常喊看齐、形成铁的团结,是我党我军发展强大的规律

和经验。革命军人讲政治、讲对党忠诚,最紧要的是自觉向党看齐、维护核心。

党的十八大以来,习近平总书记带领全党全军全国各族人民取得举世瞩目的成就,成为全党拥护、人民爱戴、当之无愧的党的核心、军队统帅、人民领袖。新时代革命军人讲对党绝对忠诚,就必须坚定维护习近平总书记在党中央和全党的核心地位。革命军人要做到思想上坚定追随,自觉用习近平新时代中国特色社会主义思想武装头脑、加强修养、指导工作,全面贯彻习近平强军思想,牢固立起强国强军的根本指导;政治上绝对忠诚,进一步强化政治意识、大局意识、核心意识、看齐意识,始终同以习近平同志为核心的党中央同心同德同向;情感上真挚热爱,以情感认同坚定政治认同,保持对习主席的高度信赖;行动上紧紧跟上,始终同党中央和中央军委保持高度一致,坚决维护党中央、中央军委权威,坚决听从党中央、中央军委和习主席指挥。

【复习思考题】

1. 为什么说对党绝对忠诚是革命军人最根本的政治品格?
2. 如何理解对党绝对忠诚要害在“绝对”两个字?

第二十三章　弘扬爱国主义精神

爱国主义是中华民族的民族心、民族魂，是中华民族最重要的精神财富，是中国人民和中华民族维护民族独立和民族尊严的强大精神动力。爱国主义精神深深植根于中华民族心中，维系着中华大地上各个民族的团结统一，激励着一代又一代中华儿女为祖国发展繁荣而自强不息、不懈奋斗。在新时代，实现中华民族伟大复兴的中国梦和建设世界一流军队的强军梦，必须弘扬爱国主义精神。

第一节　爱国主义的基本内容

古往今来，世界上没有一个国家、民族，不倡导热爱自己的国家和民族。爱国主义更是深深扎根于中华民族丰厚的历史文化土壤之中，是中华民族之魂。爱国主义是人们在历史上形成的热爱、忠诚和报效自己祖国的一种感情、思想和行动。它反映了个人对祖国的依存关系，是人们对自己故土家园、民族和文化的归顺感、认同感、尊严感和荣誉感的统一。

爱祖国的大好河山。祖国的河山在人们的心中占据着至高无上的地位。祖国的山山水水滋养哺育着她的子子孙孙。祖国的大好河山，不只是自然风光，还是主权、财富、民族发展和进步的基本载体。因此，领土完整涉及国家的重大核心利益，每一个爱国者都会把“保我国土”“爱我家乡”，维护祖国领土的完整和统一，作为自己的神圣使命和义不容辞的责任。

爱自己的骨肉同胞。对骨肉同胞的爱，反映的是对整个民族利益共同体的自觉认同。中华民族的利益是我国各族人民的共同利益、长远利益和最高利益，这种利益高于各个民族内部的、局部的、暂时的利益。爱自己的同胞就是爱人民群众。对人民群众感情的深浅程度，是检验一个人对祖国忠诚程度的试金石。爱自己的骨肉同胞，最主要的是培养对人民群众的深厚感情，坚持以人民为中心的立场，始终紧紧地同人民群众站在一起。

爱祖国的灿烂文化。文化是一个国家、一个民族的灵魂。文化传统常常被称为国家和民族的胎记，是一个国家民族得以延续的精神基因，是培养民族心理、民族个性、民族精神的摇篮，是民族凝聚力的重要基础。在现实生活中，人们或许会背井离乡，或许会彼此隔绝，但对祖国灿烂文化和历史传统的认同总会把彼此的心连在一起。爱祖国的灿烂文化，就是要认真学习和真正了解祖国的历史，传承发展中华优秀传统文化，用蕴含其中的精髓精华滋养当代中国人的精神世界。

爱自己的国家。“家是最小国，国是千万家。”“没有国哪有家，没有家哪有我。”这些看似平常的话语，却道出了国家和个体之间相互依存、密不可分的关系，也道出了最深刻的爱国理由。祖国的大好河山，自己的骨肉同胞，民族的灿烂文化，都是同我们的国家联系在一起的，我们每个人的发展也都时刻同国家的发展进步紧密关联。失去国家的庇佑和保护，人们将失去成长和发展最基本的屏障和最坚实的依托。因此，爱自己的国家，拥护国家的基本制度，遵守国家的宪法法律，维护国家安全和统一，捍卫国家的利益，为国家繁荣发展贡献自己的力量，是爱国主义的基本要求。

第二节　爱国主义的时代价值

在中华民族几千年绵延发展的历史长河中，爱国主义始终是高昂的主旋律，始终是激励中华儿女自强不息的强大力量。在新时代的历史起点上，在实现中华民族伟大复兴中国梦的征程上，爱国主义必将迸发出更加灿烂的时代光芒。

1. 爱国主义是中华民族继往开来的精神支柱

在人类社会发展的历史长河中，中华民族表现出强大的生命力。鼓舞中华民族艰苦奋斗、生生不息的坚实精神支撑，就是千百年来深深融入民族意识之中的爱国主义传统。在新时代，致力于中华民族的伟大复兴，必须在爱国主义的旗帜下，建立最广泛的爱国统一战线，集中整个民族的智慧和力量来谋求国家的发展和民族的振兴。我们要用共同的理想信念凝聚民族意志，用中国精神激发中国力量，动员全体中华儿女共同努力，不懈奋斗，实现中华民族的伟大复兴。

2. 爱国主义是维护祖国统一和民族团结的纽带

在中华民族发展史上，爱国主义对于维护祖国和民族团结发挥了重大作用。历史证明，千百年来的历史经验已经铭刻在中华儿女的深深历史记忆之中。团结统一、天下一家，始终代表了中国社会历史的发展方向，代表着一代代中国人的共同心愿。维护国家主权和领土完整，是国家的核心利益，在反对分裂、维护国家统一这个重大原则问题上，中国人民的立场是坚定的，意志是坚决的。骨肉分离，是让亲者痛、仇者快的事情，只有骨肉团聚，祖国统一，才是各族人民包括台湾同胞的深刻期盼。

3. 爱国主义是实现中华民族伟大复兴的动力

当今世界，各国之间综合国力的竞争日趋激烈。在激烈的国际竞争中，中华民族立于不败之地的一个重要原因，就是全国各族人民始终高举爱国主义旗帜，最大限度地团结全国各族人民、港澳台同胞以及广大海外侨胞，激发出爱我中华、建我中华、强我中华的强大爱国热情。“人心齐，泰山移”，中华儿女万众一心，奋发图强，艰苦奋斗，就一定能够战胜前进路上的艰难险阻，多少代人期盼梦想的中华民族伟大复兴的目标就一定能实现。

4. 爱国主义是实现人生价值的力量源泉

伟大的人生目标往往产生于对祖国深厚的爱，一个人对祖国爱得越深，历史责任感就越强烈，人生目标就越明确，人生信念就越坚定。新时代革命军人肩负着强军兴军的历史重任，与其他职业群体相比，有着更高标准的爱国主义要求。必须以保家卫国作为至高无上的神圣使命和责任。作为爱国主义最高形态的革命军人的爱国主义，无疑是革命军人建功立业的强大精神动力和坚实思想支撑。因此，新时代革命军人，一定要把爱国之情、强国之志、报国之行统一起来，把自己的梦想融入到实现中国梦强军梦的牺牲奉献之中。

2019 年，中共中央、国务院印发了《新时代爱国主义教育实施纲要》。新时代加强爱国主义教育，对于振奋民族精神、凝聚全民族力量，决胜全面建成小康社会，夺取新时代中国特色社会主义伟大胜利，实现中华民族伟大复兴的中国梦，具有重大而深远的意义。要将新时代爱国主义的基因一代一代的传承下去，引导大家热爱祖国，将个人和民族命运紧密联系在一起，自觉维护国家统一和民族团结，自觉为实现中华民族伟大复兴而努力奋斗。

第三节　坚决捍卫国家安全

习主席指出:“我们党要巩固执政地位,要团结和带领人民坚持和发展中国特色社会主义,保证国家安全是头等大事。”对于新时代革命军人来说,爱国主义不仅表现于对自己祖国的深厚感情和理性认识,更表现为身体力行、报效国家的实际行动。新时代革命军人要把国家的安全、荣誉和利益放在高于一切的地位,始终做到爱国的深厚情感、理性认识和实际行动相一致,与祖国同呼吸、共命运,坚决捍卫国家安全,坚定维护祖国统一和社会稳定。

1. 确立总体国家安全观

国家安全是指国家政权、主权、统一和领土完整、人民福祉、经济社会可持续发展和国家其他重大利益相对处于没有危险和不受内外威胁的状态,以及保障持续安全状态的能力。当前,我国国家安全内涵和外延比历史上任何时候都要丰富,时空领域比历史上任何时候都要宽广,内外因素比历史上任何时候都要复杂,必须坚持总体国家安全观,坚持国家利益至上,以人民安全为宗旨,以政治安全为根本,以经济安全为基础,以军事、文化、社会安全为保障,以促进国际安全为依托,走出一条中国特色国家安全道路。确立总体国家安全观,必须既重视外部安全,又重视内部安全;既重视国土安全,又重视国民安全;既重视传统安全,又重视非传统安全;既重视发展问题,又重视安全问题。要坚持走和平发展道路,既重视自身安全,又重视共同安全,打造人类命运共同体,推动世界朝着互利互惠、共同安全的目标相向而行。

2. 增强忧患意识

当今世界面临前所未有之大变局,和平与发展依然是时代主题,但世界正处于新旧格局转换、新旧秩序更迭、新旧体系更替的关键期,新情况新问题很明显,经济全球化进程出现波折,国际战略格局深度调整,全球治理体系变革加速推进,发展道路和发展模式竞争更加激烈。我国正处于由大向强发展的关键阶段,我国发展壮大成为推动国际格局和国际体系深刻调整最重要的动因,我们越是发展壮大,遇到的阻力和压力就会越大,面临的外部风险就会越多,狼烟四起、危机四伏的感觉就会越强烈。国际军事竞争格局正在发生历史性变化,各主要国家纷纷加快军事变革,抢占军事战略制高点,争夺国际军事竞争新优势,这给我军提供了难得历史机遇,同时也提出了严峻挑战。综合分析,新时代我国安全需求的综合性、全域性、外向性特征更加突出,面临的风险是多方面的。我们必须准确把握国家安全形势变化新特点新趋势,高度警惕国家被侵略、被颠覆、被分裂的危险,高度警惕改革发展稳定大局被破坏的危险,高度警惕中国特色社会主义发展进程被打断的危险。

3. 有效履行新时代使命任务

人民军队的使命任务历来与党的历史任务紧密相连,同国家安全和发展利益紧密相关。面对形势任务的深刻变化,面对强国复兴的时代召唤,习主席要求我军必须服从服务于党的历史使命,把握新时代国家安全战略需求,为实现中华民族伟大复兴提供战略支撑。人民军队必须担当起党和人民赋予的新时代使命任务,为巩固中国共产党领导和我国社会主义制度提供战略支撑,为捍卫国家主权、统一、领土完整提供战略支撑,为拓展我国海外利益提供战略支撑,为促进世界和平与发展提供战略支撑。广大官兵要强化使命担当,刻苦学习、刻苦训练,提高能打胜仗的素质本领,切实承担起新时代革命军人的历史责任。

【复习思考题】

1. 爱国主义有哪些基本内容?
2. 如何理解爱国主义的时代价值?

第二十四章　法律常识

第一节　法的基本理论

一、什么是法律

1. 法律的概念

在我们日常工作和生活中，经常接触到一些规则，如俱乐部规则、教室使用规则、仓库管理规则等，这些规则虽然同法律有某些相同点，即规定人们可以做什么，不可以做什么，但规则不等同于法律。法律，是指国家按照统治阶级的意志制定或认可，并由国家强制力保证实施的行为规范的总和。

首先，法律是统治阶级意志的体现。不同阶级都有自己的阶级意志，但不是各阶级的意志都能表现为法律。只有在经济上占统治地位，掌握着国家政权，从而在政治上也占统治地位的阶级，才能把本阶级的意志通过国家机关制定成为法律，并强制全体社会成员遵守和服从。法律所表现的统治阶级意志，是指集中反映统治阶级的根本愿望和共同要求，代表统治阶级的整体利益，而不是统治阶级中少数人的意志，更不是个别人的意志。法律是统治阶级意志的表现，但并不是统治阶级的意志都表现为法律。因为统治阶级意志的表现有各种各样的形式，如哲学、道德、文学、艺术、宗教等，法律与它们的区别在于以国家意志的形式表现出来，即以法律、规章、条例等形式表现出来。也就是说，只有把统治阶级的意志上升为国家意志，才能成为法律。

其次，法律是国家制定或认可的行为规则。制定和认可，是国家创建法律的两种方式。制定法律，就是指国家根据统治阶级意志直接创立法律，如我国全国人民代表大会通过的《中华人民共和国宪法》就属于这种方式。认可法律，是指国家根据实际情况和客观需要，把风俗习惯等某些既存社会规范确认为法律。不论是国家制定的，还是国家认可的，所有法律，对于全体社会成员来说，都是必须严格遵守的。

再次，法律是由国家强制力来保证执行的行为规则。法律既然是统治阶级意志的体现，它代表着统治阶级的利益，那么它的实施就常常遇到被统治阶级的反抗和破坏，因此需要有国家的强制机关，即军队、警察、监狱、法庭等作为后盾，迫使被统治阶级服从。使用国家强制力作后盾是统治阶级意志上升为国家意志的要求，它不仅要求被统治阶级遵守法律，而且约束统治阶级内部成员遵守法律。

最后，法律是规定人们权利和义务的行为规则。它规定着人们在社会生活中如何行动，即什么可以做、什么不可以做，什么是允许做的、什么是不允许做的，以及违反法律应承担的法律责任。它一方面调整着统治阶级和被统治阶级的关系；另一方面也调整着统治阶级内部的关系，以取得全体社会成员共同遵守的效力，维护有利于统治阶级的社会关系和社会秩序。

总之，法律是统治阶级意志的体现，并以国家强制力保证其执行。法律与统治阶级的政治有着密切的联系,它直接反映统治阶级的政治要求,并为统治阶级的政治服务。因此,法律具有强烈的阶级性和鲜明的政治性。超阶级的、脱离政治的法律是不存在的。

2. 法律与道德的关系

法律是成文的道德,道德是内心的法律。法律和道德都具有规范社会行为、调节社会关系、维护社会秩序的作用,在国家治理中都有其地位和功能。但是,法律和道德又有着重要的区别。一是产生的条件不同。在阶级社会,只有统治阶级的法律,没有被统治阶级的法律;道德却不是这样,统治阶级和被统治阶级各有自己的道德,有不同的是非观念和善恶标准。二是存在的形式不同。法律以严格、明确的行为规范为存在形式;道德却是笼统、抽象的行为规范,存在于人们的意识和社会舆论之中。因而,法律的遵守和执行,是靠国家强制力来保证的;道德的遵循,则是靠社会舆论的力量来维持的。三是发展的前途不同。法律是阶级社会的现象,随着国家的消亡而消亡;道德则随着社会的发展而发展。

对国家治理来说,法治和德治相互补充、相互促进、相得益彰,二者是辩证统一的关系。法律凝结着社会的基本价值取向和道德规范,遵守法律就是遵守最低限度的道德。从这个意义上说,任何法律都有一定的道德属性。道德则是将外在的法律规范转化为内在的自我约束,促使人们主动认识自己的责任与义务、自愿选择有道德的行为。一个人的道德觉悟提升了,就会自觉尊法学法守法用法;全社会的道德水准提升了,法治建设才会有坚实的基础。此外,法律和道德还可以相互转化。法律和道德都植根于一定的历史文化环境与社会环境,文化的演进、社会的发展推动法律和道德的发展。考察人类历史会发现,法律和道德之间呈现一种流动的边界:一些道德规范“流动”到法律规范之中,这是道德转化为法律;一些法律规范“流动”到道德规范之中,这是法律转化为道德。这说明法律和道德之间没有一成不变的分界线,其双向“流动”的目的是与当时的经济社会发展需要相适应。

二、我国的社会主义法律

1. 我国社会主义法律的本质特征

我国社会主义法律,是在中国共产党领导的新民主主义革命时期孕育,在中华人民共和国成立后不断形成和发展起来的。改革开放以来,我国法治建设进入了前所未有的快速发展时期,形成了以宪法为统帅的社会主义法律体系,国家和社会生活各方面实现了有法可依,这是一个巨大的历史成就。从本质上说,我国社会主义法律是中国特色社会主义制度的重要组成部分,是党领导人民当家作主的制度保障。

我国社会主义法律体现了党的主张和人民意志的统一。我国社会主义法律既具有鲜明的阶级性,又具有广泛的人民性,体现了阶级性与人民性的统一。我国是中国共产党领导下的社会主义国家,人民是国家的主人,制定法律的权力属于人民。中国共产党是中国工人阶级的先锋队,同时是中国人民和中华民族的先锋队,是中国特色社会主义事业的领导核心。社会主义法律维护人民的根本利益,巩固中国共产党的领导地位,体现了党的主张和人民意志的统一。党领导人民制定宪法法律,党领导人民实施宪法法律,党自身必须在宪法法律范围内活动,这就是党的领导力量的体现,也是我国社会主义法律最本质特征的具体表现。

我国社会主义法律具有科学性和先进性。在剥削阶级占统治地位的社会中,法律受少数人狭隘利益的局限,容易与客观规律和历史发展趋势相背离。我国社会主义法律反映的不是少数人的特殊利益,而是全体人民的共同利益,尽管其具体内容会随着经济社会的发展而调整变化,但它与历史发展的基本方向和规律是一致的。因此,从本质上说,我国社会主义法律更能尊重和反映社会发展规律,具有科学性和先进性。我国法律坚持马克思主义世界观和方法论,并指导人们在法律实践中尊重和反映客观规律。我国法律适应时代发展要求,改革创新立法体制、立法程序、立法技术,使立法的质量和水平不断提高。

我国社会主义法律是中国特色社会主义建设的重要保障。法的社会作用是从法在社会生活中要实现的目的角度来认识的。我国法律的社会作用体现了社会主义的本质要求,经济发展、政治清明、文化昌盛、社会公正、生态良好,都离不开社会主义法律的引领、规范和保障。经济建设方面,我国法律维护和巩固社会主义经济制度,促进社会主义市场经济持续健康发展,保障现代化经济体系建设顺利推进。政治建设方面,我国法律维护和巩固社会主义政治制度,保障社会主义民主政治顺利推进,保证人民享有广泛的民主权利和自由,巩固人民民主专政。文化建设方面,我国法律巩固社会主义意识形态,维护社会主义核心价值观,弘扬社会主义道德,促进文化事业和文化产业的发展,推动社会主义文化繁荣兴盛。社会建设方面,我国法律确保让改革发展成果更多更公平惠及全体人民,促进社会公平正义,形成有效的社会治理、良好的社会秩序,使人民获得感、幸福感、安全感更加充实、更有保障、更可持续。生态文明建设方面,我国法律倡导尊重自然、顺应自然、保护自然的理念,引导形成节约资源和保护环境的空间格局、产业结构、生产方式、生活方式,推动绿色发展,促进人与自然和谐共生。

2. 中国特色社会主义法律体系

中国特色社会主义法律体系是以我国全部现行法律规范按照一定的标准和原则划分为不同的法律部门,并由这些法律部门所构成的具有内在联系的统一整体。

现在,我国以宪法为核心,以涵盖宪法及宪法相关法、民法商法、行政法、经济法、社会法、刑法、诉讼与非诉讼程序法等 7 个法律部门的法律为主干,由法律、行政法规、地方性法规等 3 个层次法律规范构成的中国特色社会主义法律体系已经基本形成,国家经济、政治、文化、社会生活各个方面基本做到有法可依,有力地保障和推动了中国特色社会主义事业的发展。

中国特色社会主义法律体系是中国特色社会主义永葆本色的法制根基,是中国特色社会主义创新实践的法制体现,是中国特色社会主义兴旺发达的保障。完善以宪法为核心的中国特色社会主义法律体系,是全面依法治国的重要内容,是建设中国特色社会主义法治体系的前提和基础。

三、建设中国特色社会主义法治体系

法律体系主要着眼于静态的法律制度建设,更多强调的是制度体系,而法治体系更多强调的是动态、互动的有机整体。建设中国特色社会主义法治体系,就是在中国共产党领导下,坚持中国特色社会主义制度,贯彻中国特色社会主义法治理论,形成完备的法律规范体系、高效的法治实施体系、严密的法治监督体系、有力的法治保障体系,形成完善的党内法规体系。

1. 完备的法律规范体系

完备的法律规范体系,是中国特色社会主义法治体系的前提,是法治国家、法治政府、法治社会的制度基础。完备的法律规范体系,是以宪法为核心,由部门齐全、结构严谨、内部协调、体例科学、调整有效的法律及其配套法规所构成的法律规范系统。完善法律规范体系的基本要求包括:坚持立法先行,发挥立法在改革开放和经济社会发展中的引领和推动作用,加快完善法律、行政法规、地方性法规体系,为全面依法治国提供基本遵循;科学立法、民主立法、依法立法,

坚持上下有序、内外协调、科学规范、运行有效的原则，立改废释并举，实现从粗放立法向精细立法转变，提高立法质量和效率；实现立法和改革决策相衔接，做到重大改革于法有据、立法主动适应改革和经济社会发展需要。

2. 高效的法治实施体系

建设高效的法治实施体系，是建设中国特色社会主义法治体系的重点。高效的法治实施体系，是指执法、司法、守法等各个环节有效衔接、协调高效运转、持续共同发力，实现效果最大化的法治实施系统。完善法治实施体系的重点内容包括：健全宪法实施制度，把树立宪法权威作为全面推进依法治国的重大事项抓紧抓好；加快建设职能科学、权责法定、执法严明、公开公正、廉洁高效、守法诚信的法治政府，依法全面履行政府职能，完善行政组织和行政程序法律制度，健全依法决策机制，深化行政执法体制改革，坚持严格规范公正文明执法；深化司法体制综合配套改革，规范司法行为，提高司法公信力，努力让人民群众在每一个司法案件中感受到公平正义；着力培育公民和社会组织自觉守法的意识和责任感，充分调动全社会自觉守法的积极性主动性，营造全社会共同守法的良好氛围。

3. 严密的法治监督体系

严密的法治监督体系，是指以规范和约束公权力为重点建立的有效的法治化权力监督网络。它以有权必有责、用权受监督、违法必追究，坚决纠正有法不依、执法不严、违法不究行为等为主要任务，是宪法法律有效实施的重要保障，是加强对权力运行制约和监督的迫切要求。完善法治监督体系的重点内容包括：健全宪法实施和监督制度；强化对行政权力的制约和监督；加强对司法活动的监督；发挥党内监督、人大监督、民主监督、行政监督、司法监督、审计监督、社会监督、舆论监督的合力，推进法治监督工作规范化、程序化、制度化，形成对法治运行全过程全方位的监督；深化国家监察体制改革，依法建立党统一领导的反腐败工作机构，构建集中统一、权威高效的国家监察体系，实现对所有行使公权力的公职人员监察全覆盖。

4. 有力的法治保障体系

有力的法治保障体系，是全面依法治国的重要依托。有力的法治保障体系，是指在法律制定、实施和监督过程中形成的结构完整、机制健全、资源充分、富有成效的保障系统，包括政治和组织保障、人才和物质条件保障、法治意识和法治精神保障等。完善法治保障体系的重点内容包括：切实加强和改进党对全面依法治国的领导，提高依法执政能力和水平，为全面依法治国提供有力的政治和组织保障；加强高素质法治专门队伍和法律服务队伍建设，提高法治工作队伍和法律服务队伍思想政治素质，为全面依法治国提供坚实的人才和智力支撑；努力推动形成办事依法、遇事找法、解决问题用法、化解矛盾靠法的良好的守法社会氛围，为全面依法治国提供丰厚法治文化保障。

5. 完善的党内法规体系

建设完善的党内法规体系，是中国特色社会主义法治体系的本质要求和重要内容。完善的党内法规体系，是指科学、程序严密、配套完备、运行有效的党内制度及其运行、保障体系。完善党内法规体系的总目标是到建党 100 周年时形成比较完善的党内法规制度体系、高效的党内法规制度实施体系、有力的党内法规制度建设保障体系，党依据党内法规管党治党的能力和水平显著提高。完善党内法规体系的重点内容包括在党章之下分为党的组织法规制度、党的领导法规制度、党的自身建设法规制度、党的监督保障法规制度。

第二节　宪法

一、宪法是国家的根本大法

宪法是治国安邦的总章程，是党和人民意志的集中体现，是中国特色社会主义法律体系的核心，在全面依法治国中具有突出地位和重要作用。作为国家的根本大法，宪法与普通法律有所不同，主要表现在以下 3 个方面。

1. 内容不同

宪法规定国家最根本的最重大的问题。例如，宪法规定了国家性质、国家政治制度和经济制度、公民的基本权利和义务等，这些都是国家最根本的问题。而普通法律，只规定国家生活中某一方面的具体问题。例如，婚姻法只规定婚姻、家庭这一方面的问题，刑法只规定有关犯罪和刑罚问题。

2. 效力不同

宪法具有最高的法律效力。宪法是普通法律的立法基础，普通法律的制定要根据宪法，并且不得与宪法相抵触。例如，我国的刑法、刑事诉讼法、选举法等都是根据我国宪法中已经规定了的基本原则和基本精神制定出来的。宪法的最高法律效力，还表现在它是一切国家机关团体和公民必须遵守的基本行为准则。

3. 制定和修改程序不同

宪法的制定和修改与普通法律不同，规定有特别的程序。我国宪法规定，宪法的修改，由全国人民代表大会常务委员会或者五分之一以上全国人民代表大会代表提议，并由全国人民代表大会全体代表的三分之二以上多数通过。而普通法律的制定和修改，由全国人民代表大会以全体代表的过半数通过，或者由全国人民代表大会常务委员会通过即可。

二、我国宪法的基本内容

新中国成立以来，我国先后于 1954 年、1975 年、1978 年和 1982 年颁布了四部宪法。1988 年、1993 年、1999 年、2004 年和 2018 年，全国人大分别对 1982 年宪法个别条款和部分内容作出必要的也是十分重要的修正，使我国宪法在保持稳定性和权威性的基础上紧跟时代前进步伐，不断与时俱进。特别是通过 2018 年的宪法修改，党的十九大确定的重大理论观点和重大方针政策，党和国家事业发展的新成就、新经验、新要求，包括习近平新时代中国特色社会主义思想、把我国建设成为富强民主文明和谐美丽的社会主义现代化强国、实现中华民族伟大复兴、中国共产党领导是中国特色社会主义最本质的特征、倡导社会主义核心价值观、确立宪法宣誓制度、完善国家主席任期制度、深化国家监察体制改革等载入国家根本法。

我国宪法由“序言”“总纲”“公民的基本权利和义务”“国家机构”“国旗、国歌、国徽、首都”五部分构成。宪法确认了党领导人民长期奋斗取得的辉煌成果，规定了人民民主专政国家政权的性质和根本制度，明确了国家未来建设发展的根本任务和总的目标，是党的指导思想、中心工作、基本原则、重大方针、重要政策在国家法制上的最高体现。

1. 我国的国家制度

(1) 国体和根本政治制度。国体即国家性质，是国家的阶级本质。我国宪法第一条就规定:“中华人民共和国是工人阶级领导的、以工农联盟为基础的人民民主专政的社会主义国家。社会主义制度是中华人民共和国的根本制度。中国共产党领导是中国特色社会主义最本质的特征。禁止任何组织或者个人破坏社会主义制度。”这表明:人民民主专政是我国的国体。

为了保证人民当家作主,我国宪法规定了人民代表大会制度这项根本政治制度。人民代表大会制度是我国社会主义民主政治最鲜明的特点,是人民当家作主的重要途径和最高实现形式,是社会主义政治文明的重要制度载体,是我国的根本政治制度。人民代表大会制度是我国的政权组织形式。政权组织形式,又称政体,是指掌握国家权力的阶级实现国家权力的政权体制,是形成和表现国家意志的方式,或者说是表现国家权力的政治体制。国体决定政体,政体体现国体。依照我国宪法,人民行使国家权力的机关是全国人民代表大会和地方各级人民代表大会。国家机构实行民主集中制原则,通过民主选举组成全国人民代表大会和地方各级人民代表大会,并以人民代表大会为基础,建立全部国家机构,对人民负责,受人民监督,以实现人民当家作主的制度。国家行政机关、监察机关、审判机关、检察机关由人民代表大会产生,对它负责,受它监督,这与一些国家实行的立法机关、行政机关和司法机关平起平坐、三权分立有本质区别。

(2)基本政治制度。我国宪法确立的基本政治制度,主要有中国共产党领导的多党合作和政治协商制度、民族区域自治制度和基层群众自治制度。

中国共产党领导的多党合作和政治协商制度。共产党领导、多党派合作,共产党执政、多党派参政是中国共产党领导的政党制度的基本特色,也是我国政治制度的一大优势。我国宪法规定:“中国共产党领导的多党合作和政治协商制度将长期存在和发展。”这一制度符合中国国情,反映了中国共产党同各民主党派长期共存、互相监督、肝胆相照、荣辱与共的关系。中国人民政治协商会议是中国共产党领导的多党合作和政治协商的重要机构,是我国政治生活中发扬社会主义民主的重要形式。

民族区域自治制度。民族区域自治制度是中国共产党和各族人民的一个伟大创造。我国宪法规定:“中华人民共和国是全国各族人民共同缔造的统一的多民族国家。”民族区域自治制度体现了国家的集中统一和民族区域自治的正确结合,体现了全国各民族人民的共同利益和少数民族特殊利益的正确结合。它可以保证少数民族当家作主,更好地管理本民族的内部事务;它可以促进少数民族地区尽快地发展,促进全国各民族的共同繁荣昌盛;它可以促进民族团结,保证国家的统一,有利于加强边疆建设和巩固国防。

基层群众自治制度。基层群众自治制度是城乡基层群众在党的领导下,依法直接行使民主权利,管理基层公共事务和公益事业,实行自我管理、自我服务、自我教育、自我监督的一项基本政治制度。基层群众自治是基层民主的主要实现形式,是人民当家作主最有效、最广泛的途径。我国宪法规定,城市和农村按居民居住地区设立的居民委员会或者村民委员会是基层群众性自治组织。城市居民委员会组织法和村民委员会组织法,为发展城乡基层民主,加强基层政权建设,保障城乡居民享有更多更切实的民主权利提供了法律依据。

(3)基本经济制度。基本经济制度是指一国通过宪法和法律调整以生产资料所有制为核心的各种基本经济关系的规则、原则和政策的总和。我国宪法规定:“中华人民共和国的社会主义经济制度的基础是生产资料的社会主义公有制,即全民所有制和劳动群众集体所有制。社会主义公有制消灭人剥削人的制度,实行各尽所能、按劳分配的原则。”同时还规定:“国家在社会主义初级阶段,坚持公有制为主体、多种所有制经济共同发展的基本经济制度,坚持按劳分配为主体、多种分配方式并存的分配制度。”

社会主义公有制是我国经济制度的基础。全民所有制和劳动群众集体所有制是我国社会主义公有制的两种基本形式。全民所有制经济即国有经济，是国民经济中的主导力量，控制着国家的经济命脉，决定着国民经济的社会主义性质。我国宪法规定，国家保障国有经济的巩固和发展。国家保护城乡集体经济组织的合法的权利和利益，鼓励、指导和帮助集体经济的发展。个体、私营等各种形式的非公有制经济是社会主义市场经济的重要组成部分，对充分调动社会各方面的积极性、加快生产力发展具有重要作用。国家保护个体经济、私营经济等非公有制经济的合法权利和利益。国家鼓励、支持和引导非公有制经济的发展，并对非公有制经济依法实行监督和管理。坚持平等保护物权，形成各种所有制经济平等竞争、相互促进的新格局。

2. 我国公民的基本权利和义务

公民的基本权利，是指公民在国家政治、经济、文化和社会生活各方面享有的不可缺少的主要权利。我国宪法关于公民基本权利的规定如下：

(1)公民享有平等权。即公民在法律面前一律平等。任何公民在享有宪法和法律规定的权利，履行宪法和法律规定的义务的时候，都是平等的，都不得有超越宪法和法律之上的特权。

(2)公民享有广泛的政治权利和自由。政治权利是指公民依法享有管理国家和参与国家政治生活的权利。年满18周岁的公民，除依法被剥夺政治权利的之外，都有选举权和被选举权；有言论、出版、集会、结社、游行、示威的自由；有批评、建议、申诉、控告、检举和依法取得赔偿的权利。

(3)公民有宗教信仰自由。宪法规定："中华人民共和国公民有宗教信仰自由。"任何国家机关、社会团体和个人不得强制公民信仰宗教或者不信仰宗教，不得歧视信仰宗教的公民和不信仰宗教的公民。

(4)公民有人身自由权利。宪法规定："中华人民共和国公民的人身自由不受侵犯。"公民的人身自由，是一个国家公民应该享有的最起码的、最基本的权利，是公民享有其他一切权利的先决条件。宪法规定：公民的人格尊严不受侵犯，禁止用任何方法对公民进行侮辱、诽谤和诬告陷害；公民的住宅不受侵犯，不得非法搜查或者非法侵入公民的住宅。公民的通信自由和通信秘密受法律的保护。

(5)公民有广泛的社会经济权利。公民有劳动的权利和义务。劳动者有休息的权利。公民在年老、疾病或者丧失劳动能力的情况下，有从国家和社会获得物质帮助的权利。国家保障残疾军人的生活，抚恤烈士的家属，优待军人家属。国家和社会帮助安排盲、聋、哑和其他有残疾的公民的劳动、生活和教育。公民的合法的私有财产不受侵犯。国家依照法律规定保护公民的私有财产权和继承权。

(6)公民有学习文化的权利和从事科学研究、文化艺术创作和其他文化活动的自由。

(7)妇女有同男子平等的权利。妇女在政治、经济、文化、社会和家庭生活的各方面享有同男子平等的权利。国家保护妇女的权利和利益，实行男女同工同酬，培养和选拔妇女干部。婚姻、家庭、母亲和儿童受国家的保护。禁止破坏婚姻自由，禁止虐待老人、妇女和儿童。

(8)华侨的正当权益受国家保护。华侨是侨居国外的公民。宪法规定："中华人民共和国保护华侨的正当的权利和利益，保护归侨和侨眷的合法的权利和利益。"

公民在行使自由和权利的时候，不得损害国家的、社会的、集体的利益和其他公民的合法的自由和权利。世界上从来不存在什么绝对的、不受任何限制的自由和权利。国家保护公民的合法的自由和权利，不允许任何组织或者个人侵犯，但也绝不允许任何人利用这种自由和权利进行危害国家安全的活动和其他破坏活动。

任何公民在享受宪法和法律规定的权利的同时，必须很好地履行义务。公民的基本义务，是指公民对国家应当履行的主要责任。宪法规定公民的基本义务有以下几项：

(1)公民有维护国家统一和全国各民族团结的义务。

(2)公民有遵守宪法和法律、保守国家秘密、爱护公共财产、遵守劳动纪律、遵守公共秩序、尊重社会公德的义务。

(3)公民有维护祖国安全、荣誉和利益的义务。

(4)公民有依照法律服兵役和参加民兵组织的光荣义务。抵抗侵略、保卫祖国，是中华人民共和国公民的神圣职责。

(5)公民有依照法律纳税的义务。

在我国，公民享有的权利与应当履行的义务是一致的。这种一致性主要表现在以下三点。一是任何公民都享有宪法和法律赋予的权利，同时必须履行宪法和法律规定的义务。没有无义务的权利，也没有无权利的义务。二是某些基本权利，既是权利又是义务。如劳动权、受教育权，其本身是权利，同时也是义务。三是权利和义务互相制约、互相促进。公民享有的权利越广泛、越有保障，就越能激发主人翁的责任感和劳动热情，从而更加自觉、忠实地履行义务；公民越能自觉、忠实地履行义务，就越能加快社会主义现代化建设，为保障自身权利的实现创造更丰富的物质条件。

我军是执行革命政治任务的武装集团。为了保证全军高度集中统一，维护国家安全稳定，军队对军人行使某些权利作了特殊的规定。比如：在结社方面，未经批准，军人不得参加社会团体。在宗教信仰方面，军人不得参加任何宗教组织和宗教活动；不允许任何宗教组织在部队发展成员，进行传教活动；不允许各种非法宗教书刊和其他宣传品在部队传播。在婚姻方面，军人不得与外国人结婚等。对这些规定，我军每个官兵都必须严格遵守。

3. 我国的国家机构

(1)全国人民代表大会。中华人民共和国全国人民代表大会是最高国家权力机关，每届任期五年。全国人民代表大会常务委员会是全国人民代表大会的常设机关。

(2)中华人民共和国主席。中华人民共和国主席、副主席由全国人民代表大会选举。有选举权和被选举权的年满四十五周岁的中华人民共和国公民可以被选为中华人民共和国主席、副主席。

(3)国务院。中华人民共和国国务院，即中央人民政府，是最高国家权力机关的执行机关，是最高国家行政机关。它领导和管理全国的经济、文化、教育、科学、国防建设、民政、公安、民族事务等工作，领导地方各级人民政府工作。

(4)中央军事委员会。中华人民共和国中央军事委员会领导全国武装力量。中央军事委员会实行主席负责制。中央军事委员会主席对全国人民代表大会和全国人民代表大会常务委员会负责。

(5)地方各级人民代表大会和地方各级人民政府。省、直辖市、市、县、市辖区、乡、民族乡、镇设立人民代表大会，是地方国家权力机关。在设立地方各级人民代表大会的地方，也设立地方各级人民政府。

(6)民族自治地方的自治机关。民族自治地方的自治机关是自治区、自治州、自治县的人民代表大会和人民政府。自治区、自治州、自治县的自治机关依法行使自治权；民族自治地方的人民代表大会有权依照当地民族的政治、经济和文化的特点，制定自治条例和单行条例。

(7)监察委员会。中华人民共和国设立国家监察委员会和地方各级监察委员会。中华人民共和国国家监察委员会是最高监察机关。国家监察委员会领导地方各级监察委员会的工作，上级监察委员会领导下级监察委员会的工作。国家监察委员会对全国人民代表大会和全国人民代表大会常务委员会负责。地方各级监察委员会对产生它的国家权力机关和上一级监察委员会负责。监察委员会依照法律规定独立行使监察权，不受行政机关、社会团体和个人的干涉。

(8)人民法院和人民检察院。中华人民共和国人民法院是国家的审判机关。我国设立最高人民法院、地方各级人民法院和军事法院等专门人民法院。最高人民法院监督地方各级人民法院和专门人民法院的审判工作，上级人民法院监督下级人民法院的审判工作。中华人民共和国人民检察院是国家的法律监督机关。我国设立最高人民检察院、地方各级人民检察院和军事检察院等专门人民检察院。最高人民检察院领导地方各级人民检察院和专门人民检察院的工作，上级人民检察院领导下级人民检察院的工作。

第三节　一般违法行为和行政制裁

一、一般违法行为及其表现

1. 什么是违法行为

违法行为，就是违反了国家法律以及其他法规的行为。根据违法行为的性质和情节以及对社会造成的危害程度，可分为一般违法行为和严重违法行为。严重违法行为，往往指触犯刑律，应受到刑法处罚的行为；一般违法行为，是指违法行为轻微，对社会的危害不大，还没有触犯刑律的行为。一般违法行为虽然没有严重违法（犯罪）行为那样对社会危害程度大，但它也给国家、社会和人民带来损失，如果不及时地给予惩戒、制止，还可能进一步发展成为犯罪。

2. 一般违法行为的表现

一般违法行为的表现有很多种，如违反《中华人民共和国治安管理处罚法》的行为，违反《中华人民共和国道路交通安全法》的行为，违反《中国人民解放军纪律条令》的行为等。其中，《中华人民共和国治安管理处罚法》规定了大量的一般违法行为，主要表现在以下 4 个方面：

(1)扰乱公共秩序的行为。主要有：扰乱机关、团体、企业、事业单位秩序，致使工作、生产、营业、医疗、教学、科研不能正常进行，尚未造成严重损失的；扰乱车站、港口、码头、机场、商场、公园、展览馆或者其他公共场所秩序的；扰乱公共汽车、电车、火车、船舶、航空器或者其他公共交通工具上的秩序的；非法拦截或者强登、扒乘机动车、船舶、航空器以及其他交通工具，影响交通工具正常行驶的；破坏依法进行的选举秩序的，等等。

(2)妨害社会安全的行为。主要有：违反国家规定，制造、买卖、储存、运输、邮寄、携带、使用、提供、处置爆炸性、毒害性、放射性、腐蚀性物质或者传染病病原体等危险物质的；非法携带枪支、弹药或者弩、匕首等国家规定的管制器具的；盗窃、损毁油气管道设施、电力电信设施、广播电视设施、水利防汛工程设施或者水文监测、测量、气象测报、环境监测、地质监测、地震监测等公共设施的；盗窃、损毁路面井盖、照明等公共设施的，等等。

(3)侵犯人身权利、财产权利的行为。主要有：非法限制他人人身自由、非法侵入他人住宅

或者非法搜查他人身体的;写恐吓信或者以其他方法威胁他人人身安全的;公然侮辱他人或者捏造事实诽谤他人的;偷窥、偷拍、窃听、散布他人隐私的;殴打他人的,或者故意伤害他人身体的;冒领、隐匿、毁弃、私自开拆或者非法检查他人邮件的;盗窃、诈骗、哄抢、抢夺、敲诈勒索或者故意损毁公私财物的,等等。

(4)妨害社会管理的行为。主要有:拒不执行人民政府在紧急状态情况下依法发布的决定、命令的;阻碍国家机关工作人员依法执行职务的;冒充国家机关工作人员或者以其他虚假身份招摇撞骗的;伪造、变造或者买卖国家机关、人民团体、企业、事业单位或者其他组织的公文、证件、证明文件、印章的;煽动、策划非法集会、游行、示威、不听劝阻的;违反关于社会生活噪声污染防治的法律规定,制造噪声干扰他人正常生活的;伪造、隐匿、毁灭证据或者提供虚假证言、谎报案情,影响行政执法机关依法办案的;协助组织或者运送他人偷越国(边)境的;刻画、涂污或者以其他方式故意损坏国家保护的文物、名胜古迹的;偷开他人机动车的;吸食、注射毒品的;卖淫、嫖娼的;以营利为目的,为赌博提供条件的,或者参与赌博赌资较大的,等等。

二、对一般违法行为的制裁

1. 一般违法行为应受行政制裁

一般违法行为要受行政制裁。行政制裁是根据国家的法律,或者是根据国家机关、企业、事业单位的规章制度以及军队的纪律,对犯有违法行为或是违反内部纪律,尚不够刑事处分的人员采取的一种强制措施,这种强制措施又分为行政处分和行政处罚。

行政处分也叫纪律处分,是指国家机关、企事业单位根据国家法律、规章制度,对犯有轻微违法行为或违反内部纪律行为的人员给予的一种制裁。只有拥有行政处分权的主管部门,才有权作出行政处分的决定。行政纪律处分分为警告、记过、记大过、降级、降职、撤职、留用察看、开除8种。

行政处罚是依据国家法律的规定,由特定的国家行政机关给予犯有轻微违法行为,尚不够刑事处分的人的一种制裁。可见,行政处罚必须根据有关法律的具体规定来执行,而且必须由特定的国家行政机关来行使这项权力,其他没有处罚权的机关和部门是不能行使的。这是行政处罚和行政处分不同的地方。行政处罚根据违法行为的不同类别,由不同的机关执行处罚。行政处罚有警告、没收、罚款、责令赔偿损失、行政拘留等。例如:乱砍林木,是违反森林管理法规的行为,由林业管理机关执行处罚;环境的污染和破坏,是违反环境保护法规的行为,由环境保护机关执行处罚;无证驾驶机动车辆,是违反交通规则的行为,由交通管理机关执行处罚;违反市场管理法规的行为,则由市场监督管理机关执行处罚。

2. 对军人违反纪律条令的处分

对军人违反纪律条令的处分分为警告、严重警告、记过、记大过、降职或降级(衔)、撤职直至开除军籍。处分决定可采取当面、队前、会议或书面形式宣布,以教育本人或部队。不论采取何种形式,对受处分者应该坚持说服教育,热情帮助,防止简单粗暴。不得歧视,不得侮辱人格,严禁打骂和变相体罚。

3. 对违反《中华人民共和国治安管理处罚法》的处罚

根据《中华人民共和国治安管理处罚法》的规定,对违反治安管理行为的处罚种类分为警告、罚款、行政拘留、吊销公安机关发放的许可证。对违反治安管理的外国人,可以附加适用限期出境或者驱逐出境。

已满14周岁不满18周岁的人违反治安管理的,从轻或者减轻处罚;不满14周岁的人违反治安管理的,不予处罚,但是应当责令其监护人严加管教。精神病人在不能辨认或者不能控制自己行为的时候违反治安管理的,不予处罚,但是应当责令其监护人严加看管和治疗。间歇性的精神病人在精神正常的时候违反治安管理的,应当给予处罚。盲人或者又聋又哑的人违反治安管理的,可以从轻、减轻或者不予处罚。醉酒的人违反治安管理的,应当给予处罚。

第四节　犯罪和刑罚

一、犯罪

1. 犯罪的概念

我国刑法第十三条对什么是犯罪作了明确的规定:一切危害国家主权、领土完整和安全,分裂国家、颠覆人民民主专政的政权和推翻社会主义制度,破坏社会秩序和经济秩序,侵犯国有财产或者劳动群众集体所有的财产,侵犯公民私人所有的财产,侵犯公民的人身权利、民主权利和其他权利,以及其他危害社会的行为,依照法律应当受刑罚处罚的,都是犯罪,但是情节显著轻微、危害不大的,不认为是犯罪。

明知自己的行为会发生危害社会的结果,并且希望或者放任这种结果发生,因而构成犯罪的,是故意犯罪。故意犯罪,应当负刑事责任。

应当预见自己的行为可能发生危害社会的结果,因为疏忽大意而没有预见,或者已经预见而轻信能够避免,以致发生这种结果的,是过失犯罪。过失犯罪,法律有规定的才负刑事责任。

行为在客观上虽然造成了损害结果,但不是出于故意或者过失,而是由于不能抗拒或者不能预见的原因所引起的,不是犯罪。

2. 犯罪的特征

犯罪有以下3个基本特征:

(1)一切犯罪都是对社会具有危害性的行为。行为的社会危害性,是犯罪最本质的特征。没有社会危害性的行为,不能认为是犯罪。判断一个人的行为是否构成犯罪,首先要看他是否做出了危害社会的行为,只有行为人已经做出了危害社会的行为,才能认为是犯罪;反之,如果只有犯罪意图和打算,而没有做出危害社会的实际行为,就不能认为是犯罪。

(2)一切犯罪都是触犯刑律的行为。刑律,就是规定有刑罚的法律。犯罪虽然是对社会具有危害性的行为,但并不是所有危害社会的行为都是犯罪。在危害社会的行为中,有的违反民法,有的违反行政法,有的违反经济法,而犯罪是指违反了刑法的行为,即通常所说的触犯刑律。例如:偷窃、诈骗、侵占少量公私财物的,是违反《中华人民共和国治安管理处罚法》的行为;盗窃、诈骗、抢劫公私财物数额较大的,就是违反刑法的行为。确定某种行为是否犯罪,必须以这种行为对社会的危害程度是否达到触犯刑法的规定为依据,这是区分犯罪和其他违法行为的一个重要标志。

(3)一切犯罪都是依法应受到刑罚处罚的行为。国家对危害社会的行为的管理,根据其性质和情节不同,采取不同的制裁方法。对于触犯刑法的犯罪行为是采取刑罚这种最严厉的制裁方法处理。因此,应受到刑罚处罚的行为,是犯罪的特有的法律特征。

上述3个特征必须同时具备,缺少任何一个都不构成犯罪。

3. 犯罪的种类

我国刑法分别规定有10类犯罪:危害国家安全罪;危害公共安全罪;破坏社会主义市场经济秩序罪;侵犯公民人身权利、民主权利罪;侵犯财产罪;妨害社会管理秩序罪;危害国防利益罪;贪污贿赂罪;渎职罪;军人违反职责罪。

刑法规定的每一类犯罪中又包括若干具体罪名,比如危害国家安全罪包括背叛国家罪、分裂国家罪、颠覆国家政权罪、叛逃罪、间谍罪等具体罪名,军人违反职责罪包括战时造谣惑众罪、战时自伤罪、逃离部队罪、武器装备肇事罪等具体罪名。刑法规定的10类犯罪行为一共包括460多个具体罪名。

二、刑罚

1. 刑罚的概念

刑罚是国家审判机关对罪犯实行惩罚的一种强制方法,它具有以下3个特点:

(1)刑罚是最严厉的国家强制方法。它可以判处没收罪犯的财产和剥夺政治权利以及其他权利;它也可以判处罪犯有期徒刑或无期徒刑从而剥夺他的短期、长期以至终身的自由;它甚至可以判处死刑立即执行而剥夺罪犯的生命。

(2)刑罚只能对犯罪分子适用。刑罚这种严厉的强制方法,不适用于无罪的人,更不允许株连无辜者;否则就是违法,要追究违法者的法律责任。

(3)刑罚只能由人民法院代表国家依法行使,其他任何机关、企事业单位或个人都没有这个权力。如果违背这个规定,就是侵犯公民人身权利、民主权利,破坏社会主义法制的行为。

2. 我国刑罚的目的和作用

我国刑罚的目的在于:打击敌人,惩罚和教育犯罪分子,制止和预防犯罪的发生,以保护国家和人民的利益,巩固人民民主专政,最终达到消灭犯罪。

从上述的目的可以看出,我国刑罚具有特殊预防和一般预防两个作用。特殊预防,就是对犯罪分子给以恰如其分的处罚,除判处死刑立即执行的罪犯外,要在劳动中进行教育改造,使他们不再犯罪,变为自食其力的新人。一般预防,就是通过对犯罪分子的惩罚,可以警戒社会上的不稳定分子,使他们悬崖勒马,消除犯罪念头,不以身试法,不走上犯罪的道路。同时,通过对犯罪分子的惩罚,可现身说法地教育人民自觉遵守国家法纪,维护社会秩序,提高人民当家作主的责任感,并且还会有力地动员群众,积极同犯罪分子作斗争。

3. 我国刑罚的种类

我国的刑罚根据刑法第三十二条至第三十五条的规定,分为主刑和附加刑两类。

主刑,就是只能独立适用的刑罚,不能附加适用。法院在判处案件时不能对一个罪犯同时判处两种主刑,一次判决只能判处一种主刑。我国的刑法规定的主刑有管制、拘役、有期徒刑、无期徒刑、死刑五种。

(1)管制。管制主要适用于罪行较轻的犯罪分子。对判处管制的犯罪分子,不进行关押,而是依法实行社区矫正。他们的行动必须遵照法律的许可,服从监督,并在劳动中享受同工同酬。管制的期限,为三个月以上两年以下。

(2)拘役。拘役是人民法院对罪犯判处短期剥夺自由的一种刑罚。它主要适用于情节较轻的犯罪分子,由公安机关就近执行。拘役的期限一般为一个月以上六个月以下。在执行期间,被判处拘役的犯罪分子每月可以回家一天至两天;参加劳动的,可以酌量发给报酬。

(3)有期徒刑。有期徒刑是人民法院判处剥夺罪犯在一定期限内的自由,并交由监狱或者其他执行场所执行的一种刑罚。凡有劳动能力的,都应当参加劳动,接受教育和改造。除数罪并罚或死缓变更外,有期徒刑的刑期一般为六个月以上十五年以下。

(4)无期徒刑。无期徒刑是人民法院判处剥夺罪犯终身自由的一种刑罚。它适用于那些罪行严重,但还不够判处死刑的犯罪分子。被判处无期徒刑的犯罪分子,在劳动改造中,确有悔改或立功表现,在执行了一定刑期之后,可以减为有期徒刑。

(5)死刑。死刑是人民法院判处剥夺罪犯生命的刑罚,是我国最严厉的一种刑罚。它只适用于罪行极其严重的犯罪分子。对于应当判处死刑的犯罪分子,如果不是必须立即执行的,可以判处死刑同时宣告缓期两年执行。

我国的刑罚,除了主刑以外,还有附加刑。附加刑又称从刑。它既可以附加于主刑,又可以独立适用。我国刑法规定的附加刑有罚金、剥夺政治权利、没收财产3种。

(1)罚金。这是由人民法院判处,强制罪犯向国家缴纳一定数额货币的刑罚。

(2)剥夺政治权利。这是由人民法院判处,剥夺罪犯参加国家管理和参加政治活动的权利。剥夺政治权利是剥夺下列权利:选举权和被选举权;言论、出版、集会、结社、游行、示威自由的权利;担任国家机关职务的权利;担任国有公司、企业、事业单位和人民团体领导职务的权利。对于危害国家安全的犯罪分子应当附加剥夺政治权利;对于故意杀人、强奸、放火、爆炸、投毒、抢劫等严重破坏社会秩序的犯罪分子,可以附加剥夺政治权利。

(3)没收财产。这是由人民法院判处,把罪犯个人所有财产的一部分或全部无偿地收为国有的刑罚。

在5种主刑和3种附加刑以外,我国还有一种驱逐出境的刑罚。这是由人民法院判处,把犯罪的外国人或无国籍人逐出我国国境的一种刑罚。这种刑罚可以单独适用或附加适用。

第五节　民事法律制度

一、民法的概念和调整对象

民法是调整平等主体的自然人、法人和非法人组织之间的人身关系和财产关系的法律规范的总称。民事主体的人身权利、财产权利以及其他合法权益受法律保护,任何组织或者个人不得侵犯。

从民法的概念可以看到其调整对象为平等主体的自然人、法人和非法人组织之间的人身关系和财产关系。财产关系是平等主体之间因财产所发生的具有经济内容的社会关系。人身关系是与人身不可分离、以人身利益为内容、不直接体现财产利益的社会关系。

民法是中国特色社会主义法律体系的重要组成部分,是民事领域的基础性、综合性法律,它规范各类民事主体的各种人身关系和财产关系,涉及社会和经济生活的方方面面。民法通过确立民事主体、民事权利、民事法律行为、民事责任等民事总则制度,确立物权、合同、人格权、婚姻家庭、继承、侵权责任等民事分则制度,来调整各类民事关系。民法与国家其他领域法律规范一起,支撑着国家制度和国家治理体系,是保证国家制度和国家治理体系正常有效运行的基础性法律规范。

二、民法的基本原则

民法的基本原则，是指贯穿于整个民事法律制度和民事规范始终的根本原则，是指导民事立法、司法、守法和进行民事活动的具有普遍指导意义的基本行为准则。我国民法的基本原则包括平等原则、自愿原则、公平原则、诚信原则、守法和公序良俗原则、绿色原则等。

平等原则。民事主体在民事活动中的法律地位一律平等，具体包括：民事主体资格一律平等；民事主体在法律关系中的地位平等；民事主体的合法权益平等地受法律保护。

自愿原则。民事主体从事民事活动，应当遵循自愿原则，按照自己的意愿设立、变更、终止民事法律关系。

公平原则。民事主体从事民事活动，应当遵循公平原则，合理确定各方的权利和义务。

诚信原则。民事主体从事民事活动，应当遵循诚信原则，秉持诚实，恪守承诺。

守法和公序良俗原则。民事主体从事民事活动，不得违反法律，不得违背公序良俗。

绿色原则。民事主体从事民事活动，应当有利于节约资源、保护生态环境。

三、《中华人民共和国民法典》及其主要内容

2020 年 5 月 28 日，十三届全国人大三次会议表决通过了《中华人民共和国民法典》，自 2021 年 1 月 1 日起施行。民法典被称为“社会生活的百科全书”，是新中国第一部以法典命名的法律，开创了我国法典编纂立法的先河，具有里程碑意义。民法典系统整合了新中国成立 70 多年来长期实践形成的民事法律规范，汲取了中华民族 5000 多年优秀法律文化，借鉴了人类法治文明建设有益成果，是一部体现我国社会主义性质、符合人民利益和愿望、顺应时代发展要求的民法典，是一部体现对生命健康、财产安全、交易便利、生活幸福、人格尊严等各方面权利平等保护的民法典，是一部具有鲜明中国特色、实践特色、时代特色的民法典。

民法典在中国特色社会主义法律体系中具有重要地位，是一部固根本、稳预期、利长远的基础性法律，对推进全面依法治国、加快建设社会主义法治国家，对发展社会主义市场经济、巩固社会主义基本经济制度，对坚持以人民为中心的发展思想、依法维护人民权益、推动我国人权事业发展，对推进国家治理体系和治理能力现代化，都具有重大意义。

《中华人民共和国民法典》共 7 编、1260 条，各编依次为总则、物权、合同、人格权、婚姻家庭、继承、侵权责任，以及附则。总则编，规定民事活动必须遵循的基本原则和一般性规则，统领民法典各分编；物权编，调整因物的归属和利用而产生的民事关系；合同编，调整因合同产生的民事关系；人格权编，调整因人格权的享有和保护产生的民事关系；婚姻家庭编，调整因婚姻家庭产生的民事关系；继承编，调整因继承产生的民事关系；侵权责任编，调整因侵害民事权益产生的民事关系；附则编，明确了民法典与婚姻法、继承法、民法通则、收养法、担保法、合同法、物权法、侵权责任法、民法总则的关系。民法典施行后，上述民事单行法律将被替代并同步废止。

【复习思考题】

1. 中国特色社会主义法治体系的基本内容是什么？
2. 中国特色社会主义法律体系包含哪些法律部门？
3. 我国宪法规定了公民有哪些基本权利？

4. 我国公民应当履行哪些基本义务？如何正确理解公民权利和义务的关系？
5. 什么是犯罪？犯罪的基本特征是什么？
6. 什么是刑罚？我国刑罚的特点是什么？
7. 我国刑罚包括哪几种？
8. 我国民法的基本原则有哪些？

典型例题

一、树立正确的人生观、价值观

1. ________是对“人为什么活着”这一人生根本问题的认识和回答，在人生实践中具有重要的作用。（单项选择）

A. 人生价值
B. 人生目的
C. 人生态度
D. 人生道路

【参考答案】B

2. 人生观人人都有。在现实生活中，由于人们的立场和观点不同，对人活着的意义的理解不同，存在着各种不同的人生观。其中，我们倡导的科学的人生观是________。（单项选择）

A. 自私自利的人生观
B. 为人民服务的人生观
C. 及时享乐的人生观
D. 合理利己主义的人生观

【参考答案】B

3. 谈谈新时代革命军人树立正确人生观的重要意义。（论述）

【参考答案】

（1）树立正确的人生观，能够激发我们的奉献精神。军人不同于一般社会成员的最典型之处是，总以自己的牺牲奉献来换取国家、民族和人民的安全，贪生怕死的人是不可能有志于献身国防的。

（2）树立正确的人生观，能够激发我们立足本职建功立业的精神动力。军营中的每一个岗位都是按战争的要求设定的，这就要求每一个有志青年入伍以后，首先应当成为一名合格的军人，爱军习武，爱岗敬业，积极投身强军事业。

（3）树立正确的人生观，能够帮助我们辨识人生方向，少走弯路、歧路。树立正确的人生观，对于人生目标的确立和人生道路的选择极为重要，不同的人生观产生不同的结果。面对强国强军的时代要求，我们要自觉把个人梦融入中国梦强军梦，走出自己辉煌的人生道路。

二、理想信念是人生的精神支柱

4. 个人理想和社会理想是辩证统一的，主要表现在________。（单项选择）

A. 社会理想决定、制约着个人理想　　B. 个人理想决定社会理想

C. 社会理想体现着个人理想　　D. 个人理想制约着社会理想

【参考答案】A

5. 信念的特征主要表现为________。(单项选择)

①一般性　②多变性　③执着性　④ 多样性

A. ①③　　B. ①②③　　C. ③④　　D. ①②③④

【参考答案】C

6. 结合实际,论述理想信念对于成长成才的重要意义。(论述)

【参考答案】

理想信念是人精神上的"钙",理想信念坚定,骨头就硬,没有理想信念,理想信念不坚定,精神上就会"缺钙",就会得"软骨病"。

(1)理想信念昭示奋斗目标。人生是一个在实践中奋斗的过程。要使生命富有意义,就必须在科学的理想信念指引下,沿着正确的人生道路前进。理想信念是人的思想和行为的定向器,一旦确立就可以使人方向明确、精神振奋。即使前进的道路曲折、人生的境遇复杂,也能使人看到未来的希望和曙光,永不迷失前进的方向。有什么样的理想信念,就意味着以什么样的期望和方式去改造自然和社会,塑造和成就自身。

(2)理想信念提供前进动力。心中有信仰,脚下有力量。一代又一代共产党人为了追求民族独立和人民解放,不惜流血牺牲,靠的就是一种信仰,为的就是一个理想。一个人树立了崇高坚定的理想信念,就会以惊人的毅力和不懈的努力成就事业。否则,就有可能浑浑噩噩、庸庸碌碌、虚度一生,甚至腐化堕落、走上邪路。人生目标的确立、生活态度的形成、知识才能的丰富、发展方向的设定、工作岗位的选择,以及如何择友、如何面对挫折、如何克服困难等问题的解决,都需要一个总的原则和目标,都离不开理想信念的指引和激励。

(3)理想信念提高精神境界。理想信念是衡量一个人精神境界高下的重要标尺。理想信念作为人的精神世界的核心,一方面能使人的精神生活的各个方面统一起来,使人的精神世界成为一个健康有序的系统,避免精神空虚和迷茫;另一方面又能引导人们不断地追求更高的人生目标,并在追求和实现理想目标的过程中提升精神境界、塑造高尚人格。

三、对党绝对忠诚

7. 忠诚于党是革命军人忠诚品格的________。(单项选择)

A. 内容　　B. 核心　　C. 思想内涵　　D. 表现

【参考答案】B

8. 革命军人讲政治、讲对党忠诚,最紧要的是________。(单项选择)

A. 经常喊看齐　　B. 行动上的一致　　C. 言行一致　　D. 自觉向党看齐、维护核心

【参考答案】D

9. 如何理解对党绝对忠诚要害在"绝对"两个字?(论述)

【参考答案】

(1)"绝对"诠释了忠诚的唯一性。人民军队只能接受中国共产党的领导,而不能接受其他任何政治力量的领导和指挥。与此相对应,革命军人的忠诚对象是唯一的、排他的,必须对党忠贞不二、矢志不渝,决不能心猿意马、三心二意。

(2)"绝对"诠释了忠诚的彻底性。对党忠诚的彻底性,强调的是革命军人忠诚的纯度和程

度。按照“绝对”的标准看，全心全意是忠诚，半心半意不是忠诚；言行一致是忠诚，说一套做一套不是忠诚；始终如一、无怨无悔是忠诚，顺境时忠诚、逆境时不忠诚也不是真正的忠诚。一句话，就是要把自己完完全全交给党，甘于为党的事业牺牲一切，泰山压顶不弯腰，虽九死而不悔。

(3)“绝对”诠释了忠诚的无条件性。对党无条件的忠诚，强调的是革命军人对党忠诚没有任何预设前提和附加条件，就是做到党叫干什么就坚决干，党不允许干什么就坚决不干，绝不讲价钱、打折扣、搞变通。

四、弘扬爱国主义精神

10. 爱国主义的基本内容包括________。(单项选择)

①爱祖国的大好河山　②爱自己的骨肉同胞　③爱祖国的灿烂文化　④ 爱自己的国家

A. ①③④　　B. ①②④　　C. ②③④　　D. ①②③④

【参考答案】D

11. 2019年，中共中央、国务院印发了《________》。新时代加强爱国主义教育，对于振奋民族精神、凝聚全民族力量，决胜全面建成小康社会，夺取新时代中国特色社会主义伟大胜利，实现中华民族伟大复兴的中国梦，具有重大而深远的意义。(单项选择)

A. 爱国主义教育实施纲要　　B. 爱国主义教育纲要

C. 新时代爱国主义教育实施纲要　　D. 爱国主义纲要

【参考答案】C

12. 如何理解爱国主义的时代价值?(简答)

【参考答案】

(1)爱国主义是中华民族继往开来的精神支柱。

(2)爱国主义是维护祖国统一和民族团结的纽带。

(3)爱国主义是实现中华民族伟大复兴的动力。

(4)爱国主义是实现人生价值的力量源泉。

五、法律常识

13. 下列选项中属于法律特征的有________。(单项选择)

①法律是统治阶级意志的体现

②法律是国家制定或认可的行为规则

③法律是由国家强制力来保证执行的行为规则

④法律是规定人们权利和义务的行为规则

A. ①③　　B. ①②③　　C. ②③④　　D. ①②③④

【参考答案】D

14. 2020年5月28日，十三届全国人大三次会议表决通过了________，自2021年1月1日起施行。该法共7编、1260条，各编依次为总则、物权、合同、人格权、婚姻家庭、继承、侵权责任、附则。(单项选择)

A.《中华人民共和国民事诉讼法》

B.《中华人民共和国民法总则》

C.《中华人民共和国民法典》

D.《中华人民共和国民法通则》

【参考答案】C

15. 简述中国特色社会主义法治体系的主要内容。(简答)

【参考答案】

(1)完备的法律规范体系。

(2)高效的法治实施体系。

(3)严密的法治监督体系。

(4)有力的法治保障体系。

(5)完善的党内法规体系。

16. 违法和犯罪有何区别?(简答)

【参考答案】

违法和犯罪虽然本质上是相同的,但二者又存在着不同点。其不同点是:违法包括一般违法和严重违法,二者对社会的危害程度不一样。而犯罪仅指对社会的危害性较大,并触犯了刑法的行为,也就是严重违法行为。一般违法行为对社会的危害性相对较小,尚未触犯刑法,只是违反《中华人民共和国治安管理处罚法》等行政法。对违法和犯罪的处罚也不同。犯罪是用刑罚手段来处罚的,而违法行为中的一般违法行为往往用行政制裁的办法来处罚。

17. 我国民法的基本原则包括哪些?(简答)

【参考答案】

我国民法的基本原则包括平等原则、自愿原则、公平原则、诚信原则、守法和公序良俗原则、绿色原则等。

第五单元　国防和军队建设常识

第二十五章　人民军队历史与光荣传统

第一节　人民军队的光辉历程

人民军队在中国共产党的坚强领导下，走过了90多年的光辉历程。90多年来，人民军队高举着党的旗帜，脚踏着祖国的大地，背负着民族的希望，浴血奋战，勇往直前，战胜一切敌人，征服一切困难，为中国人民站起来、富起来、强起来建立了不朽的功勋！历史充分证明：我们的人民军队不愧是听党指挥的英雄军队，不愧是忠心报国的英雄军队，不愧是为中华民族伟大复兴英勇奋斗的英雄军队。

1. 土地革命战争中创建成长

中国共产党在1921年成立以后，领导中国人民走上了反帝反封建的新民主主义革命的伟大征程。1924年，国共两党第一次合作。但由于受右倾机会主义错误影响，我党忽视了对军队的争取，尤其是放弃了党对军队的领导权。因而，在蒋介石叛变革命、发动"四一二"反革命政变的紧要关头，党无力组织有效的反抗，致使轰轰烈烈的大革命失败。中国共产党从血的教训中认识到掌握武装力量的极端重要性，开始了创建人民军队的艰辛征程。

1927年8月1日的南昌起义，打响了武装反抗国民党反动派的第一枪。1927年9月9日，毛泽东在湘赣边界领导工农武装和部分国民革命军举行了秋收起义。9月底，部队到达永新县三湾村，进行了著名的"三湾改编"，在部队中建立了党的各级组织，实行"支部建在连上"和新的党代表制度，为建立新型的人民军队打下了基础。1927年10月，毛泽东率领秋收起义部队到达井冈山，建立了第一个农村革命根据地，从此开辟了一条以农村包围城市、武装夺取政权的崭新道路。1929年年底，在福建省上杭县古田召开了中共红四军第九次代表大会，纠正和肃清了各种非无产阶级思想，形成了我党我军历史上著名的古田会议决议，确立了思想建党、政治建军的重大原则。这一系列建军治军的探索和实践，为红军成为党绝对领导下的新型人民军队奠定了坚实的理论和制度基础。

蒋介石从1930年冬到1933年9月，先后向中央革命根据地发动了五次"围剿"。红军采取毛泽东"诱敌深入、歼敌于根据地之内"等战略方针，取得了前四次反"围剿"的胜利。在第五次反"围剿"斗争中，毛泽东的正确战略战术原则受到党内"左"倾错误领导的排斥，未能打破敌人的"围剿"，红军被迫于1934年10月开始长征。1935年1月，党中央召开遵义会议，确立了毛泽东在党中央和红军中的领导地位，危急关头挽救了党、挽救了红军、挽救了中国革命。遵义会议以后，中央红军在毛泽东正确路线和战略战术指引下，四渡赤水，巧过金沙江，强渡大渡河，飞

夺泸定桥，翻越了终年积雪的夹金山，打破了数十万敌人的围追堵截，6月在四川懋功地区与先期到达的红四方面军会合。1935年10月中央红军胜利到达陕北。同年11月，红二、六军团从湘鄂川黔根据地出发长征，于1936年6月分别与红四方面军一部会合。7月上旬，红二、六军团和第三十二军合编为红二方面军。1936年10月，红一方面军先后同红四、二方面军在甘肃会宁和宁夏将台堡会师。至此，中国工农红军三大主力齐聚陕北，震惊世界的万里长征胜利结束。红军长征的胜利，播撒了革命火种，培育了革命精神，锤炼了革命骨干，为人民军队的发展壮大打下了坚实基础，充分显示了共产党领导的人民军队无坚不摧的战斗力量，标志着中国革命新局面的开始。

2. 抗日烽火中经受锤炼

1931年9月18日，日本帝国主义制造了震惊中外的“九一八”事变。1936年12月，东北军将领张学良、西北军将领杨虎城联合发动了“西安事变”，促使蒋介石接受停止内战、共同抗日等条件。“西安事变”的和平解决，为国共两党第二次合作奠定了基础，成为国内革命战争走向抗日民族解放战争的转折点。1937年7月7日，日本帝国主义发动“卢沟桥事变”，抗日战争全面爆发。8月，根据我党同国民党达成的协议，红军主力部队改编为国民革命军第八路军（简称八路军）。10月，南方8省的红军和游击队改编为国民革命军新编第四军（简称新四军）。

战争初期，在中国共产党的坚强领导下，八路军、新四军、华南游击队、东北抗日联军和其他抗日武装力量，奋起反击，英勇作战，用血肉之躯筑起坚不可摧的钢铁长城。1937年9月25日，八路军在平型关首战告捷，取得了抗战开始后中国军队主动寻歼日军的第一个大胜利，粉碎了日军不可战胜的神话。

1938年10月广州、武汉失守后，抗日战争进入战略相持阶段。根据党中央的战略决策，八路军于1938年冬开始由山区向平原挺进，广泛深入地发展群众性游击战争，不断消灭敌人的有生力量。新四军东进北上，先后开辟了苏南、苏中等根据地。1940年8月，为了粉碎敌人对华北抗日根据地的“扫荡”和“网笼”政策，八路军总部对华北日军发动了一次大规模的以破袭敌人交通线为重要目标的进攻战役。参战部队有105个团约20万人，故称百团大战。这次战役沉重打击了日军，进一步提高了共产党和八路军的威望。抗日战争进入相持阶段以后，国民党顽固派消极抗日，积极反共，先后发动了3次反共高潮。其中最为严重的是1941年1月，蒋介石制造了震惊中外的“皖南事变”。针对国民党顽固派的罪行，我军坚决贯彻党中央关于“坚持抗战，反对投降；坚持团结，反对分裂；坚持进步，反对倒退”的正确方针，针锋相对，坚决斗争，重建了新四军军部，连续打退了国民党的3次反共高潮。

1945年6月党的七大结束后，我军在全国范围内形成了对日寇占领的大多数城市和交通要道的战略包围，并发动了全面的大反攻。1945年8月15日，日本宣布无条件投降，中国人民取得了近代以来反侵略战争的第一次彻底胜利。抗日战争中，我军由5万余人发展到120多万人，对敌作战12.5万余次，消灭日、伪军171.4万余人，收复国土104.8万平方千米，为打败日本帝国主义，赢得中华民族的独立，作出了杰出的贡献，在我国历史上写下了光辉的篇章。

3. 解放战争中发展壮大

抗日战争胜利后，深受战争创伤的中国人民迫切希望建立一个和平民主的新中国。1945年8月28日，毛泽东前往重庆与国民党当局进行谈判，国共双方于10月10日正式签署会谈纪要（双十协定）。然而，双十协定刚签订，蒋介石便调集军队，向我解放区进攻，企图侵吞胜利果实，用武力实现对全国的独裁统治。1946年6月，国民党军队22万人进攻中原解放区，全面内战爆发。随后,党领导的八路军、新四军、东北民主联军等部队陆续改称“中国人民解放军”。

面对在数量和装备上拥有绝对优势的国民党军强大军事进攻,我军在毛泽东军事思想指引下,灵活运用正确的作战原则,集中优势兵力,在运动中各个歼灭敌人,在全面内战爆发后的头8个月内歼敌71万余人,挫败了国民党军对我各解放区的全面进攻。

1947年6月30日,刘伯承、邓小平率晋冀鲁豫野战军主力在鲁西南强渡黄河,揭开了解放战争战略进攻的序幕。在取得鲁西南战役重大胜利后,刘邓大军千里挺进大别山,直插敌人战略纵深。与此同时,陈毅、粟裕率领华东野战军主力从东路挺进苏鲁豫皖地区,陈赓、谢富治率领晋冀鲁豫野战军太岳兵团从西路挺进豫西。三路大军,相互策应,机动歼敌,形成“品”字形进攻阵势,直逼南京、武汉,中原地区变成人民解放军夺取全国胜利的前进基地。接着,全国各个战场都向敌人展开了进攻。在这种情况下,党中央审时度势,及时抓住战机,指挥我军与国民党军进行了战略决战。1948年9月,东北野战军发起辽沈战役,随后华东野战军和中原野战军以徐州为中心发起了淮海战役,11月29日东北野战军和华北野战军发起平津战役。三大战役规模之大,歼敌之多,在中国战争史上绝无仅有,在世界战争史上也极为罕见。

1949年4月21日,毛泽东、朱德发布了向全国进军的命令,我百万大军强渡长江,彻底摧毁了敌人苦心经营的战略防线。4月23日,解放军占领南京,宣告了蒋家王朝在大陆的覆灭。随后,我各路大军继续向中南、西北、西南各省进军,不断取得胜利。1949年10月1日,中华人民共和国宣告成立。

波澜壮阔的解放战争历经3年多时间,人民解放军在全国人民的支持下南征北战,以劣胜优,共歼灭敌军807万人,毙、俘敌少将以上高级军官1600余名,创造了无数可歌可泣的光辉业绩。在紧张激烈的战争环境中,我军贯彻一面打仗、一面建设和以战养战、以战教战的方针,军队规模从战争初期的120万人发展到500多万人。

4. 社会主义革命和建设中阔步前进

新中国成立以后,我军的任务随之发生了历史性的变化,由过去夺取政权、解放全中国,变为保卫祖国、巩固人民民主专政、支援和参加社会主义建设。人民军队不负党和人民的重托和期望,在社会主义革命和建设中建立了新的功绩。

新中国成立伊始,为巩固人民民主专政,我军遵照党中央的命令,对残余的国民党反动势力展开了战略追击和围歼战,进行了衡宝战役、西南战役以及解放海南岛等战役,歼灭国民党正规军128万余人。1951年5月,和平解放西藏。我军还进行了一江山岛等战役,多次挫败了国民党反动派对沿海和内陆地区的骚扰破坏活动,维护了陆海边防、领空和国家的安全。

新中国成立后,我军还多次粉碎了帝国主义和霸权主义的侵略扩张。1950年6月,美帝国主义悍然发动侵略朝鲜的战争,党中央果断地作出了“抗美援朝,保家卫国”的战略决策,中国人民志愿军奉命开赴朝鲜战场。在异常残酷的战争中,我军以压倒一切敌人的英雄气概,连续发动了五次战役,和朝鲜人民军一起,将不可一世的美国侵略者打退到三八线附近,最终迫使其在停战协定上签字。历时两年九个月的抗美援朝战争,维护了亚洲和世界和平,提升了中国的国际威望,为社会主义建设赢得了一个相对稳定的和平环境。此后,我军又先后进行了中印边境自卫反击作战、珍宝岛自卫反击作战、西沙群岛自卫反击作战等战争行动,坚决打击了入侵者的嚣张气焰,有效维护了国家领土主权安全。

随着大规模战争的结束,人民解放军进入了现代化、正规化建设的新阶段。为加快军队现代化建设步伐,我国着手建立国防科技工业体系,全面展开武器装备的研制和生产。1964年10

月 16 日中国第一颗原子弹爆炸成功,1966 年 10 月 27 日核导弹发射试验成功,1967 年 6 月 17 日第一颗氢弹空爆试验成功,1970 年 4 月 24 日第一颗人造地球卫星升空。1966 年 7 月 1 日,第二炮兵正式组建;1974 年 8 月 1 日,第一艘核潜艇正式编入海军战斗序列,中国有了自己的战略核力量,国防尖端技术和武器装备发展迈上了一个新的台阶。

5. 改革开放中跨越发展

1978 年 12 月,党的十一届三中全会召开,确定把党和国家的工作重心转移到经济建设上来,作出了实施改革开放的战略决策。伴随改革开放的风雨征程,人民军队掀开了全面建设、跨越发展的新的一页。

改革开放初期,国际形势发生积极变化,和平、发展成为时代主题。我军在以邓小平同志为核心的党的第二代中央领导集体领导下,着眼建设强大的现代化正规化的革命军队,果断实行军队建设指导思想的战略性转变,从立足于"早打、大打、打核战争"的临战状态转移到和平时期建设轨道上来,开始有计划有步骤地进行现代化建设。针对我军机构重叠、人员臃肿的状况,1985 年 6 月,党中央、中央军委作出体制改革和精简整编决定,裁减军队员额 100 万。

20 世纪 90 年代初,我国改革开放和社会主义市场经济深入发展,在以江泽民同志为核心的党的第三代中央领导集体的领导下,我军充实完善新时期军事战略方针,紧紧围绕"打得赢、不变质"两大历史性课题,按照"政治合格、军事过硬、作风优良、纪律严明、保障有力"总要求,全面加强军事、政治、后勤和装备建设,推动国防和军队建设迈出新的步伐。

进入新世纪新阶段,国际国内环境发生深刻变化,我国安全问题的综合性复杂性和多变性凸显。在以胡锦涛同志为总书记的党中央领导下,我军着眼有效履行新世纪新阶段历史使命,以推动国防和军队建设科学发展为主题,以加快转变战斗力生成模式为主线,加速推进中国特色军事变革,着力提高军队应对多种安全威胁、完成多样化军事任务的能力。

6. 行进在强军兴军征程上

党的十八大以来的 5 年,习主席着眼坚持和发展中国特色社会主义、实现中华民族伟大复兴的中国梦,围绕国防和军队建设提出一系列新思想新观点新论断新要求,形成了习近平强军思想,为推进强军事业提供了科学指南。在党中央、中央军委和习主席坚强领导下,全军和武警部队以党在新时代的强军目标为引领,贯彻新时代军事战略方针,坚持政治建军、改革强军、科技强军、人才强军依法治军,强化练兵备战,推进军民融合深度发展,实现了政治生态重塑、组织形态重塑、力量体系重塑、作风形象重塑,在中国特色强军之路上迈出了坚实步伐,朝着实现党在新时代的强军目标、把人民军队建设成为世界一流军队砥砺前行。

第二节　人民军队的历史功勋

90 多年来,人民军队历经硝烟战火,一路披荆斩棘,付出巨大牺牲,取得一个又一个辉煌胜利,为党和人民建立了伟大的历史功勋。

这个伟大的历史功勋就是,英雄的人民军队,在党领导的 22 年武装革命斗争中,以无往而不胜的英雄气概、坚韧不拔的革命毅力、灵活机动的战略战术、英勇顽强的战斗作风,克服了各种难以想象的艰难困苦,打败了国内外异常凶恶的敌人,夺取了土地革命战争、抗日战争、解放战争的伟大胜利,推翻了压在中国人民头上的三座大山,以鲜血和生命为建立人民当家作主的新中国奠定了牢固根基,彻底扭转了中华民族近代以来落后挨打的被动局面。

这个伟大的历史功勋就是，英雄的人民军队，积极投身社会主义革命和建设，全面履行保卫祖国、保卫人民和平劳动的职能，胜利进行抗美援朝战争和多次边境自卫作战，打出了国威军威，捍卫了祖国万里边疆和辽阔海空，为巩固新生人民政权、形成中国大国地位、维护中华民族尊严提供了坚强后盾。

这个伟大的历史功勋就是，英雄的人民军队，积极投身改革开放新的伟大革命，有力服务和保障国家改革发展稳定大局，依法履行香港、澳门防务职责，有效应对国家安全面临的各种威胁，坚决打击一切形式的分裂破坏活动，积极参与对外军事交流合作和联合国维和行动，为维护中国共产党领导和我国社会主义制度，为维护国家主权、安全、发展利益，为维护我国发展的重要战略机遇期，为维护地区和世界和平提供了强大力量支撑。

人民军队一路走来，紧跟党和人民事业发展步伐，在战斗中成长，在继承中创新，在建设中发展，革命化现代化正规化水平不断提高，威慑和实战能力不断增强。人民军队已经由过去单一军种的军队发展成为诸军兵种联合的强大军队，由过去"小米加步枪"武装起来的军队发展成为基本实现机械化、加快迈向信息化的强大军队。

站在新的历史起点上，我们更加深切地感受到，中华民族走出苦难、中国人民实现解放，有赖于一支英雄的人民军队；中华民族实现伟大复兴，中国人民实现更加美好生活，必须加快把人民军队建设成为世界一流军队。我们要不忘初心、继续前进，坚定不移走中国特色强军之路，把强军事业不断推向前进。推进强军事业，必须毫不动摇坚持党对军队的绝对领导，确保人民军队永远跟党走；必须坚持和发展党的军事指导理论，不断开拓马克思主义军事理论和当代中国军事实践发展新境界；必须始终聚焦备战打仗，锻造召之即来、来之能战、战之必胜的精兵劲旅；必须坚持政治建军、改革强军、科技强军、人才强军、依法治军，全面提高国防和军队现代化水平；必须深入推进军民融合发展，构建军民一体化的国家战略体系和能力；必须坚持全心全意为人民服务的根本宗旨，始终做人民信赖、人民拥护、人民热爱的子弟兵。我们要更加紧密地团结在以习近平同志为核心的党中央周围，铭记光辉历史，开创强军伟业，勇敢担起我们这一代革命军人的历史责任，为实现中国梦强军梦作出新的更大贡献。

第三节 人民军队从胜利走向胜利的传家法宝

90 多年来，在长期实践中，人民军队在党的旗帜下前进，形成了一整套建军治军原则，发展了人民战争的战略战术，培育了特有的光荣传统和优良作风。这是人民军队从胜利走向胜利的传家法宝，是人民军队必须永志不忘的红色血脉。

1. 人民军队从胜利走向胜利，彰显了中国共产党领导的伟大力量

毛泽东同志曾经指出："我们的原则是党指挥枪，而决不容许枪指挥党。"党对军队绝对领导的根本原则和制度，发端于南昌起义，奠基于三湾改编，定型于古田会议，是人民军队完全区别于一切旧军队的政治特质和根本优势。千千万万革命将士矢志不渝听党话、跟党走，在挫折中愈加奋起，在困苦中勇往直前，铸就了拖不垮、打不烂、攻无不克、战无不胜的钢铁雄师。在风雨如磐的漫长革命道路上，我军将士讲得最多的一句话是：只要跟党走，一定能胜利。忠诚，造就了人民军队对党的赤胆忠心，造就了人民军队和人民的鱼水情意，造就了人民军队为党和人民冲锋陷阵的坚定意志。

历史告诉我们，党指挥枪是保持人民军队本质和宗旨的根本保障，这是我们党在血与火的

斗争中得出的颠扑不破的真理。有了中国共产党,有了中国共产党的坚强领导,人民军队前进就有方向、有力量。前进道路上,人民军队必须牢牢坚持党对军队的绝对领导,把这一条当作人民军队永远不能变的军魂、永远不能丢的命根子,任何时候任何情况下都以党的旗帜为旗帜、以党的方向为方向、以党的意志为意志。

2. 人民军队从胜利走向胜利,彰显了理想信念的伟大力量

崇高的理想,坚定的信念,是中国共产党人的政治灵魂,是人民军队的精神支柱。邓小平同志曾经指出:"为什么我们过去能在非常困难的情况下奋斗出来,战胜千难万险使革命胜利呢?就是因为我们有理想,有马克思主义信念,有共产主义信念。"从艰苦卓绝的井冈山斗争到千难万险的长征路,从硝烟弥漫的抗日战争到摧枯拉朽的解放战争,从坚决捍卫国家主权、安全、领土完整的英勇斗争到抢险救灾、保卫人民生命财产安全的顽强拼搏,从支援国家经济社会建设的无私奉献到维护地区和世界和平的实际行动,崇高理想信念的灯塔指引人民军队一路向前。

历史告诉我们,革命理想高于天,人民军队之所以能够攻坚克难、战无不胜、发展壮大,关键是人民军队有马克思主义理论武装,有崇高理想信念,有为理想信念而英勇献身的崇高追求。崇高理想信念是人民军队勇往直前的精神力量,是全军将士心中熊熊燃烧的火炬。前进道路上,人民军队必须矢志不渝坚持崇高理想信念,任何时候任何情况下都敢于为崇高理想信念而奋不顾身奋斗。

3. 人民军队从胜利走向胜利,彰显了改革创新的伟大力量

人民军队成长发展史,就是一部改革创新史。土地革命战争时期创立一整套建军原则制度,抗日战争时期实行精兵简政,解放战争时期组建五大野战军,新中国成立后多次调整体制编制,人民军队边战边改,边建边改,越改越强。从红军时期的"十六字诀",到抗日战争时期的"持久战",从解放战争时期的"十大军事原则",到抗美援朝战争时期的"零敲牛皮糖",再到新中国成立后军事战略方针的不断调整,人民军队从战争中学习战争,从实践中探索规律,在世界军事史上书写了战争指导艺术不断创新的生动篇章。

历史告诉我们,改革创新、与时俱进,是人民军队不断发展的康庄大道,人民军队的力量来自改革创新,人民军队的胜利来自改革创新。只有不断改革创新,才能不断获得发展进步的生机活力,才能永远立于不败之地。前进道路上,人民军队必须勇于改革、善于创新,任何时候任何情况下都永不僵化、永不停滞。

4. 人民军队从胜利走向胜利,彰显了战斗精神的伟大力量

敢于斗争、敢于胜利,一不怕苦、二不怕死,是人民军队血性胆魄的生动写照。"狼牙山五壮士""白刃格斗英雄连""刘老庄连"、董存瑞、邱少云、黄继光等无数英雄群体和革命先烈,用生命诠释了一往无前的英雄气概。在枪林弹雨的战场上,面对气焰嚣张的强大敌人,人民军队曾经发出了"三个不相信"的英雄宣言:在革命战士面前,不相信有完不成的任务,不相信有克服不了的困难,不相信有战胜不了的敌人!英勇顽强,视死如归,血战到底,人民军队用大无畏的气概赢得了党的信任、人民赞誉,也赢得了世界尊敬。

历史告诉我们,战争不仅是物质的较量,更是精神的比拼。没有顽强的意志,没有敢于牺牲的品质,再好的武器装备也不能保证胜利。一代一代革命军人正是靠着向死而生的英勇决绝,形成了压倒一切敌人而决不被敌人所屈服的伟大气概。前进道路上,人民军队必须大力弘扬敢打必胜的精神品质,任何时候任何情况下都保持革命英雄主义的昂扬斗志。

5. 人民军队从胜利走向胜利，彰显了革命纪律的伟大力量

人民军队素以纪律严明著称于世，自创建之日起就把革命的坚定性、政治的自觉性、纪律的严肃性结合起来，统一意志、统一指挥、统一行动，千军万马有令必行、有禁必止，攻如猛虎、守如泰山。正是由于有了建立在高度政治觉悟基础上的革命纪律，将士们哪怕冻饿交加，也不拿群众一针一线；哪怕烈火焚身，也岿然不动，直至付出生命；哪怕身陷绝境，也坚守战位，慷慨赴死。人民军队始终是高度团结统一的战斗集体，始终保持了强大的凝聚力和战斗力。

历史告诉我们，加强纪律性，革命无不胜。一支军队的力量，不仅要看其人数，不仅要看其武器装备，还要看其纪律性。一支没有纪律的军队，只能是乌合之众。前进道路上，人民军队必须用铁的纪律凝聚铁的意志、锤炼铁的作风、锻造铁的队伍，任何时候任何情况下都一切行动听指挥、步调一致向前进。

6. 人民军队从胜利走向胜利，彰显了军民团结的伟大力量

人民军队始终和人民同呼吸、共命运、心连心，完全彻底为人民奋斗，哪里有敌人，哪里有危难，哪里就有人民子弟兵。谁把人民放在心上，人民就把谁放在心上。“最后一碗米送去做军粮，最后一尺布送去做军装，最后一件老棉袄盖在担架上，最后一个亲骨肉送去上战场。”这首战争年代广为传唱的民谣，就是军民团结如一人的生动体现。

历史告诉我们，有了民心所向、民意所归、民力所聚，人民军队就能无往而不胜、无敌于天下。只要始终站在人民立场上，赢得最广大人民衷心拥护，就能构筑起众志成城的铜墙铁壁。前进道路上，人民军队必须牢记全心全意为人民服务的根本宗旨，任何时候任何情况下都做人民子弟兵。

【复习思考题】

1. 90 多年来人民军队为党和人民建立哪些伟大的历史功勋？
2. 如何理解人民军队从胜利走向胜利的传家法宝？

第二十六章　把人民军队全面建成世界一流军队

第一节　人民军队在中国特色强军之路上迈出坚定步伐

党的十八大以来，习主席以巨大政治勇气和强烈责任担当，提出一系列重大方针原则，作出一系列重大决策部署，推进一系列重大工作，带领我军取得历史性成就、发生历史性变革，引领国防和军队建设进入新时代。

重振政治纲纪，坚定不移推进政治整训，有效解决了弱化党对军队绝对领导的突出问题。针对我军政治生态一度恶化的问题，习主席指出，“这种状态任其发展下去，就会面临我军变质、江山变色的严重危险。”强调“解决部队中存在的严重问题，必须从坚持党对军队的绝对领导抓起”。在古田召开全军政治工作会议，对新时代政治建军作出部署，引领全军重整行装再出发。健全党领导军队的制度体系，全面深入贯彻军委主席负责制，严明政治纪律和政治规矩，严肃查处郭伯雄、徐才厚、房峰辉、张阳案件并全面彻底肃清其流毒影响。深化党的科学理论武装，强化官兵“四个意识”，培养“四有”新时代革命军人，锻造“四铁”过硬部队。贯彻军队好干部标准，匡正选人用人风气，坚定不移纯洁干部队伍特别是高级干部队伍。贯彻全面从严治党要求，严肃党内政治生活，加强领导干部教育管理监督，推动管党治党从宽松软走向严紧硬。通过整顿思想、整顿用人、整顿组织、整顿纪律，我军政治生态焕然一新。

重塑组织形态，大刀阔斧全面深化改革，有效解决了制约我军建设的体制结构的突出问题。面对制约国防和军队建设的体制性障碍、结构性矛盾、政策性问题，习主席强调：“不改革，不全面改革，不彻底改革，我军是打不了仗、打不了胜仗的。”坚持把改革摆在战略全局的突出位置，创新改革组织模式，加强体系设计和长远谋划，以敢于啃硬骨头、敢于涉险滩的担当和勇气，向积存多年的顽瘴痼疾开刀，坚决破除各方面体制机制弊端。近年来，我军改革大开大合、大破大立、蹄疾步稳，领导指挥体制改革率先展开，规模结构和力量编成改革压茬推进，政策制度改革成熟一项推进一项，打破了长期实行的总部体制、大军区体制、大陆军体制，形成了军委管总、战区主战、军种主建的新格局，改变了长期以来陆战型、国土防御型的力量结构和兵力布势，实现了我军组织架构和力量体系的整体性、革命性重塑。

重整斗争格局，坚定捍卫国家核心利益，有效解决了军事力量运用方面的突出问题。近年来，国际局势发生新的复杂深刻变化，我国安全和发展需求不断拓展。习主席领导制定新时代军事战略方针，在拓展积极防御战略纵深、加快军事力量走出去、经略新型安全领域等方面积极作为。突出海上军事斗争和军事斗争准备，组织一系列重大军事行动，特别是南海岛礁建设取得重大进展、驻吉布提保障基地投入使用，有效维护了国家主权、安全、发展利益。我军有效应对各战略方向突发情况，既意志品质坚定，又加强战略策略运用，保持了战略全局稳定。

重构建设布局，创新发展理念和方式，有效解决了我军建设聚焦实战不够、质量效益不高的突出问题。习主席反复强调：“军队是要准备打仗的，一切工作都必须坚持战斗力标准，向能打仗、打胜仗聚焦。"全军旗帜鲜明坚持备战打仗导向,战斗队意识明显增强,能打仗、打胜仗能力有效提升。确立"五个更加注重"战略指导,制定实施军队建设发展"十三五"规划,狠抓实战化军事训练,加快发展新型作战力量,建设一切为了打仗的后勤,发展高新技术武器装备,构建新型军事人才培养体系和新型军事科研体系,加强国防动员、边海空防、军队外事等工作,推动军民融合发展步入快车道,我军建设质量效益明显提高。

重树作风形象,强力推进正风肃纪反腐,有效解决了不正之风和腐败现象滋生蔓延的突出问题。习主席坚持把改进作风作为推进各项工作的突破口,从军委自身抓起,从高级干部严起,踏石留印、抓铁有痕,下大气力整治"四风"、整肃纲纪。坚持有腐必反、有贪必肃,坚持无禁区、全覆盖、零容忍,拿出刮骨疗毒、壮士断腕的决心勇气,坚定不移推进反腐败斗争,一大批腐败分子被绳之以法。积极构建权力运行制约和监督体系,强化纪检、巡视、审计监督,全面停止军队有偿服务,铲除腐败滋生土壤。几年如一日抓下来,我军好传统好作风逐步回归,党心民心极大振奋,军心士气极大提振,集聚起强军兴军的强大正能量。

第二节 牢固确立习近平强军思想在国防和军队建设中的指导地位

1. 习近平强军思想的形成背景

党的十九大确立习近平强军思想在国防和军队建设中的指导地位,并郑重写入党章。习近平强军思想是习近平新时代中国特色社会主义思想的重要组成部分,是党的军事指导理论最新成果,是坚持走中国特色强军之路、全面推进国防和军队现代化的行动纲领。

习近平强军思想根植于强国强军的新时代。进入新时代,世情国情军情发生深刻变化,国防和军队建设面临新的时与势。

当今世界正在经历百年未有之大变局。当前,经济全球化、国际战略格局、全球治理体系、全球地缘政治棋局及其综合国力竞争发生重大变化,世界变局中危和机同生并存。一是经济全球化进程出现波折。世界经济低迷不振,保护主义大行其道,民粹主义声势看涨,"逆全球化"思潮上扬。二是国际战略格局深度调整。国际力量加快分化组合,大国关系进入全方位角力新阶段,围绕战略要地、战略资源、战略通道的争夺不断升温,小战不断、冲突不止、危机频发成为常态。世界经济和战略重心向亚太地区转移,亚太地区成为大国战略竞争和博弈的焦点。三是全球治理体系变革加速推进。随着国际力量对比消长变化和全球性挑战增多,全球治理体系变革正处在历史转折点上,几个西方国家凑在一起就能决定世界大事的时代,已经一去不复返了。全球治理正在从列强通过战争、殖民、划分势力范围等方式争夺利益和霸权,向各国通过制定国际规则、相互协调关系和利益的方式演进。全球治理体系变革,涉及各国特别是大国利益,必然会有斗争,而且斗争有时还会非常激烈,不可能一帆风顺。四是发展道路和发展模式竞争更加激烈。过去,一些西方国家一直宣扬西方的政治制度模式是世界上最好的,摆出一副救世主的架势,到处推行"民主扩张",煽动"颜色革命"。现在,这些西方国家社会对立撕裂,民众对西方统治集团失望至极。相比之下,中国共产党领导得到我国绝大多数人民群众拥护,中国特色社会主义生机勃勃。很多发展中国家领导人都对西方政治制度模式抱有疑虑,表示要学习中国发展道路。当然,围绕发展道路的竞争是长期的、复杂的。

我国正处于由大向强发展的关键阶段。实现中华民族伟大复兴的中国梦,我们面临难得机

遇,具备坚实基础,拥有无比信心,同时我国面临的安全和发展形势更趋复杂。现在我们前所未有地走进世界舞台中央,前所未有地接近实现中华民族伟大复兴的目标,前所未有地具有实现这个目标的能力和信心。我们块头大、分量重,我国发展壮大成为推动国际格局和国际体系深刻调整最重要的动因,正所谓"木秀于林,风必摧之"。有作用力就必然会有反作用力,这就是国际力量此消彼长的逻辑。我们越发展壮大,遇到的阻力和压力就会越大,面临的外部风险就会越多,同各种敌对势力的斗争就越激烈。由大向强、将强未强之际往往是国家安全的高风险期,这是历史规律。某些大国对我进行战略遏制和围堵的力度不断加大,千方百计算计我们、打压我们,总想使绊子、下套子、找茬子。周边热点地区局势充满变数,一些历史积怨和现实冲突再度浮上水面,家门口生乱生战的可能性增大。

国际军事竞争格局正在发生历史性变化。军事领域发展变化广泛而深刻,是世界大发展大变革大调整的重要内容之一。世界新军事革命正在加速推进这场军事领域发展变化,以信息化为核心,以军事战略、军事技术、作战思想、作战力量、组织体制和军事管理创新为基本内容,以重塑军事体系为主要目标,其速度之快、范围之广、程度之深、影响之大,为第二次世界大战结束以来所罕见。这场世界新军事革命,覆盖了战争和军队建设全部领域,直接影响着国家的军事实力和综合国力,关乎战略主动权。面对军事革命浪潮风起云涌,各主要国家纷纷加快军事变革,抢占军事战略制高点,争夺国际军事竞争新优势。这给我军提供了难得的历史机遇,同时也提出了严峻挑战。机遇稍纵即逝,抓住了就能趁势而上,抓不住就可能错过整整一个时代。

新时代提出新课题,新课题催生新理论,新理论引领新实践。习近平强军思想就是在这样的时代背景下孕育产生的,在回应和解答时代课题过程中丰富发展的。

2. 习近平强军思想的主要内容

习近平强军思想内涵丰富、思想深邃,是一个系统完整、逻辑严密、相互贯通的科学军事理论体系。

明确强国必须强军,巩固国防和强大人民军队是新时代坚持和发展中国特色社会主义、实现中华民族伟大复兴的战略支撑。实现中华民族伟大复兴必然会面对各种重大挑战、重大风险、重大阻力、重大矛盾,这是我国由大向强发展进程中无法回避的挑战。只有把军队搞得更强大,底气才足、腰杆才硬,才能为实现中国梦提供强大支撑。

明确党在新时代的强军目标是建设一支听党指挥、能打胜仗、作风优良的人民军队,必须同国家现代化进程相一致,力争到2035年基本实现国防和军队现代化,到本世纪中叶把人民军队全面建成世界一流军队。这是准确把握国家安全环境的深刻变化、强国强军的时代要求,对我军建设目标作出的新概括新定位。

明确党对军队绝对领导是人民军队建军之本、强军之魂,必须全面贯彻党领导军队的一系列根本原则和制度,确保部队绝对忠诚、绝对纯洁、绝对可靠。坚持党对人民军队的绝对领导,是坚持和发展中国特色社会主义基本方略的重要内容,是党和国家的重要政治优势。要把党对军队绝对领导作为我军的命根子紧抓不放,全面加强军队党的领导和党的建设,确保枪杆子永远听党指挥。

明确军队是要准备打仗的,必须聚焦能打仗、打胜仗,创新发展军事战略指导,构建中国特色现代作战体系,全面提高新时代备战打仗能力,有效塑造态势、管控危机、遏制战争、打赢战争。要把新时代军事战略思想立起来,把新时代军事战略方针立起来,把备战打仗指挥棒立起来,把抓备战打仗的责任担当立起来,强化战斗队思想,坚持战斗力这个唯一的根本的标准,各项工作和建设、各方面力量和资源都聚焦军事斗争准备、服务军事斗争准备，扎扎实实做好军事斗争准备各项工作，坚决完成党和人民赋予的使命任务。

明确作风优良是我军鲜明特色和政治优势，必须加强作风建设、纪律建设，坚定不移正风肃纪、反腐惩恶，大力弘扬我党我军光荣传统和优良作风，永葆人民军队性质、宗旨、本色。人民军队要恪守全心全意为人民服务的宗旨，牢记为人民扛枪、为人民打仗的神圣职责，始终做人民信赖、人民拥护、人民热爱的子弟兵。要锲而不舍、驰而不息地把作风建设和反腐败斗争引向深入，努力铲除腐败现象滋生蔓延的土壤，培育风清气正的政治生态。要严肃各项纪律，坚持严字当头、一严到底，用铁的纪律凝聚铁的意志、锤炼铁的作风、锻造铁的队伍。

明确推进强军事业，必须坚持政治建军、改革强军、科技强军、人才强军、依法治军，更加注重聚焦实战、更加注重创新驱动、更加注重体系建设、更加注重集约高效、更加注重军民融合，全面提高革命化现代化正规化水平。政治建军是我军的立军之本，任何时候任何情况下都不能有丝毫松懈；改革是决定军队未来的关键一招，必须大刀阔斧实施改革强军战略；科学技术是核心战斗力，必须下更大力气推进科技兴军、赢得军事竞争主动；军队越是现代化，越要法治化，必须厉行法治、从严治军。必须贯彻“五个更加注重”战略指导，强化作战需求牵引，提高军队建设实战水平；下大力气抓理论创新、抓科技创新、抓科学管理、抓人才集聚、抓实践创新，靠改革创新实现新跨越；坚持成体系筹划和推进军事力量建设，全面提高我军体系作战能力；坚持以效能为核心、以精确为导向，提高国防和军队发展精准度；深入实施军民融合发展战略，加快把国防和军队建设融入经济社会发展体系，实现国防和军队建设更高质量、更高效益、更可持续的发展。

明确改革是强军的必由之路，必须推进军队组织形态现代化，构建中国特色现代军事力量体系，完善中国特色社会主义军事制度。领导指挥体制改革，以重塑军委机关和战区为重点，强化中央军委集中统一领导和战略指挥、战略管理功能，形成决策权、执行权、监督权既相互制约又相互协调的运行体系，构建平战一体、常态运行、专司主营、精干高效的战略战役指挥体系。规模结构和作战力量体系改革，按照调整优化结构、发展新型力量、理顺重大比例关系、压减数量规模的要求，推动我军由数量规模型向质量效能型、由人力密集型向科技密集型转变，部队编成向充实、合成、多能、灵活方向发展。军事政策制度改革，立起打仗的鲜明导向，营造公平公正的制度环境，使军事人力资源配置达到最佳状态，让军人成为全社会尊崇的职业，把军队战斗力和活力充分激发出来。

明确创新是引领发展的第一动力，必须坚持向科技创新要战斗力，统筹推进军事理论、技术、组织、管理、文化等各方面创新，建设创新型人民军队。我军靠改革创新走到现在，也要靠改革创新赢得未来。必须把创新驱动发展的引擎全速发动起来，善于运用新理念、新思路、新方法推进我军各项建设，建设创新型人民军队。

明确现代化军队必须构建中国特色军事法治体系，推动治军方式根本性转变，提高国防和军队建设法治化水平。要构建系统完备、严密高效的军事法规制度体系、军事法治实施体系、军事法治监督体系、军事法治保障体系，坚决维护法规制度权威性，强化法规制度执行力，推动治军方式实现从单纯依靠行政命令的做法向依法行政的根本性转变，从单纯靠习惯和经验开展工作的方式向依靠法规和制度开展工作的根本性转变，从突击式、运动式抓工作的方式向按条令条例办事的根本性转变，形成党委依法决策、机关依法指导、部队依法行动、官兵依法履职的良好局面。

明确军民融合发展是兴国之举、强军之策，必须坚持发展和安全兼顾、富国和强军统一，形

成全要素、多领域、高效益军民融合发展格局，构建一体化的国家战略体系和能力。着眼经济实力和国防实力同步增长，强化统一领导、顶层设计、改革创新和重大项目落实，同步推进体制和机制改革、体系和要素融合、制度和标准建设，完善军民融合组织管理体系、工作运行体系、政策制度体系，努力开创经济建设和国防建设协调发展、平衡发展、兼容发展新局面。

以上“十个明确”，紧紧围绕国防和军队建设的重大时代课题展开，涵盖新时代军队建设、改革和军事斗争准备各领域各方面，构成了习近平强军思想的主要内容。

3. 习近平强军思想的历史地位

习近平强军思想实现了马克思主义军事理论中国化时代化的新飞跃。人民军队之所以不断发展壮大，关键在于始终坚持先进军事理论的指导。在长期实践中，我们党坚持把马克思主义基本原理同中国革命战争和人民军队建设实践相结合，先后形成毛泽东军事思想、邓小平新时期军队建设思想、江泽民国防和军队建设思想、胡锦涛国防和军队建设思想等具有中国特色的马克思主义军事理论成果，回答和解决了不同历史条件下我军建设发展的历史课题，极大丰富了马克思主义军事理论的思想宝库。习近平强军思想，既坚持马克思主义关于战争和军事问题的基本观点，坚持我们党一以贯之的建军治军指导思想和方针原则，坚持人民军队特有的光荣传统和优良作风，又紧密结合新的时代特征和实践发展，汲取中华优秀传统军事文化精华，借鉴当今世界军事理论优秀成果，处处彰显着与时俱进的理论品格，彰显着当代军事文明的中国气派、中国风格。这一思想，贯穿的鲜明主题是强军兴军，根本着眼是以强军支撑强国复兴伟业，核心要求是实现党在新时代的强军目标、把人民军队全面建成世界一流军队，实践指向是走中国特色强军之路。习近平强军思想，体现了理论与实践相结合、战略和战术相一致、认识论和方法论相统一，把我们党对国防和军队建设规律、军事斗争准备规律、战争指导规律的认识提升到新高度，谱写了马克思主义军事理论的新篇章。

习近平强军思想是新时代强军事业开创新局面、踏上新征程的科学指南。历史往往在经过时间沉淀后可以看得更加清晰。回首过去几年，习主席以巨大政治勇气和强烈责任担当，带领全军直面问题、勇于变革、攻坚克难，解决了一些多年来想解决但一直没有很好解决的问题，解决了许多过去认为不可能解决的问题，干成了一些过去想干但一直没有干成的事情，推动强军事业取得历史性成就、发生历史性变革，人民军队在中国特色强军之路上迈出坚实步伐。取得这样的历史性成就和变革，根本在于习主席的坚强领导，在于习近平强军思想的科学指引。我们要实现全面建成世界一流军队的目标，还会遇到许多新的“娄山关”“腊子口”，会遇到这样那样的暗礁险滩和风险点。无论是破解国防和军队建设中的深层次矛盾和问题，还是研究解决发展前进中的新情况新问题，都一刻也离不开习近平强军思想的指引。我们坚信，有习近平同志这个党中央的核心、全党的核心领航掌舵，我们党就有无比强大的前进定力，党和人民事业就有最根本的保障，人民军队向前进就有方向、有信心、有力量；坚持以习近平新时代中国特色社会主义思想为指导，全面准确学习领会、毫不动摇贯彻落实习近平强军思想，全军官兵就有了最可宝贵的政治滋养和坚不可摧的精神支柱，就一定能够汇聚起推进新时代强军事业的磅礴力量，夺取全面推进国防和军队现代化的新胜利。

第三节　在新的历史起点上全面推进国防和军队现代化

担当起党和人民赋予的新时代使命任务。党和人民所需就是军队使命任务所系。我军必须服从服务于党的历史使命，把握新时代国家安全战略需求，担当起党和人民赋予的新时代使命任务，为新时代坚持和发展中国特色社会主义、实现中华民族伟大复兴提供战略支撑。一是为巩固中国共产党领导和我国社会主义制度提供战略支撑。我国是中国共产党领导的社会主义国家，政治安全始终是治国安邦的根本。如果政治安全得不到保障，中国必然会陷入四分五裂、一盘散沙的局面，那中华民族伟大复兴就根本无从谈起。我们党越是坚强有力，中国特色社会主义越是蓬勃发展，各种敌对势力就越是会加紧对我国进行渗透破坏颠覆活动。这是因为各种敌对势力在社会制度和意识形态上同我们的对立是不可调和的，我们不会改旗易帜，他们也不会改弦更张。只要我们坚持党的领导和我国社会主义制度，各种敌对势力对我国施压促变的立场就不会改变。我们要做好两种社会制度、两种意识形态长期斗争的充分准备！巩固党的长期执政地位，保障社会主义红色江山永不变色，我军具有特殊重要的地位和作用，必须在政治上非常过硬。我军要坚定站在党的旗帜下，坚决维护国家政权安全、制度安全。保卫人民的和平劳动，参加国家建设事业，全心全意为人民服务，是宪法和法律赋予中国武装力量的重要任务。中国武装力量服从服务于中国特色社会主义发展全局，坚决维护政治社会大局稳定，积极参加国家建设和抢险救灾，保障国家发展利益。二是为捍卫国家主权、统一、领土完整提供战略支撑。领土主权是国家生存与发展的基础。我国还没有实现祖国完全统一，同周边多个国家存在领土主权和海洋权益争端，解决好这些问题是我们必须跨越的关口，也是我们在实现中华民族伟大复兴历史进程中，必须正确处理和应对的重大风险挑战。完成祖国统一是我们的三大历史任务之一，关系中国人民根本利益和民族感情。祖国必须统一，也必然统一。要尽最大努力争取和平统一，但任何时候都不能放弃使用武力，任何时候都要坚决威慑和遏制“台独”分裂活动。我军要做好充分准备，确保平时能稳控局势，战时能决战决胜。对“藏独”“东突”“港独”等一切形式的分裂活动，都要严密防范、坚决打击。我们绝不允许任何人、任何政党、在任何时候、以任何形式、把任何一块中国领土从中国分裂出去，谁都不要指望我们会吞下损害我国主权、安全、发展利益的苦果。涉及我国领土主权和海洋权益的争端错综复杂，解决起来都不容易。我军必须做好随时打硬仗的准备，坚持原则、敢于斗争，坚决捍卫国家核心利益，决不后退一步，决不丢失一寸领土。三是为拓展我国海外利益提供战略支撑。随着我国全方位对外开放不断扩大，国家利益向全球不断拓展，形成了重大海外利益格局。相应地，就要建立健全全球性安全保障。国家利益拓展到哪里，安全保障就必须跟进到哪里。这是时代的要求，是历史发展的大趋势。我军要紧跟国家海外利益拓展进程，增强在更加广阔空间遂行多样化军事任务能力。四是为促进世界和平与发展提供战略支撑。实现中华民族伟大复兴，必须有一个和平的国际环境和周边环境，这就要求我们积极参与和塑造国际体系，营造于我有利的国际战略态势。中国始终是世界和平的建设者、全球发展的贡献者、国际秩序的维护者，中国军队始终是维护世界和平的坚定力量。军事力量对国际体系具有战略影响和塑造功能，要加快提升我国在国际安全领域的话语权和影响力，为我国加强国际运筹加重战略砝码，为推动构建人类命运共同体积极贡献力量。

实现党在新时代的强军目标。建设强大的人民军队是我们党的不懈追求，在各个历史时期，我们党都根据形势任务的变化，明确提出人民军队建设发展的目标要求，引领我军建设不断向前发展。党的十八大后不久，习主席鲜明提出实现中华民族伟大复兴的中国梦，强调实现中国梦，对军队来讲也是强军梦。强军梦的本质属性是什么？在 2012 年 12 月一次重要会议上，习主席提出走中国特色强军之路，为建设一支听党指挥、能打胜仗、作风优良的人民军队而奋斗。在2013年3月十二届全国人大一次会议上，进一步把建设一支听党指挥、能打胜仗、作风优良的人民军队明确为党在新形势下的强军目标。党的十九大明确，党在新时代的强军目标是建设一支听党指挥、能打胜仗、作风优良的人民军队，把人民军队建设成为世界一流军队。党在新时代的强军目标明确了我们党领导的人民军队的样子，决定着军队发展方向也决定着军队生死存亡。听党指挥是灵魂，决定军队建设的政治方向。能打胜仗是核心，反映军队的根本职能和军队建设的根本指向。作风优良是保证，关系军队的性质、宗旨、本色。听党指挥、能打胜仗、作风优良，三者相互联系、密不可分，明确了加强军队建设的聚焦点和着力点。

全面推进国防和军队现代化的战略安排。国防和军队现代进程必须同国家现代化进程相适应，军事能力必须同实现中华民族伟大复兴的战略需求相适应。在“两个一百年”奋斗目标的历史交汇期，加快把国防和军队建设搞上去，必须以更高的站位、更全面的视域、更长远的眼光搞好军队建设发展的顶层设计和战略谋划。新时代，习主席把国防和军队建设放在实现中华民族伟大复兴大目标下一体运筹，纳入中国特色社会主义事业总体布局一体推进，对全面推进国防和军队现代化作出新的战略安排，强调到2020年基本实现机械化，信息化建设取得重大进展，战略能力有大的提升；加快机械化、信息化、智能化融合发展，全面加强练兵备战，提高捍卫国家主权、安全、发展利益的战略能力，确保2027年实现建军百年奋斗目标；加快军事理论现代化、军队组织形态现代化、军事人员现代化、武器装备现代化，力争到2035年基本实现国防和军队现代化，到本世纪中叶把人民军队全面建成世界一流军队。从2027年到2035年再到本世纪中叶，近、中、远目标梯次衔接，构成了国防和军队现代化“新三步走”的战略安排。新的战略安排对于军队而言，就是在习近平强军思想的引领下由大向强，全面建成世界一流军队。建设世界一流军队，不能只是与自己过去比，而是要与对手特别是强国军队比、与世界一流军队比。参照系的调整，意味着国防和军队现代化将大大提速，与强国军队比发展。对于国家而言，就是在由大向强、建成社会主义现代化强国的过程中，加快建设巩固国防和强大人民军队，为国家发展、民族复兴提供坚强的安全保障。

【复习思考题】

1. 如何理解习近平强军思想形成的时代背景？
2. 习近平强军思想的主要内容是什么？
3. 新时代军队使命任务是什么？
4. 党在新时代的强军目标是什么？
5. 全面推进国防和军队现代化的战略安排是什么？

第二十七章　坚持党对军队的绝对领导

第一节　党对军队绝对领导的根本原则和制度

人民军队是中国特色社会主义的坚强柱石，党对人民军队的绝对领导是人民军队的建军之本、强军之魂。我军之所以能够历经曲折而愈益强大、历经考验而本色不变，之所以是一支拖不垮、打不败的威武胜利之师，党对军队绝对领导的根本原则和制度发挥了至关重要的作用，这也是一切敌人最惧怕我们的一点。

党对军队绝对领导的根本原则，明确了党和军队的关系，规定了坚持党的领导的唯一性、彻底性和无条件性。其基本内容包括：军队必须完全地无条件地置于中国共产党的领导之下，在思想上政治上行动上始终与党中央、中央军委保持高度一致，坚决维护党中央、中央军委权威，任何时候任何情况下都坚决听从党中央、中央军委指挥；决不允许向党闹独立性，不允许其他政党在军队中建立组织和进行活动，也不允许任何个人向党争夺兵权；未经党中央、中央军委授权，任何人不得插手军队，更不得擅自调动和指挥军队。这些都准确深刻地反映了中国共产党对军队实施绝对领导的特点和要求。

第一，党对军队实施独立的领导。中国共产党是中国人民解放军唯一的独立的领导者和指挥者，中国人民解放军只接受中国共产党的领导。这是指领导权和指挥权的不可分割性。党对军队实施独立的领导，主要体现为：我军必须完全地无条件地置于中国共产党的领导之下，任何时候任何情况下都坚决听从党中央、中央军委指挥。除中国共产党及其助手中国共产主义青年团外，不允许其他党派、社会团体和任何宗教在军队中建立组织和开展活动。军队中一切组织和个人，决不允许向党闹独立性，不允许向党争夺兵权，不允许打个人的旗号。军队成员不得参加其他党派和宗教组织，未经相应政治机关批准，不得擅自参加地方的群众团体，不得成立条令条例规定之外的团体和组织。

第二，党对军队实施直接的领导。党对国家和社会的领导，主要是通过制定大政方针，提出立法建议，推荐重要干部，进行思想宣传，发挥党组织和党员的作用，坚持依法执政来实现的。党对军队的领导不经过中间环节，是直接领导、直接指挥。党对军队实施直接的领导，主要体现为：军队的最高领导权和指挥权属于党中央、中央军委，军委实行主席负责制。未经党中央、中央军委授权，任何人不得插手军队，更不得擅自调动和指挥军队。党在军队设立各级组织，形成一个严密的组织系统，通过其领导和指挥所属部队，使党的领导能够从中央直达基层、直达士兵。

第三，党对军队实施全面的领导。党对军队的领导，不仅要管思想政治建设、党的建设，而且要管军事、管打仗。通俗地讲，就是纵向到底、横向到边。党对军队实施全面的领导，主要体现为：在领导范围上，党的领导涵盖军事、政治、后勤、装备建设各个领域，贯穿于完成各项任务的全过程。在领导内容上，是包括政治领导、思想领导和组织领导在内的全面领导，其中思想上

的领导是基础,政治上的领导是核心,组织上的领导是保证。

坚持党对军队绝对领导不是抽象的原则要求,而是有一整套制度作保证的。这些制度主要包括:军队最高领导权和指挥权属于党中央和中央军委,军委实行主席负责制;实行党委制、政治委员制、政治机关制;实行党委(支部)统一的集体领导下的首长分工负责制;实行支部建在连上。军委主席负责制是坚持党对军队绝对领导的根本制度和根本实现形式,党委、政治委员和政治机关是党从思想上、政治上、组织上建设和掌握部队的重要组织支撑,党委(支部)统一的集体领导下的首长分工负责制是党领导军队的重要制度,支部建在连上是党指挥枪原则落地生根的坚实基础。这一整套制度,是我们党在领导人民军队进行革命、建设和改革的实践中探索总结出来的,构成了一个严密科学完整的组织领导体系。这些制度紧密联系、相互衔接、共同作用,形成了一个"闭合回路",是系统、完整、成熟的制度架构,为党对军队绝对领导提供了坚如磐石的根本保证。

第二节　全面深入贯彻军委主席负责制

全面深入贯彻军委主席负责制,是一项严肃而重大的政治责任,也是全军官兵的共同责任。各级党组织和广大官兵要强化贯彻军委主席负责制各级有责、人人有责、高级干部首当其责的意识,正确把握中央军委集中统一领导和按级分工负责的关系,恪尽职守、各尽其责,确保贯彻落实军委主席负责制更加有力、更加扎实、更加有效,确保政令军令畅通。

1982 年 12 月 4 日,第五届全国人民代表大会第五次会议通过的《中华人民共和国宪法》规定,中央军事委员会实行主席负责制;2017 年 10 月 24 日,中国共产党第十九次全国代表大会通过的《中国共产党党章》规定,中央军事委员会实行主席负责制。中央军委实行主席负责制,是宪法和党章规定的重大制度,是中国特色社会主义政治制度和军事制度的重要组成部分。全面深入贯彻军委主席负责制,关乎我军建设根本方向,关乎新时代强国强军事业发展,关乎党和国家长治久安,关乎中国特色社会主义前途命运。

根据《中华人民共和国宪法》《中国共产党章程》和《中华人民共和国国防法》等法律法规以及党中央、中央军委有关文件规定,军委主席负责制的内涵主要包括 3 个方面。一是中央军委主席负责中央军委全面工作。军委主席全面领导中央军委工作,军委副主席和委员在军委主席领导下工作,共同对军委主席负责。二是中央军委主席领导指挥全国武装力量。军委主席作为全国武装力量的统帅,对中国人民解放军现役部队和预备役部队、中国人民武装警察部队、民兵等所有人民武装力量,拥有宪法、党章和法律赋予的最高领导权和指挥权,未经党中央、中央军委和军委主席授权,任何组织和个人不得插手军队,更不得擅自调动和指挥军队。三是中央军委主席决定国防和军队建设一切重大问题。中央军委工作中的重大事项,由军委主席定夺和批准;国防和军队建设中带有根本性、方向性、全局性重大问题,军委主席拥有最高决策权和最终决定权。

军委主席负责制具有 3 个方面的本质特征。一是军委主席负责制是依法负责,集中体现党、国家和人民的意志。军委主席负责制,是依据宪法和党章规定,由军委主席代表党、国家和人民行使职权,并接受党、国家和人民的监督。二是军委主席负责制是首长负责,由军委主席执掌最高决策权和最终决定权。军委主席作为党和国家最高军事领导机关的首长,对中央军委职权范围内的事项有完全决定权。三是军委主席负责制是全面负责,涵盖中央军委职权范围的各领域各方面。中央军委主席负责中央军委全面工作，也就是说，中央军委工作职权范围内的事项由军委主席全面领导、全权负责。

军委主席负责制蕴含着马克思主义国家学说的精髓要义。马克思主义关于国家、阶级、政党、领袖、军队之间关系的原理，是我们党和国家制定军事领导制度的基本遵循，也是理解把握军委主席负责制的思想之匙。马克思主义认为，军队是国家政权的主要成分，是阶级统治的暴力工具，无产阶级专政的首要条件就是无产阶级军队；政党是特定阶级利益的代表者和维护者，任何政党执政都必然掌握军队的领导权。列宁强调，政党通常是由最有威信、最有影响、最有经验、被选出担任最重要领导职务而被称为领袖的人们所组成的比较稳定的集团来主持的。在我国，中国共产党是工人阶级的先锋队，同时是中国人民和中华民族的先锋队，是中国特色社会主义事业的坚强领导核心。党代表工人阶级和广大人民执掌政权，也必然牢牢掌握一支强大的人民军队，并通过党的领袖掌握党和国家的最高军事领导权。军委主席负责制作为党对军队绝对领导的根本实现形式，反映了我国执政党、国家、军队之间内在的天然的联系，从最高领导权层面确保了我军永远是党的军队、人民的军队、社会主义国家的军队。

军委主席负责制体现了国家军事领导权配置的普遍规律。国家大柄，莫重于兵。国家军事领导权配置，解决的是统治阶级如何有效掌控军权的问题。从世界范围看，虽然由于国体政体和历史文化差异，各国国防体制不尽相同，但其军事制度安排都具有一个共同的根本指向，即军队的领导指挥权必须始终牢牢掌握在最高统帅手中。据有关资料对 110 个国家宪法统计，有 78 个国家宪法明文规定军队统帅由国家元首担任。美国宪法规定，总统是武装部队的总司令。俄罗斯宪法规定，总统是国家元首和俄联邦武装力量最高统帅。在法国，总统为军队最高统帅。这些国家的元首一般都是执政党的领袖人物，都代表本党、本阶级掌握最高军事统帅权。军委主席负责制，吸收借鉴古今中外军事领导权配置的有益经验，体现了军事领域“兵权贵一”的规律要求，实现了全国武装力量领导权和指挥权的高度统一。

军委主席负责制凝结着我们党建军治军的历史经验和优良传统。我们党在创建和领导人民军队的实践中，对军队最高领导权的配置和运用进行了反复探索，不断总结正反两方面历史经验，丰富完善党的军事领导制度。第五次反“围剿”至遵义会议召开前，由于代表正确路线的毛泽东被排除在党和红军决策层之外，党对军队的领导和指挥出现严重失误，导致红军遭受重大挫折，中国革命出现严重危机。1935 年遵义会议实际确立了毛泽东在党和红军的领导地位后，1936 年组成以毛泽东为主席的中华苏维埃共和国中央革命军事委员会，1937 年毛泽东担任中共中央革命军事委员会主席，逐步形成党领导军队的坚强核心。经过抗日战争、解放战争淬炼，党的军事领导制度在实践中进一步丰富完善，成为夺取中国革命胜利的关键因素，也为新中国建立军委主席负责制奠定了重要基础。进入改革开放新时期，针对一个时期以来存在的党和国家最高军事领导权在法律规定和实际运行中不统一的问题，八二宪法规定中华人民共和国中央军事委员会领导全国武装力量，中央军委实行主席负责制，使党对军队的领导和国家对军队的领导融为一体。国家的中央军委与党的中央军委，实际上是一个机构，组成人员和对军队的领导职能完全一致。从根本大法层面建立健全党和国家的军事领导制度，确立军委主席负责制，开辟了党领导军队理论与实践的新境界。党的十八大以来，在习主席坚强领导和有力推动下，军委主席负责制的理论和实践得到极大丰富和发展，军委主席负责制迈上法治化、规范化、机制化运行轨道。

第三节　坚决听从党中央、中央军委和习主席指挥

我军是党绝对领导的人民军队，历来把对党忠诚、听党指挥、向党看齐作为最高政治要求。不管形势如何发展，军队体制编制如何变化，人员如何更新换代，一切行动听从党中央、中央军委指挥这一条决不能变，必须作为信念信仰来恪守，作为政治要求来遵守，作为行动准则来坚守。

1. 坚决维护核心、听从指挥

一个政党、一个国家，领导核心至关重要，关乎旗帜道路方向，关乎党运国脉军魂。党的历史、新中国发展的历史都告诉我们：要治理好我们这个大党、治理好我们这个大国，保证党的团结和集中统一至关重要，维护党中央权威至关重要。党的十八大以来，我国改革开放和社会主义现代化建设取得历史性成就，推动党和国家事业发生历史性变革，根本的是有习主席的坚强领导，有习近平新时代中国特色社会主义思想的科学指引。当前，世情、国情、党情、军情深刻变化，世界正发生前所未有之大变局，进行伟大斗争、建设伟大工程、推进伟大事业、实现伟大梦想，比以往任何时候都更需要一个坚强的领导核心。我们要增强“四个意识”，坚定“四个自信”，做到“两个维护”，贯彻军委主席负责制，做到思想上坚定追随，政治上绝对忠诚，情感上真挚热爱，行动上紧紧跟上，任何时候任何情况下都坚决维护党中央权威和集中统一领导，坚决维护习近平总书记党中央的核心、全党的核心地位，坚决听从党中央、中央军委和习主席指挥，不折不扣贯彻落实党中央、中央军委和习主席决策指示，以有效履行使命的实际行动彰显忠诚担当。要坚决贯彻执行党的路线方针政策，始终站在党和人民的立场上，正确处理个人利益与国家利益、眼前利益与长远利益的关系，自觉在思想上政治上行动上同党中央、中央军委和习主席保持高度一致。

2. 坚决落实党中央、中央军委和习主席决策指示

对党绝对忠诚要害在“绝对”两个字，就是唯一的、彻底的、无条件的、不掺任何杂质的、没有任何水分的忠诚。在落实党中央、中央军委决策指示上打折扣、搞变通、打擦边球，不是贯彻力执行力的问题，实际上是听不听招呼、听不听指挥的问题，能不能自觉维护党中央、中央军委权威的问题。每名官兵必须坚持用这样的标准要求自己，坚决做到枪听我的话、我听党的话，革命军人心向党，党叫干啥就干啥，任何时候都对党忠诚老实，表里如一、知行统一，坚决反对“伪忠诚”“亚忠诚”，决不做政治上的“两面人”。

3. 坚决抵制错误观点的影响

长期以来，围绕坚持党对军队绝对领导这个根本政治原则问题的斗争和较量尖锐复杂。一些西方国家加紧对我国策动“颜色革命”，加紧实施网上“文化冷战”和“政治转基因”工程，极力鼓吹“军队非党化、非政治化”和“军队国家化”，妄图动摇党对军队的绝对领导，对我军官兵拔根去魂，把军队从党的旗帜下拉出去。面对这些错误观点，我们必须坚守对党忠诚的政治立场，在大是大非面前分清良莠、明辨是非，在各种困难、诱惑、威胁面前经受考验，旗帜鲜明地维护党的形象，捍卫党的主张，坚决同各种错误言行作斗争。要严格遵守政治纪律“十不准”和军队党员“七个决不允许”，立场坚定，严守规矩，坚决维护党的形象。要增强政治观念，遇事多想政治上的要求，办事多想政治上的规定，交往多想政治上的影响，把住政策底线，守住思想防线，确保任何时候、任何情况下政治不失分，行为不失范。要对敌对势力的渗透破坏保持高度警惕，不为

谣言所惑,不为杂音所扰,不为蛊惑所动,坚决同各种错误思想言论作斗争,始终保持对党忠诚的政治立场和政治品格。

4. 坚决完成党赋予的各项任务

人民军队历来有这样一个好传统:只要党一声令下,全军官兵不管遇到多大困难、作出多大牺牲,都毫不含糊,坚决完成任务。作为革命军人,要紧紧团结在党的周围,自觉接受党的教育,听从党的指挥,服从党的安排,把完成党交给的各项任务作为最大责任。平时,要坚决认真、雷厉风行地贯彻执行党中央、中央军委的决策指示,确保政令军令畅通。党让抢险救灾,就义无反顾,勇往直前;党让戍边守卡,就百倍警惕地站好岗、放好哨,守卫好祖国的每一寸疆海;党让在平凡岗位上工作,就甘当革命的螺丝钉,拧在哪里,就在哪里闪闪发光。战时,要强化军令如山意识,党指向哪里就打到哪里。让进攻,刀山火海也敢闯,像尖刀那样勇往直前;让坚守,山崩地裂不退却,像钢钉那样铆在阵地上,不惜一切代价坚决完成党赋予的战斗任务,自觉做一名听党指挥、对党忠诚的好战士。

【复习思考题】

1. 坚持党对军队绝对领导的根本原则和制度有哪些基本内容?
2. 军委主席负责制的含义包括哪些方面?本质特征是什么?
3. 如何理解军委主席负责制是党对军队绝对领导的根本实现形式?
4. 新时代革命军人如何做到坚决听从党中央、中央军委和习主席指挥?

第二十八章　全心全意为人民服务是我军的根本宗旨

第一节　我军来自人民、依靠人民

我军是中国共产党缔造和领导的新型人民军队，是为无产阶级和劳动人民翻身解放而建立起来的，这就决定了我军的根本宗旨是全心全意为人民服务。1945 年 4 月，毛泽东在党的七大政治报告中明确指出："紧紧地和中国人民站在一起，全心全意地为中国人民服务，就是这个军队的唯一的宗旨。"

1. 坚持全心全意为人民服务宗旨的要求

坚持全心全意为人民服务的宗旨，要求这个军队所有的人，必须以为人民服务为己任，为人民扛枪，为人民打仗，决不能谋少数人或狭隘集团的私利，决不能为升官发财、出人头地捞好处；必须全心全意地为人民服务，决不能半心半意、三心二意，更不能假心假意，只要人民需要，即使献出生命也在所不惜；必须把人民的利益放在高于一切、重于一切的位置，以是否符合人民利益作为一切言论和行动的最高标准，自己的事再大也是小事，人民的事再小也是大事，自觉把个人的理想、前途和命运融入为人民服务的伟大事业。

2. 坚持全心全意为人民服务宗旨的意义

全心全意为人民服务的宗旨，是我军团结战斗的思想基础。毛泽东曾经指出，这个军队之所以有力量，不仅是因为参加这个军队的人都具有自觉的纪律，而且在于他们是为着广大人民群众的利益、为着全民族的利益而结合、而战斗的。几十年的革命斗争实践表明，我军面对强大敌人所表现出的敢打必胜、一往无前的英雄气概，战胜一切困难、压倒一切敌人的意志力量，从根本上讲来源于全心全意为人民服务的思想。在全心全意为人民服务的宗旨下，我军广大官兵懂得为谁扛枪、为谁打仗，对人民无限热爱，对敌人刻骨仇恨；在全心全意为人民服务的宗旨下，我军广大官兵不怕任何艰难困苦，以苦为荣，艰苦奋斗，勇往直前；在全心全意为人民服务的宗旨下，我军广大官兵兢兢业业，任劳任怨，在平凡的岗位上为人民作出了不平凡的贡献。

全心全意为人民服务的宗旨，是我军不断发展壮大的力量源泉。毛泽东说："战争的伟力之最深厚的根源，存在于民众之中。"军政军民团结是我党我军特有的政治优势。来自人民、为了人民，始终与人民血肉相连、生死与共，是我军的制胜之本、力量之源。革命战争年代，人民群众积极参军参战，地方政府积极拥军支前，全力支援自己的军队打胜仗；和平建设时期，人民群众同样把官兵当亲人，把部队的事当成自己的事，像爱护亲人那样爱护子弟兵，像战争年代那样关心支持部队建设，有力推动和保证了我军建设发展。

历史告诉我们，有了民心所向、民意所归、民力所聚，人民军队就能无往而不胜、无敌于天下。只要始终站在人民立场上，赢得最广大人民的衷心拥护，就能构筑起众志成城的铜墙铁壁。

第二节 我军的历史是一部服务人民的壮丽史诗

90 多年来，我军始终紧紧和全国人民站在一起，患难与共，生死相依，视人民利益高于一切，为人民利益不懈奋斗。一部人民解放军的历史，就是一部为了民族独立、人民解放的历史，就是一部与人民群众血肉相连、生死相依的历史，就是一部为了人民、服务人民的历史。

1. 战火纷飞的生死关头，人民军队为人民利益牺牲一切

在艰苦卓绝的革命斗争中，面对强大凶恶的敌人，我军始终把人民的利益放在高于一切的位置，危难时刻舍身相助，生死关头挺身而出，把生的希望让给群众，把死的危险留给自己。革命战争年代以来，共有 2000 多万烈士为人民献身，其中有名可查的有 370 多万人。刘老庄 82 勇士、狼牙山五壮士、爱民模范马定夫等，他们和千千万万个烈士一样，都有一个共同的墓志铭：为了人民的解放和幸福，甘愿牺牲自己的一切。

2. 大灾大难的危急时刻，人民军队把人民利益高高举过头顶

当特大地震来临时，当森林大火肆虐时，当突发疫情蔓延时，当滔天洪水扑来时，人民军队总是迅即出动、火速驰援，舍生忘死、勇往直前。哪里最危险，哪里就有子弟兵的身影；哪里最需要，哪里就有人民军队的足迹。解放军来了人心定。一次次爱民为民的英雄壮举，赢得了广大人民群众的爱戴和信赖。1998 年夏天的抗洪抢险、2008 年 5 月的汶川抗震救灾、2015 年 6 月的“东方之星”救援，解放军和武警官兵都以自己的实际行动践行了我军宗旨，赢得了人民群众的高度赞扬。

3. 突如其来的生死考验，人民军队为人民利益挺身而出

在人民军队的群英谱中，爱民为民的先进典型不计其数，为了群众的生命安全勇拦惊马的刘英俊、跳进粪池勇救老人的军校大学生张华、见义勇为勇斗歹徒的徐洪刚、一个人感动一座城的救人英雄孟祥斌、三闯火海的最美警卫战士高铁成等，生动诠释了人民军队爱人民的高尚情怀。他们为保卫人民生命财产挺身而出、勇于牺牲的英雄壮举，都源于对人民群众的深情大爱，都源于对我军全心全意为人民服务价值的高度认同。

4. 守护和平的漫漫岁月，人民军队为人民利益无私奉献

军人牺牲何止在战场。和平建设时期，为了人民的幸福和安宁，一代代官兵从来没有松懈过脑中的弦，放下过手中的枪。他们不图名、不图利，默默工作在祖国的边疆、海岛，以及一切需要军人奋斗的地方，使全心全意为人民服务的精神薪火相传、深深扎根。20 世纪五六十年代，面对祖国和人民的召唤，我军数十万官兵主动放弃城市的安逸，不计个人得失，不求名利地位，乐于奉献，甘愿吃苦，来到荒凉艰苦的戈壁滩，为实现“两弹一星”和载人航天的伟大事业，谱写了一曲为人民鞠躬尽瘁、死而后已的光辉篇章。改革开放后，面对利益调整的新考验，广大官兵“头顶边关月，心系天下安”，坚守在雪域高原、深山密林、大漠戈壁、海岛边陲，为人民甘守清贫，无私奉献。进入新时代，虽然军队面临的社会环境和担负的使命任务发生了深刻变化，但我军官兵为人民无私奉献的信念始终没有动摇。无论是在高山哨所，还是在大海孤岛，无论是驾驶银鹰翱翔蓝天，还是在操控潜艇游弋大洋，无论是在外太空的空间站，还是在亚丁湾的护航舰，广大官兵如同回报母亲的恩情一样，用自己的青春和热血捍卫着祖国的每一片领海、领空，守卫着人民群众的幸福安宁。

5. 艰苦奋战的建设一线,人民军队为人民利益勇挑重担

人民军队的性质和宗旨,决定了我军既是战斗队,又是为人民服务的工作队和生产队。几十年来,军队始终视人民如父母,把驻地当故乡,充分利用自身资源和优势,为群众诚心诚意办实事,尽心竭力解难事,屯垦拓荒、兴修水利,捐资助学、扶贫帮困,在西部大开发的主战场,在重点工程建设的工地上,在社会主义新农村建设的进程中,到处都留下了子弟兵的足迹,到处都洒下了官兵的汗水,谱写了一曲曲军爱民、民拥军的华彩乐章。

第三节　永远做人民利益的忠实捍卫者

实现党在新时代的强军目标,为践行全心全意为人民服务的宗旨提出了新的要求,赋予了新的内涵。每名官兵要始终牢记,我军的根基在人民、血脉在人民、力量在人民,在任何时候任何情况下都必须与人民群众心连心、同呼吸、共命运,忠实捍卫人民的利益。

1. 永葆人民子弟兵的政治本色

人民军队建设发展的历史告诉我们,人民群众永远是军队生长的土壤、发展的根基和力量的源泉,无论战争形态如何演变、信息技术如何发展,兵民是胜利之本的战争规律没有改变,人民群众永远是坚如磐石的靠山。特别是未来信息化战争,大量新型武器装备和技术广泛运用,保障复杂,消耗巨大,更需要大力推进军民融合发展,更需要在人才、资金、技术等方面得到人民群众的支持和帮助。我们要始终牢记,作为党领导下的人民军队,全心全意为人民服务的根本宗旨永远不能变,人民子弟兵热爱人民的政治本色永远不能丢。

2. 切实端正对人民群众的态度

践行全心全意为人民服务的宗旨、永葆人民子弟兵政治本色,要端正对人民群众的态度,始终牢记为人民扛枪,为人民打仗的神圣职责,牢记“军队打胜仗,人民是靠山”,保持同人民群众水乳交融、生死与共的关系,视人民利益高于一切、重于一切,以人民需要为第一需要,把维护人民利益作为最高责任。要虚心向群众学习,真心实意拜群众为师,甘当群众的小学生,自觉学习他们吃苦耐劳、拼搏进取的好精神,学习他们勤俭节约、艰苦朴素的好作风,学习他们埋头苦干、质朴淳厚的好品质。要时刻站在群众的立场上想问题,帮助群众解决困难时真心诚意,不敷衍了事,当个人、部队利益与人民利益发生矛盾时,不计自身得失,不与民争利,甘愿牺牲奉献。要正确看待群众的赞誉,谦虚谨慎,戒骄戒躁,虚心听取群众意见,经常检点自己的言行,不断坚定热爱人民、服务人民的政治立场,真正守住人民子弟兵这个“本”。

3. 始终与人民群众保持血肉联系

倾心爱人民、真心为人民,是人民军队的不懈追求。时代发展到今天,虽然军队住进了营房、围起了院墙,但是对人民的感情不能有任何间隔,军民之间的鱼水深情不能变,军民之间的血肉联系也不能变。要牢固树立人民群众是真正英雄的观念,不断增强对人民群众的真挚情感,不因社会环境改变而淡化,不因生活条件改善而疏远,不因庸俗风气干扰而偏移,一如既往地热爱人民、服务人民,视人民为父母、把驻地当故乡,自觉践行爱民为民的价值追求。要大力发扬拥政爱民的光荣传统,满腔热情地参与社会公益事业和军民共建活动,广泛参与驻地扶贫帮困、捐资助学等,以实际行动多为人民做好事、办实事、解难事,反哺人民群众的养育之恩。要严格遵守群众纪律,认真执行党的民族和宗教政策,尊重人民群众特别是少数民族的风俗习惯,依法处理军警民纠纷,树立文明之师的良好形象。

4. 时刻准备为人民牺牲奉献

军人是一种特殊的职业，总是和牺牲奉献联系在一起。为人民牺牲奉献，是革命军人的最高价值体现。既然选择了军人这个崇高的职业，就要坚定为人民牺牲奉献的信念，以实际行动践行全心全意为人民服务的宗旨。在生死考验的危急关头，要具有为国家和人民利益舍得献出自己一切的决心和勇气，赴汤蹈火、义无反顾，冲锋在前、英勇奋战，甘愿为人民流血牺牲。在艰苦恶劣的环境和条件下，要不怕吃苦受累、不怕寂寞孤独，舍小家为大家，甘愿为人民奉献青春热血。在平凡的工作岗位，要以职责使命为重，无论从事什么工作、担负什么任务，都干一行、爱一行、精一行，甘愿为人民贡献全部智慧和力量。

【复习思考题】

1. 如何把握坚持全心全意为人民服务宗旨的要求？
2. 新时代革命军人如何做到永远做人民利益的忠实捍卫者？

第二十九章　打仗和准备打仗是军人的天职

第一节　军队首先是一个战斗队

军队是要打仗的。我军作为一支执行党的政治任务的武装集团，能打胜仗是党和人民对军队的根本要求，时刻准备打仗是革命军人履行职责的重要前提。我们要牢固树立当兵打仗的思想，眼睛盯着战场，枪口瞄着对手，心中想着打赢，以枕戈待旦的精神状态时刻准备为祖国和人民去战斗。

1. 打仗是军队与生俱来的职能

军队的出现是一种社会历史现象。人类社会产生后，很长一段时间并没有军队。到原始社会末期，因争夺猎物、围场、住所，部落间经常发生械斗，才出现了部落武装。进入阶级社会后，统治阶级为了对外侵略与反侵略、对内镇压反抗，建立了专职打仗的队伍。从此，军队走上了历史舞台，成为影响人类文明进程和社会发展走向的重要力量。波斯文明和古希腊文明曾是东、西方文明的优秀代表，公元前5世纪末，横跨欧、亚、非三洲的波斯帝国妄图征服希腊，发动了漫长的希波战争。在长达半个多世纪的战争中，面对强大的敌人，希腊军队毫不畏惧，殊死抗击，最终在萨拉米斯海战中大败波斯军队。从此，波斯帝国逐渐走向衰落，希腊文明日益昌盛，成为世界文明的中心。“国家大柄，莫重于兵。”军队历来是“国之干城”“民之栋梁”，军队强弱、战争胜负，关乎国家安危、民族兴衰。能打仗、打胜仗，是一支军队赖以生存的根本意义和价值所在。

2. 打仗和准备打仗始终是人民军队建设发展的主线

我军从诞生之日起，就英勇投身为中国人民求解放、求幸福，为中华民族谋独立、谋复兴的洪流，把打赢每一场战争、取得每一次战斗胜利作为根本任务。从南昌起义打响反抗国民党反动派的第一枪，到取得二万五千里长征的胜利，从打败日本侵略者到消灭八百万蒋匪军，在党领导的22年的武装革命斗争征程中，人民军队无时不经受着血与火的战斗考验。战争年代如此，新中国成立后也是如此。早在党的七届二中全会上，毛泽东就明确指出：“人民解放军永远是一个战斗队。就是在全国胜利以后，在国内没有消灭阶级和世界上存在着帝国主义制度的历史时期内，我们的军队还是一个战斗队。对于这一点不能有任何的误解和动摇。”《中华人民共和国宪法》第二十九条规定：“中华人民共和国的武装力量属于人民。它的任务是巩固国防，抵抗侵略，保卫祖国，保卫人民的和平劳动，参加国家建设事业，努力为人民服务。”这就从法律上明确规定了我军战斗队的任务。在党的领导下，我军胜利进行抗美援朝战争和多次边境自卫作战，打出了国威军威，捍卫了祖国万里边疆和辽阔海空，为巩固新生人民政权、形成中国大国地位、维护中华民族尊严提供了坚强后盾。历史证明，我军不愧为一支英勇善战、一往无前的战斗队。

随着国家建设发展，人民军队积极投身改革开放新的伟大革命，有力服务和保障国家改革发展稳定大局，依法履行香港、澳门防务职责，有效应对国家安全面临的各种威胁，坚决打击一切形式的分裂破坏活动,积极参与对外军事交流合作和联合国维和行动,始终把战斗队作为根本职能,把打仗作为第一位要求。特别是党在新时代的强军目标,明确了人民军队为实现中国梦提供强大力量保证的重大责任,对部队能打仗、打胜仗提出了新的更高要求。我们要充分认清战斗队永远是我军的基本定位、战斗力永远是军人的不变追求,自觉把打仗当天职、视打赢为目标,始终瞄着能打仗、打胜仗苦练打赢本领,在实现强国梦强军梦征程中书写属于中国军人的时代风采。

第二节　忠实履行战斗队的根本职能

战场打不赢,一切等于零。能打仗、打胜仗是党和人民对军队的根本要求,是军队使命职责之所在、军队存在的根本价值之所在。全军官兵要强化战斗队思想,做到全部心思向打仗聚焦,各项工作向打仗用劲,全面提高新时代备战打仗能力。

1. 牢固树立战斗力这个唯一的根本的标准

坚持把战斗力标准贯彻到全军各项建设和工作之中,是我们在工作指导上需要把握的一个带全局性、方向性的问题。强调战斗力标准,是有效履行我军根本职能的要求,也是提高军队建设质量和效益的要求。军队建设各项工作,如果离开战斗力标准,就失去其根本意义和根本价值。我军许多年没有打过仗了,部队缺乏信息化条件下作战的经验,各项建设成果缺乏实战检验,这是一个很大的不足。现在,我军现代化水平与国家安全需求相比差距还很大,与世界先进军事水平相比差距还很大。我军打现代化战争能力不够,各级干部指挥现代化战争能力不够,这两个问题依然很现实地摆在我们面前。要坚持战斗力这个唯一的根本的标准,坚持把提高战斗力作为全军各项建设的出发点和落脚点,坚持用是否有利于提高战斗力来衡量和检验各项工作。思想的锈蚀比枪炮的锈蚀更可怕。我军练兵备战工作紧不起来、实不起来,思想根子是不少官兵得了“和平病”,危机意识淡薄,思想和精神懈怠,以不打仗的心态做打仗的准备。要以整风精神纠治备战打仗中的顽症痼疾,对和平积习来一个大起底、大扫除,把实战要求落实到练兵备战各方面和全过程,在备战打仗上有一个很大的加强。

基层是部队全部工作和战斗力的基础。党的十八大以来,党中央和中央军委扭住党的组织抓基层、扭住战备训练抓基层、扭住官兵主体抓基层、扭住厉行法治抓基层,着力夯实政治根基、加强练兵备战、重塑力量编成、正规建设秩序、纯正内部风气、激发动力活力,推动我军基层建设取得长足进步。伴随强军兴军的坚定步伐,基层建设站到新的历史起点上,使命任务要求、建设内涵、日常运行状态、部队组织形态、官兵成分结构、外部社会环境等发生深刻的新变化,对新时代基层建设提出新的更高标准。要科学把握、积极适应,认真解决突出矛盾和问题,推动基层建设全面进步、全面过硬。加强新时代我军基层建设,是强军兴军的根基所在、力量所在。要锻造听党话、跟党走的过硬基层,确保党对军队绝对领导直达基层、直达官兵。要锻造能打仗、打胜仗的过硬基层,使基层真正做到召之即来、来之能战、战之必胜。要锻造法纪严、风气正的过硬基层,以严明的法治和纪律凝聚铁的意志、锤炼铁的作风、锻造铁的队伍,为推进强军事业提供坚实基础和支撑。

2. 全面提高军事训练实战化水平

言武备者,练为最要。军事训练是提高实战能力的重要途径和抓手,是最直接的军事斗争准备。军事训练水平上不去,军事斗争准备就很难落到实处,部队战斗力也很难提高,战时必然

吃大亏。各级要强化练兵备战鲜明导向,坚定不移把军事训练摆在战略位置、作为中心工作,抓住不放,抓出成效。坚持聚焦备战打仗,坚持实战实训、联战联训、科技强训、依法治训,发扬优良传统,强化改革创新,加快构建新型军事训练体系,全面提高训练水平和打赢能力,为实现党在新时代的强军目标、把我军全面建成世界一流军队提供坚强支撑。打仗硬碰硬,训练必须实打实。实战化训练,就是要实字当头,在近似实战的环境下摔打锻炼部队,检验官兵素质和装备性能,锻造部队过硬的战斗力。要从实战需要出发,从难从严训练部队,坚持仗怎么打兵就怎么练,打仗需要什么就苦练什么,部队最缺什么就专攻精练什么。军事训练实际上是未来战争的预演,来不得半点飘浮和虚假。要坚决贯彻战训一致原则,按照真、难、严、实的要求,深入纠治训风演风考风等方面存在的突出问题,坚决摒弃训为看、演为看等弄虚作假的训练恶习。

3. 做好随时打仗的充分准备

战争充满着偶然性和不确定性,不是一厢情愿的事,也不可能等我们完全准备好了再去打。宁可备而不战,不可无备而战。我国面临的安全挑战十分严峻复杂,各种可以预料和难以预料的风险挑战明显增多,战争危险现实存在,说不定什么时候就会打一仗。对各方面可能发生的战争风险,我们宁可信其有,不可信其无。只有“信其有”并做好应对准备,坚持不打无准备之仗,才有可能阻遏敌手可能采取的行动。要立足最困难、最复杂情况,对突出短板弱项扭住不放、持续用力,把各项准备工作往前赶、往实里抓。

4. 大力培育“一不怕苦、二不怕死”的战斗精神

打仗从来都是狭路相逢勇者胜。战斗精神,毛泽东说的最概括、最生动,就是一不怕苦、二不怕死。军队要能打仗、打胜仗,固然要靠战略战术,要靠机制体制,要靠武器装备,要靠综合国力,但没有战斗精神,光有好的作战条件,军队也是不能打胜仗的。我军历来是打精气神的,以敢打敢拼闻名于世。敢于斗争、敢于胜利,一不怕苦、二不怕死,是人民军队血性胆魄的生动写照。过去我们钢少气多,现在钢多了,气要更多,骨头要更硬。在缺乏实战检验的情况下,锻造战斗精神主要靠训练。要在艰苦严格的训练中、在近似实战的环境中、在严峻复杂的军事斗争中摔打和锻炼部队,坚定理想信念、磨砺战斗意志、锤炼战斗作风,始终保持一不怕苦、二不怕死的顽强战斗精神。

【复习思考题】

1. 如何理解军队首先是一个战斗队?
2. 如何牢固树立战斗力这个唯一的根本的标准?
3. 如何全面提高军事训练实战化水平?
4. 我军战斗精神的内涵是什么?新时代如何大力培育战斗精神?

第三十章　培养有灵魂、有本事、有血性、有品德的新时代革命军人

第一节　培养“四有”新时代革命军人的重大意义

党的十九大报告提出，培养有灵魂、有本事、有血性、有品德（简称“四有”）的新时代革命军人。“四有”是一个紧密联系、相辅相成、内在统一的有机整体，立起了新时代铸魂育人的根本尺度，明确了革命军人最基本最核心的要求。有灵魂决定新时代革命军人的政治命脉，有本事撑起新时代革命军人的使命担当，有血性彰显新时代革命军人的职业特质，有品德匡正新时代革命军人的行为准则。

1. 培养“四有”新时代革命军人是着眼实现中国梦强军梦作出的战略思考

当前，中华民族伟大复兴进程走到关键的历史阶段，我军处在从大国军队向强国军队跨越的新起点上。我们越发展壮大，遇到的挑战和风险就会越大；越接近民族复兴梦想，越需要建设巩固的国防和强大的军队。党在新时代的强军目标，描绘了建设大国军队、强国军队、一流军队的壮丽蓝图，展示了人民军队强军兴军的意志、抱负和追求。强军目标决定育人目标，育人目标支撑强军目标。当代中国军人尤其是青年官兵，既是强国强军的筑梦人，又是继往开来的接班人。没有大批的合格革命军人，就没有听党指挥的军魂永固，就没有能打胜仗的能力支撑，就没有优良作风的可靠保障。培养“四有”新时代革命军人，集中反映了强军目标对官兵素质能力的时代要求，体现了习主席着眼实现中国梦强军梦深邃长远的战略考量，这是人民军队强军兴军的百年大计，是中国特色社会主义事业根基永固的千秋大业。

2. 培养“四有”新时代革命军人是对我们党铸魂育人思想的继承与发展

从一定意义上说，人民军队的发展史，就是按照党的要求“立人”的历史，就是一代又一代革命军人在党的领导下英勇奋斗的历史。每当时代发生变化、党和军队确立新的奋斗目标或提出新的重大任务时，我们党都会提出相应的育人目标和要求。这种目标和要求都打上了鲜明的时代烙印，都见证了人民军队阔步前行的历史足迹。习主席关于培养“四有”新时代革命军人的重要思想，深刻揭示了培养合格革命军人的内在规律，是对新形势下我军铸魂育人目标的新概括、新定位，与我们党培养合格革命军人思想一脉相承又与时俱进，进一步丰富了我们党建军治军思想。

3. 培养“四有”新时代革命军人是人民军队培育社会主义核心价值观走在前列的内在要求

社会主义核心价值观，是社会主义中国的精神旗帜。培养新时代革命军人与践行社会主义核心价值观是内在统一的，它既体现了核心价值观对军人思想道德和行为规范的内在要求，也是我军培育核心价值观的重要载体和实践抓手。有灵魂、有本事、有血性、有品德，凝结着社会主义先进军事文化的精髓要义，承载着军人立身、立志、立德、立业的价值表达和价值引领。作为新时代军队建设的铸魂育人工程，培养新时代革命军人是对官兵素质由内而外的升级塑造。

自觉做到有灵魂、有本事、有血性、有品德，就能永葆红色基因不变、革命气节不移、英雄豪气不减、精武强能不懈，以崭新的风貌挺立时代潮头。

4. 培养“四有”新时代革命军人是对解决军队建设重大现实问题的时代回应

当前，面对国家安全环境发生深刻变化的新形势，面对意识形态领域斗争尖锐复杂的新态势，面对长期相对和平环境和市场经济深入发展带来的新课题，面对军事斗争准备艰巨繁重的新任务，只有按照“四有”要求，灵魂上“补钙”，本事上“升级”，血性上“淬火”，品德上“提纯”，立起新时代革命军人的好样子，才能做到政治靠得住，风浪击不垮，战场打得赢，肩负起强军兴军的历史使命。

第二节　有灵魂是新时代革命军人必备的理想抱负

有灵魂，是强军兴军进程中我军官兵应当具备的理想抱负，是对新时代革命军人的政治要求。核心要义是习主席强调的信念坚定、听党指挥。就是要对党的理想高度认同、对党的信仰忠贞不渝、对党的要求坚决恪守，始终保持对实现中国梦强军梦的坚定信念信心，自觉坚持党对军队绝对领导的根本原则和制度，始终在思想上政治上行动上同党中央、中央军委和习主席保持高度一致，一切行动听从党中央、中央军委和习主席指挥。

1. 有灵魂就是要信念坚定、听党指挥

始终保持对实现中国梦强军梦的坚定信念信心。实现中国梦，对军队来说就是实现强军梦。党在新时代的强军目标，明确了加强军队建设的聚焦点和着力点，听党指挥是灵魂，决定军队建设的政治方向；能打胜仗是核心，反映军队的根本职能和军队建设的根本指向；作风优良是保证，关系军队的性质、宗旨、本色。必须牢记强军目标、坚定强军信念、献身强军实践，坚定不移走中国特色强军之路，朝着强军目标奋勇前进。

毫不动摇坚持党对军队绝对领导。坚持党对军队绝对领导，关系我军性质宗旨、关系社会主义前途命运、关系党和国家长治久安，是建军之魂、强军之魂。在这个根本政治原则问题上，必须头脑特别清醒、态度特别鲜明、行动特别坚决，坚定党对军队绝对领导的政治自信和政治自觉，坚定不移地听党话、跟党走。

坚决听从党中央、中央军委和习主席指挥。信念坚定、听党指挥，最紧要的是始终在思想上政治上行动上同党中央、中央军委保持高度一致，坚决维护党中央、中央军委和习主席的权威，一切行动听从党中央、中央军委和习主席指挥。这一条，必须作为最高的政治要求来遵守，作为最高的政治纪律来维护。

2. 有灵魂是践行强军目标必备的政治品格

有灵魂是把正方向、坚定立场的根本保证。革命军人有了坚定的理想信念和崇高的价值追求，就能知所趋赴、有所坚守，自觉与党同心同德，坚决听党指挥。革命军人只有坚定信念、听党指挥，才能拥有“定盘星”“主心骨”，始终保持政治清醒和政治定力，任何时候都不迷茫、不迷航。

有灵魂是不懈奋斗、干事创业的力量源泉。实现中国梦、强军梦，既是光荣而神圣的事业，也是艰巨而繁重的任务，绝不是轻轻松松、顺顺当当就能实现的。革命军人信念坚定、听党指挥，就能激发起忘我献身热情、无穷拼搏勇气和顽强韧劲斗志，战胜一个个“硬骨头”“拦路虎”，朝着强军目标不断前进。

有灵魂是拒腐防变、经受考验的信念支撑。在长期和平环境下，我军始终面临着精神懈怠的危险，容易滋生拜金主义、享乐主义、极端个人主义等思想。革命军人信念坚定、听党指挥，就能把住总开关，扎紧篱笆，炼就“金刚不坏之身”，在大是大非面前旗帜鲜明，在风浪考验面前无所畏惧，在各种诱惑面前立场坚定。

3. 按照有灵魂要求固本培元

真学真信真用党的科学理论。要深入学习马克思主义基本原理和马克思主义中国化成果，坚定实现中国梦强军梦的自觉自信。要重点学习习近平新时代中国特色社会主义思想特别是习近平强军思想，全面领会核心要义和精神实质，深刻把握贯穿其中的坚定信仰追求、历史担当意识、真挚为民情怀、务实思想作风和科学思想方法，增进对党中央、习主席的信赖拥戴。

学习党史军史和我党我军优良传统。要大力学习弘扬我党我军在长期实践中用鲜血和生命铸就的光荣传统和优良作风，学习弘扬全军各部队不同历史时期培育形成的特有革命精神，自觉传承红色基因、当好红色传人。

旗帜鲜明批驳抵制错误思想观点。要绷紧意识形态斗争这根弦，增强政治敏锐性和政治免疫力，凡事都要想一想其政治背景、政治动机和政治影响，不为错误思潮和政治观点所惑所扰。要强化政治意识、政权意识，坚决同各种错误思想作斗争。

严守政治纪律和政治规矩。军队守纪律首要的是遵守政治纪律，守规矩首要的是遵守政治规矩，任何人不得越过政治纪律、政治规矩的红线，越过了就是大忌，就要付出代价。要严格遵守政治纪律“十不准”和“七个决不允许”的要求，严禁发表与党的路线方针政策和军委决策指示相违背的言论，严禁编造、听信、传播有损党的领导和形象的谣言信息，决不对党的决策指示说三道四。

第三节　有本事是新时代革命军人必备的素质本领

有本事，是强军兴军进程中我军官兵应当具备的素质本领，是对新时代革命军人的能力要求。核心要义是习主席强调的素质过硬、能打胜仗。就是要始终牢记我军的根本职能，把打仗作为主业、专业和事业，掌握必备的现代军事、科技知识，练就过硬的作战能力，有效履行使命任务，成为能打胜仗的“刀尖子”。

1. 有本事就是要素质过硬、能打胜仗

掌握必备的现代军事、科技知识。现代战争往往牵涉政治、经济、文化、历史、地理等多种因素，陆、海、空、天、电网多维战场融为一体，要求军人具有较高的科学文化水平，掌握更加宽厚的军事知识。要了解现代军事理论，认识现代战争的本质要求、特点规律，特别是要熟悉了解信息化战争的作战样式、一体化联合作战的基本要求等。要掌握岗位急需、履行职责必备的知识，熟悉干好工作必需的基础理论，了解完成本职工作需要的相关知识，切实把应知应会的知识理解透、掌握好。要了解世界新军事革命态势和中国特色军事变革进程，了解军事科技和武器装备发展动向，为进一步做好工作创造有利条件。

练就过硬的作战能力。作为新时代革命军人，有本事最起码的是军官胜任本级指挥，士兵胜任本职岗位，具备精湛的技战术素养，能打仗、打胜仗。信息化条件下，武器装备的系统性、联动性、智能化程度越来越高，每个战位、每名官兵都是制胜的关键节点。要熟悉了解手中武器装备的基本性能，熟练掌握操作使用流程和维护保养方法，精通技术战术运用，实现人与武器的最

佳结合,做到装备玩得转、信息联得通、系统用得精、枪炮打得准。

能够有效完成使命任务。革命军人有本事,说一千道一万,就是把肩负的使命履行好、把交给的任务完成好。这既是有本事的具体体现,也是对本领是否过硬的实际检验。军人的第一身份是战斗员,第一职责是备战打仗。一旦发生战事,广大官兵必须闻令而动、听令而行,顽强作战、英勇杀敌,冲得上、打得赢。当前,我军军事演习、抢险救灾、维稳处突、护航维和等重大任务日益增多,对和平时期军队履行职能使命提出更高要求。广大官兵要勇于挑重担、扛大梁,当先锋、打头阵,危急关头站得出来、豁得出去,对上级赋予的任务能够克服困难、坚决完成。

2. 有本事是践行强军目标必备的核心能力

有本事是坚持战斗力标准的内在要求。战斗力是由人、武器装备以及人与武器装备的结合方式3个基本要素构成的,其中,人是战斗力中最核心、最能动的要素,人的素质高低、本领大小直接决定着战斗力的水平。打赢信息化战争对战斗力各要素都提出了新的更高要求,迫切需要每名官兵的思想观念、工作标准、精神状态、能力素质、工作作风实现一个大的提升。

有本事是应对现实安全威胁的紧迫要求。当前,我国周边特别是海上方向安全的不稳定性、不确定性增大,国家安全面临的现实和潜在威胁增多,维护国家统一、领土主权、海洋权益和发展利益的任务更加艰巨。各种敌对势力加紧进行渗透、破坏、颠覆活动,维护国家政治安全和社会稳定增加了新的难度。面对各种现实安全威胁,必须具有过硬的素质本领,才能坚决完成各项军事斗争任务,有效履行军队使命任务。

有本事是解决“两个能力不够”问题的现实要求。当前,我军现代化水平与国家安全需求相比差距还很大,与世界先进军事水平相比差距还很大,打现代化战争能力不够、各级干部指挥现代化战争能力不够的问题依然很现实地摆在我们面前。这就要求每名官兵强化“本领恐慌”意识,对照差距补短板,瞄准强敌练硬功,勇于创新求突破,不断提高驾驭现代战争的能力,锤炼信息化条件下遂行作战任务的能力。

3. 按照有本事要求学知强能

在学习思考中提高。学习是革命军人强本事、长才干的基本途径。要深入学习新时代军事战略方针,准确领会中央对国际战略形势和国家安全环境的科学判断,深刻理解积极防御战略思想新的内涵。要加强作战问题研究,深入研究任务、研究对手、研究战场,真正把现代战争制胜机理、作战任务、作战对手、作战环境搞透,把部队遂行作战任务的作战指导、战法运用、指挥协同、综合保障等重大问题搞清,提高领导部队建设和指挥打仗的素质本领。

在军事实践中砥砺。军事训练和重大军事任务,为革命军人强本事、长才干提供了广阔的实践平台。要积极投身实战化军事训练,坚持从实战需要出发从难从严训练,把科目训全、内容训实、时间训够、质量训好。要积极投身重大军事任务实践,主动冲在前、挑重担,做到每执行一次重大任务,能力素质就得到一次提升。

在攻坚克难中强化。强军征程中必然面临不少新情况新问题,要不等不靠、不躲不绕,主动寻找创新点、突破口,积极参与民主练兵、训练改革、技术创新,努力在推进工作创新中更新观念、提高能力。

第四节　有血性是新时代革命军人必备的精神特质

有血性,是强军兴军进程中我军官兵应当具备的精神特质,是对新时代革命军人的精气神要求。核心要义是习主席强调的英勇顽强、不怕牺牲。就是要胸怀不辱使命的强烈担当,保持坚韧不拔的顽强意志,坚定不畏强敌的必胜信念,发扬视死如归的献身精神。

1. 有血性就是要英勇顽强、不怕牺牲

胸怀不辱使命的强烈担当。忠诚使命、献身使命,是新时代革命军人职业品质的集中体现,是对党和人民的庄严承诺。在强军兴军征程中,有许多沉疴积弊需要破除,有许多新情况新问题需要解决,履行使命必须落实到干好每件工作、完成每项任务上。在实际工作中,无论组织交给什么任务,无论遇到什么困难,无论要求多高多急,都要毫不含糊坚决完成,做到我的工作我尽责、我的岗位请放心。

保持坚韧不拔的顽强意志。不怕苦累、不畏艰险,愈难愈勇、愈挫愈奋,是对军人意志作风的基本要求,是完成任务不可或缺的重要支撑。革命军人要在困难面前逞英雄、显风流。日常工作中,精神振奋、乐观向上,严寒酷暑熬得住,偏远闭塞耐得住,艰难困苦扛得住。训练演习时,严训实练、连续奋战,强度再大不言累,难度再大不退缩。面对挑战考验,不动摇不懈怠,意志坚定,斗志昂扬,坚决攻克各种难关。遇到挫折失败,不气馁不放弃,在千锤百炼中加钢淬火,在耐压抗挫中成长成熟。

坚定不畏强敌的必胜信念。勇猛顽强、无所畏惧,敢于亮剑、勇于胜利,是军人豪气胆魄的集中体现,是战胜敌人的力量源泉。革命军人不管面对多么强大的敌人、处于多么危险的境地,都要保持勇敢战斗状态、勇猛冲锋姿态,充满一往无前、无坚不摧的豪气,舍我其谁、有我无敌的霸气。

发扬视死如归的献身精神。除了胜利一无所求,为了胜利一无所惜,是革命军人血性胆气的最高境界。军人最大的荣誉是在英勇无畏战斗中得到的,军人至高的忠诚是在勇于牺牲奉献中体现的。在人民生命财产安全受到威胁时,临危不惧、挺身而出、决不退缩。在国家安全和统一受到侵害时,衔命出征、冲锋陷阵,生命不息战斗不止。面对敌人威逼利诱,铁骨铮铮、大义凛然、誓死不屈,贞守革命军人气节。

2. 有血性是践行强军目标必备的精神特质

有血性是我军战胜强大敌人的制胜密码。我军素以有强大的战斗精神闻名于世。90 多年来,我军战无不胜、所向披靡,一个重要原因就是具有一不怕苦、二不怕死的血性胆气。这是我军的重要法宝和特有优势。

有血性是打赢信息化战争的精神利刃。信息化战争战局态势瞬息万变、火力打击精确猛烈,要求官兵必须临阵不乱、临危不惧,才能始终保持高昂士气和良好状态。信息化装备操作精细复杂、要求越来越严,要求官兵必须沉着冷静、严谨缜密,才能发挥武器装备的最佳作战效能。信息化作战更加强调体系支撑、联合制胜,要求官兵必须团结协同、密切配合,才能形成并发挥整体作战威力。可以说,信息化战争对军人血性的要求不是降低了而是更高了,军人血性对打赢的作用不是减弱了而是更强了。

有血性是战胜强军进程中困难挑战的动力引擎。实现党在新时代的强军目标,没有改革创新的锐气、攻坚克难的勇气是不行的。当前,军事斗争准备面临大量矛盾和问题,只有坚持向积弊开战、朝纵深进击,才能推动各项准备工作不断拓展深化。深化国防和军队改革进入深水区和攻坚期,只有敢啃硬骨头,敢于涉险滩,才能冲破思想观念的障碍和利益固化的藩篱,解决长期积累的体制性障碍、结构性矛盾、政策性问题。

有血性是彰显革命军人意志力量的形象标识。英勇顽强、不怕牺牲的血性是我军官兵用鲜血和生命浇铸的不朽品牌,也是人民群众评判合格革命军人的特有标准。身有血性方称勇。只有强化不怕苦累、牺牲奉献的意志,砥砺平时忘我、战时忘死的胆气,才能树好革命军人应有的样子。

3. 按照有血性要求练胆激气

用军队职能使命强化。血性支撑职能使命,职能使命催生血性。要认真学习领会新时代军队使命任务,弄清"为谁扛枪、为谁打仗,当兵干什么、练兵为什么"的基本道理,深扎精武强能、备战打仗的思想根子。要深刻认识国家安全形势的复杂性、严峻性,树牢随时准备打仗思想,强化战备观念和敌情意识,时刻紧绷打仗这根弦,保持高度戒备状态。

用优良传统作风熏陶。优良传统作风是滋养血性的肥沃土壤。要深入学习了解我党我军波澜壮阔的革命史、艰苦卓绝的斗争史、可歌可泣的英雄史,学习人民军队的特有革命精神,学习部队战史、战例、战将、战斗英雄,在寻根溯源中感悟战斗精神,在心灵震撼中激发血性胆气。

用训练演习任务磨砺。要积极投身实战化训练,把练技术、练战术与练思想、练作风结合起来,注重在战备演习、抢险救灾、维和维稳等重大任务中全面摔打磨炼,培育舍身报国战斗信念、敢打必胜战斗血性、团结协作战斗品格、沉稳坚韧战斗心理、英勇顽强战斗作风。

用军人崇高荣誉激发。荣誉是激发军人血性的重要动力。要倍加珍惜我军辉煌厚重的荣誉,学习英模人物先进事迹,参加仪式纪念活动,从先辈先烈用鲜血生命换来的荣誉功勋、荣誉称号、锦旗奖章中,触摸历史、感悟责任、激扬血性。要积极创造荣誉,树牢见任务就抢、见红旗就扛、见第一就争的意识,投身创先争优、立功创模活动,努力在本职岗位上创造一流业绩、作出更大贡献。

第五节 有品德是新时代革命军人必备的道德情操

有品德,是强军进程中官兵应当具备的道德情操,是对新时代革命军人的道德要求。核心要义是习主席强调的情趣高尚、品行端正。就是要知荣明耻、明辨是非、克己慎行、自律慎独,保持崇高追求,提升思想境界,培养健康情趣,模范遵守社会公德、职业道德、家庭美德和个人品德。

1. 有品德就是要情趣高尚、品行端正

保持崇高精神追求。始终以国家和民族利益为重,把国家、民族利益高高举过头顶,把报国之志与强军之行统一起来,自觉为强国强军贡献智慧力量。始终以为人民服务为本,胸怀对人民群众的赤诚大爱,端正对人民群众的根本态度,增进对人民群众的真挚感情,为人民利益不懈奋斗。始终以无私奉献为荣,把国家利益、社会利益、集体利益置于个人利益之上,大公无私、公而忘私,平凡岗位上忘我工作、默默奉献。

坚守高尚人品官德。把端正人格品行作为立身之本,正直坦荡,诚实守信,助人为乐,敬业奉献,团结友爱,孝老爱亲。把纯洁官德修养作为为官之基,党员干部既要修德在前、立德在先,更要在"德"的标准上高于官兵、严于官兵。

培养健康情趣爱好。生活要艰苦俭朴,反对大手大脚、铺张浪费,抵制享乐主义、奢靡之风,做到以勤为本、以苦励志、以俭修身。交往要纯洁健康,在处理人际关系和人情问题上讲党性、讲原则。爱好要文明高雅,提升审美层次,追求高格调高品位的精神生活,多读书、多运动、多参加健康有益的文化活动,坚决抵制腐朽思想文化和生活方式。

把好道德法纪底线。始终怀有敬德畏法之心,自觉在思想上划出红线、在行为上明确界限,坚决维护法纪尊严与权威。时刻握紧道德法纪戒尺,决不做与道德相违背的事情,决不罔顾法纪、以身试法。

2. 有品德是践行强军目标必备的道德操守

有品德是立身做人、当兵为官的准则。青年官兵处在世界观人生观价值观形成的关键时期,常常面临得与失、苦与乐、义与利、生与死的考验,只有不断加强道德修养、强化道德约束,才能自觉匡正人生追求、抵御各种诱惑,始终走得正、行得端。

有品德是履职尽责、干好工作的基础。无论是平时训练执勤,还是战时冲锋陷阵,都需要高尚道德作有力支撑,否则就难以形成强大的向心力凝聚力,完成任务、履行使命就无从谈起。新时代,广大官兵纯洁思想道德面临许多现实考验,只有自觉修身养德,才能激发强烈的事业心责任感,积极为强军兴军贡献智慧力量。

有品德是保持本色、树好形象的保证。当前社会上的多元价值取向和不良风气不断向军营渗透蔓延,一些官兵无私奉献、艰苦奋斗等革命精神有所弱化,是非、美丑、荣辱等基本道德标准出现错位,对部队的形象声誉带来损害。广大官兵只有加强道德修养,升华思想境界、涵养浩然正气、塑造高尚品格,才能永葆政治本色,维护我军良好形象。

3. 按照有品德要求修身立德

自觉培育践行核心价值观。大力弘扬和践行社会主义核心价值观,持续培育当代革命军人核心价值观,融入岗位实践,进入日常养成,躬身笃行,久久为功,切实在落细落小落实上下功夫见成效。

学习弘扬中华优秀传统文化。认真汲取中华优秀传统文化的思想精华和道德精髓,继承和发扬中华传统武德,学习精忠报国、抗敌御侮的爱国精神,有死之荣、无生之辱的忠烈气节,尚武精艺、智勇兼备的英武气质,和军爱卒、赏信罚必的为将之道,从中受到教益、获得启迪。

模范遵守基本道德规范。要自觉维护社会公德,始终恪守革命军人职业道德,积极践行家庭美德,着力锤炼个人品德,自觉做一个高尚的人、纯粹的人、脱离低级趣味的人、有益于人民的人。

坚持做好小事、管好小节。要从做好小事、管好小节开始起步,从自身严起、从现在做起,见善则迁,有过则改,踏踏实实做事,老老实实做人。

【复习思考题】

1. 培养“四有”新时代革命军人的重大意义是什么?
2. “四有”的本质内涵分别是什么?
3. 如何按照“四有”要求做新时代革命军人?

典型例题

一、人民军队历史与光荣传统

1. 1927 年________,打响了武装反抗国民党反动派的第一枪,开始了中国共产党独立领导

革命武装斗争和创建人民军队的新时期。(单项选择)

A. 南昌起义　　B. 秋收起义　　C. 广州起义　　D. 渭华起义

【参考答案】A

2. 1929 年底,中共红四军第九次代表大会召开,纠正和肃清了各种非无产阶级思想,确立了思想建党、政治建军的重大原则,这就是我党我军历史上著名的________。(单项选择)

A. 南昌起义　　B. 三湾改编　　C. 古田会议　　D. 洛川会议

【参考答案】C

3. ________的和平解决,为国共两党第二次合作奠定了基础,成为国内革命战争走向抗日民族解放战争的转折点。(单项选择)

A. 九一八事变　　B. 西安事变　　C. 卢沟桥事变　　D. 皖南事变

【参考答案】B

4. 1948 年 9 月,东北野战军发起________,随后华东野战军和中原野战军以徐州为中心发起了________,11 月 29 日东北野战军和华北野战军发起________。(单项选择)

①淮海战役　②辽沈战役　③平津战役　④淞沪会战

A. ②①③　　B. ①②③　　C. ③②①　　D. ③①④

【参考答案】A

5. 90 多年来,人民军队为党和人民建立哪些伟大的历史功勋?(简答)

【参考答案】

(1)这个伟大的历史功勋就是,英雄的人民军队,在党领导的 22 年武装革命斗争中,以无往不胜的英雄气概、坚韧不拔的革命毅力、灵活机动的战略战术、英勇顽强的战斗作风,克服了各种难以想象的艰难困苦,打败了国内外异常凶恶的敌人,夺取了土地革命战争、抗日战争、解放战争的伟大胜利,推翻了压在中国人民头上的三座大山,以鲜血和生命为建立人民当家作主的新中国奠定了牢固根基,彻底扭转了中华民族近代以来落后挨打的被动局面。

(2)这个伟大的历史功勋就是,英雄的人民军队,积极投身社会主义革命和建设,全面履行保卫祖国、保卫人民和平劳动的职能,胜利进行抗美援朝战争和多次边境自卫作战,打出了国威军威,捍卫了祖国万里边疆和辽阔海空,为巩固新生人民政权、形成中国大国地位、维护中华民族尊严提供了坚强后盾。

(3)这个伟大的历史功勋就是,英雄的人民军队,积极投身改革开放新的伟大革命,有力服务和保障国家改革发展稳定大局,依法履行香港、澳门防务职责,有效应对国家安全面临的各种威胁,坚决打击一切形式的分裂破坏活动,积极参与对外军事交流合作和联合国维和行动,为维护中国共产党领导和我国社会主义制度,为维护国家主权、安全、发展利益,为维护我国发展的重要战略机遇期,为维护地区和世界和平提供了强大力量支撑。

二、把人民军队全面建成世界一流军队

6. 推进强军事业必须坚持政治建军、________、依法治军,全面提高军队革命化现代化、正规化水平。(单项选择)

①改革强军　②科技兴军　③科技强军　④人才强军

A. ②③④　　B. ①②③④　　C. ①②　　D. ①③④

【参考答案】D

7. 力争到2035年基本实现国防和军队现代化。“国防和军队现代化”是指________。（单项选择）

①军事理论现代化　②军队组织形态现代化

③军事人员现代化　④武器装备现代化

A. ①②③　　B. ①③④　　C. ②③④　　D. ①②③④

【参考答案】D

8. 党的十九届五中全会历史性提出________。（单项选择）

A. 确保二〇二五年实现建军百年奋斗目标

B. 确保二〇二七年实现建军百年奋斗目标

C. 确保二〇三五年基本实现国防和军队现代化

D. 确保本世纪中叶全面建成世界一流军队

【参考答案】B

9. 简述习近平强军思想的历史地位。（简答）

【参考答案】

（1）习近平强军思想实现了马克思主义军事理论中国化时代化的新飞跃。这一思想，贯穿的鲜明主题是强军兴军，根本着眼是以强军支撑强国复兴伟业，核心要求是实现党在新时代的强军目标、把人民军队全面建成世界一流军队，实践指向是走中国特色强军之路。习近平强军思想，体现了理论与实践相结合、战略和战术相一致、认识论和方法论相统一，把我们党对国防和军队建设规律、军事斗争准备规律、战争指导规律的认识提升到新高度，谱写了马克思主义军事理论的新篇章。

（2）习近平强军思想是新时代强军事业开创新局面、踏上新征程的科学指南。过去几年，人民军队在中国特色强军之路上迈出坚实步伐。根本在于习主席的坚强领导，在于习近平强军思想的科学指引。我们要实现全面建成世界一流军队的目标，都一刻也离不开习近平强军思想的指引。坚持以习近平新时代中国特色社会主义思想为指导，全面准确学习领会、毫不动摇贯彻落实习近平强军思想，全军官兵就有了最可宝贵的政治滋养和坚不可摧的精神支柱，就一定能够汇聚起推进新时代强军事业的磅礴力量，夺取全面推进国防和军队现代化的新胜利。

三、坚持党对人民军队的绝对领导

10. 党对军队绝对领导的根本原则和制度，发端于________，奠基于________，定型于________，是人民军队完全区别于一切旧军队的政治特质和根本优势。（单项选择）

①南昌起义　②三湾改编　③古田会议　④井冈山根据地

A. ①②③　　B. ②③④　　C. ①②④　　D. ①③④

【参考答案】A

11. ________是坚持党对军队绝对领导的根本制度和根本实现形式。（单项选择）

A. 党委（支部）统一的集体领导下的首长分工负责制

B. 军委主席负责制

C. 党委制、政治委员制、政治机关制

D. 支部建在连上

【参考答案】B

12. “两个维护”是指________。(单项选择)

①坚决维护党中央核心地位

②坚决维护习近平总书记党中央的核心、全党的核心地位

③坚决维护党中央权威和集中统一领导

④坚决维护军委主席负责制

A. ①③　　B. ①④　　C. ③④　　D. ②③

【参考答案】D

13. 军委主席负责制的含义包括哪些方面?(简答)

【参考答案】

军委主席负责制的含义主要包括3个方面:一是中央军委主席负责中央军委全面工作;二是中央军委主席领导指挥全国武装力量;三是中央军委主席决定国防和军队建设一切重大问题。

14. 对党绝对忠诚要害在“绝对”两个字,如何理解绝对忠诚的内涵?(简答)

【参考答案】

绝对忠诚就是唯一的、彻底的、无条件的、不掺任何杂质的、没有任何水分的忠诚。

四、全心全意为人民服务是我军的根本宗旨

15. ________是人民军队的根本宗旨。(单项选择)

A. 维护国家安全　　B. 全心全意为人民服务

C. 坚持党对人民军队的绝对领导　　D. 防御外敌入侵

【参考答案】B

16. 我军必须坚定地站在人民的立场上,把人民的利益看得高于一切,决定于________与人民群众的血肉联系。(单项选择)

A. 严格的纪律　　B. 我军的性质

C. 上下团结一致　　D. 我军的条令条例

【参考答案】B

17. 如何理解我军的历史是一部服务人民的壮丽史诗?(简答)

【参考答案】

(1)战火纷飞的生死关头,人民军队为人民利益牺牲一切;

(2)大灾大难的危急时刻,人民军队把人民利益高高举过头顶;

(3)突如其来的生死考验,人民军队为人民利益挺身而出;

(4)守护和平的漫漫岁月,人民军队为人民利益无私奉献;

(5)艰苦奋战的建设一线,人民军队为人民利益勇挑重担。

五、打仗和准备打仗是军人的天职

18. 军队是要准备打仗的,必须聚焦能打仗、打胜仗,创新发展军事战略指导,构建________,全面提高新时代备战打仗能力,有效塑造态势、管控危机、遏制战争、打赢战争。(单项选择)

A. 中国特色现代作战体系　　B. 中国特色现代军队体系
C. 中国特色军事法治体系　　D. 中国特色现代军事力量体系

【参考答案】A

19. ________是部队经常性中心工作。(单项选择)

A. 打仗　　B. 军事训练
C. 思想政治教育　　D. 战斗精神培育

【参考答案】B

20. 全面提高训练水平和打仗能力要坚持________。(单项选择)

①实战实训　②联战联训　③科技强训　④依法治训

A. ①②③　　B. ②③④　　C. ①②④　　D. ①②③④

【参考答案】D

21. 加强新时代我军基层建设,要全面锻造________的过硬基层,________的过硬基层,________的过硬基层,为推进强军事业提供坚实基础和支撑。(单项选择)

①听党话、跟党走　②能打仗、打胜仗　③召即来、战必胜　④法纪严、风气正

A. ①②③　　B. ②③④　　C. ①②④　　D. ①③④

【参考答案】C

22. 如何牢固树立战斗力这个唯一的根本的标准?(简答)

【参考答案】

树立战斗力这个唯一的根本的标准,坚持把提高战斗力作为全军各项建设的出发点和落脚点,坚持用是否有利于提高战斗力来衡量和检验各项工作。

要以整风精神纠治备战打仗中的顽症痼疾,对和平积习来一个大起底、大扫除,把实战要求落实到练兵备战各方面和全过程,在备战打仗上有一个很大的加强。

六、培养有灵魂有本事有血性有品德的新时代革命军人

23. 有本事是对新时代革命军人的政治要求,其核心要义是________。(单项选择)

A. 信念坚定、听党指挥　　B. 英勇顽强、不怕牺牲
C. 素质过硬、能打胜仗　　D. 情趣高尚、品行端正

【参考答案】C

24. 有品德是对新时代革命军人的道德要求,其核心要义是________。(单项选择)

A. 信念坚定、听党指挥　　B. 英勇顽强、不怕牺牲
C. 素质过硬、能打胜仗　　D. 情趣高尚、品行端正

【参考答案】D

25. 为什么说有本事是践行强军目标必备的核心能力?(论述)

【参考答案】

(1)有本事,是强军兴军进程中我军官兵应当具备的素质本领,是对新时代革命军人的能力要求。核心要义是习主席强调的素质过硬、能打胜仗。就是要始终牢记我军的根本职能,把打仗作为主业、专业和事业,掌握必备的现代军事、科技知识,练就过硬的作战能力,有效履行使命任务,成为能打胜仗的“刀尖子”。

(2)有本事是坚持战斗力标准的内在要求。打赢信息化战争对战斗力各要素都提出了新

的更高要求,迫切需要每名官兵的思想观念、工作标准、精神状态、能力素质、工作作风实现一个大的提升。

(3)有本事是应对现实安全威胁的紧迫要求。面对各种现实安全威胁,必须具有过硬的素质本领,才能坚决完成各项军事斗争任务,有效履行军队使命任务。

(4)有本事是解决“两个能力不够”问题的现实要求。当前,我军打现代化战争能力不够、各级干部指挥现代化战争能力不够的问题依然很现实地摆在我们面前。这就要求每名官兵强化“本领恐慌”意识,对照差距补短板,瞄准强敌练硬功,勇于创新求突破,不断提高驾驭现代战争的能力,锤炼信息化条件下遂行作战任务的能力。

第三部分　强化训练

第一单元　马克思主义哲学常识

一、选择题

1. “世界的真正统一性就在于它的物质性。”可见,哲学上物质的概念是指________。

A. 宇宙间存在的各种具体物质形态　　B. 无法被人的意识感知的客观实在

C. 人们能够看得见、摸得着的东西　　D. 在意识之外客观存在的客观实在

【参考答案】D

2. “意识一开始就是社会的产物,而且只要人们还存在着,它就仍然是这种产物。”对马克思的这句话理解正确的是________。

A. 有人存在就一定会有意识　　B. 意识是在社会实践过程中形成的

C. 脱离了社会也可以形成意识　　D. 意识是自然界发展的产物

【参考答案】B

3. 新冠肺炎疫情出现后,内容不同、风格各异的条幅亮相各地街头:有醒目的抗疫方针,有简洁的防疫要领,也有幽默的防疫注意事项。它们都表达了对人民生命健康的关爱,既提高了民众的防疫意识,又促使人们养成良好的卫生习惯。这说明________。

①意识可以指导实践

②意识是社会的产物

③意识是客观存在的主观映象

④意识能够调节人体的生理活动

A. ①②　　B. ③④　　C. ①③　　D. ②④

【参考答案】C

4. 毛泽东指出:“世界上就是这样一个辩证法:又动又不动。净是不动没有,净是动也没有。”这告诉我们________。

A. 世界上的一切事物都是绝对运动的

B. 世界上的事物具有相对静止性

C. 世界上的一切事物都是绝对运动和相对静止的统一

D. 物质和运动是不可分的

【参考答案】C

5. 国产动画片《哪吒之魔童降世》中有一句经典台词:我命由我不由天。从唯物论角度看,该观点的合理之处是主张________。

A. 与时俱进发展真理

B. 坚持一切从实际出发

C. 树立正确的人生观

D. 充分发挥主观能动性

【参考答案】D

6. 唯物主义的3个发展阶段是________。

A. 古代原子论、近代原子论、现代原子论

B. 庸俗唯物主义、自然唯物主义、历史唯物主义

C. 古代朴素唯物主义、近代形而上学唯物主义、辩证唯物主义和历史唯物主义

D. 朴素辩证法、唯心辩证法、唯物辩证法

【参考答案】C

7.《中共中央国务院关于支持深圳建设中国特色社会主义先行示范区的意见》明确深圳新的战略定位:高质量发展高地、法治城市示范、城市文明典范、民生幸福标杆、可持续发展先锋。设立深圳示范区体现的辩证法道理是________。

A. 自觉遵循社会发展的客观规律

B. 坚持矛盾普遍性和特殊性相联结

C. 坚持用矛盾特殊性指导普遍性

D. 矛盾的特殊性存在于普遍性之中

【参考答案】B

8. 主观唯心主义和客观唯心主义的区别是________。

A. 对物质和意识关系的两种不同回答

B. 对精神决定世界的两种不同理解

C. 对世界是否可知的两种不同的认识

D. 对世界怎样存在的两种不同观点

【参考答案】B

9. 唯物辩证法的总特征是________。

A. 物质和运动相统一的观点

B. 认识和实践相统一的观点

C. 普遍联系和永恒发展的观点

D. 唯物主义和辩证法相统一的观点

【参考答案】C

10. “乡野路,田地旁,帮扶队员不辞忙;东家奔,西家访,不落一个送芳香。”这一民谣成为某地脱贫攻坚中广大扶贫干部工作状况的真实写照。由此可以看出________。

①实践是认识的目的和归宿

②发展必须对人民群众负责

③意识是对客观存在的反映

④文化具有潜移默化的特点

A. ①②　　B. ①④　　C. ②③　　D. ③④

【参考答案】C

11. 创客圈里有句名言:再好的创意如果不能转化成现实产品,那也是垃圾。这种说法________。

A. 否定了意识活动的能动性　　B. 忽视了人类思维的创造性

C. 强调了实践的直接现实性　　D. 突出了运动的客观规律性

【参考答案】C

12. 1979 年,邓小平提出了“小康之家”的概念,从此“小康”被用来诠释中国现代化坐标上一个重要阶段。从党的十五大提出“建设小康社会”,到党的十六大提出“全面建设小康社会”,再到党的十八大提出“全面建成小康社会”、党的十九大提出“决胜全面建成小康社会”。这一过程体现了________。

A. 认识的根本目的是获得真理

B. 认识的最基本属性是客观性

C. 真理通过不断战胜谬误得到发展

D. 认识在实践基础上不断深化和发展

【参考答案】D

13. 在生产力和生产关系的矛盾中________。

A. 生产关系是矛盾的主要方面,起着主要的决定作用

B. 生产力是矛盾的主要方面,起着主要的决定作用

C. 生产力和生产关系地位相等

D. 先进的生产关系决定生产力的发展

【参考答案】B

14. 十一届三中全会以来,由于党的路线、方针、政策的正确,促进了我国经济的迅速发展,这说明________。

A. 上层建筑对经济基础有能动的反作用

B. 上层建筑的进步可以决定经济基础发展的根本方向

C. 经济基础发展的总趋势是由上层建筑决定的

D. 经济发展的规律是可以改变的

【参考答案】A

15. 阶级斗争是阶级社会发展的________。

A. 根本动力　　B. 唯一动力　　C. 辅助力量　　D. 直接动力

【参考答案】D

二、简答题

16. 什么是矛盾的普遍性?矛盾普遍性表现在哪些方面?

【参考答案】

(1) 矛盾的普遍性,或称共性,是指矛盾是一切事物的共同本质。

(2) 它表现在两个方面。一方面,矛盾无处不在。俗话说,“天有阴晴”“月有圆缺”“人有祸福”“事有成败”。这里的阴与晴、圆与缺、祸与福、成与败都是对立统一的关系,因而都是矛

盾。世界上没有无矛盾的事物,可以说没有矛盾就没有世界。另一方面,矛盾无时不有。事物一刻也不会停止运动和变化,它自身时时都充满着矛盾,旧的矛盾解决了,新的矛盾也就同时产生,开始新的矛盾运动。

(3) 总之,矛盾存在于一切事物之中,并且贯穿于事物发展过程的始终,处处有矛盾,时时有矛盾,这是一切事物的共同本质。

17. 人的社会实践具有哪些特点?

【参考答案】

(1) 直接现实性。实践活动本身是客观现实因素相互作用的结果,实践能把主体的预期目的变成直接的现实。

(2) 自觉能动性。实践是人类在一定的需要引发下,怀着一定的目的,按照一定的计划对客体的主动干预。

(3) 社会性。实践本质上不是单个人的孤立活动,而是处于一定社会关系中的人们的集体活动,它受到社会关系的调节和制约。

(4) 历史性。实践总是一定历史阶段上的实践,受到历史的制约并随着历史条件的变化而变化,因此实践是不断发展着的社会历史活动。

三、论述题

18. 如何理解事物的肯定和否定的辩证关系?

【参考答案】

事物的肯定或否定既相互对立,又相互统一。肯定和否定的辩证统一表现如下:

(1)肯定和否定相互依赖。它们各以对方为自己存在的前提,共处于事物之中,没有肯定,一切事物都不存在;没有否定,事物就不能变化和发展。

(2)肯定和否定相互转化。当事物内部肯定方面占据主导地位时,事物就保持其固有的存在和性质,一旦否定方面占支配地位,否定方面就成了新事物中的肯定因素。

(3)否定包含着肯定,肯定也包含着否定。否定是事物自身的否定,这种否定的实质是扬弃,即既克服又保留,这就是唯物辩证法讲的辩证的否定。否定方面不是把肯定方面吃掉,而是克服其不利的一面,保留其有利的一面,吸收、改造旧事物中的积极成分,使事物的发展保持着连续性。否定的结果,是事物中有生命力的、代表事物发展前途的因素占据主导地位,从而为事物的进一步发展开辟广阔的前途。同样,肯定也不是兼收并蓄的,而是肯定事物中有生命力的因素,同时否定其中的糟粕。

19. 为什么必须坚持解放思想、实事求是、与时俱进?

【参考答案】

(1)我们党确立的马克思主义的思想路线就是一切从实际出发,理论联系实际,实事求是,在实践中检验真理和发展真理。“实事”就是客观存在着的一切事物,“是”就是客观事物的内部联系,即规律性,“求”就是我们去研究。

(2)实事求是与解放思想有着不可分割的联系。当人们的实践进入新的阶段,遇到新的矛盾和问题,需要采取新的策略、方法和手段时,常常会遇到陈旧僵化的观念、传统的束缚。此时,只有解放思想,摆脱束缚,打破“左”的或右的思维定式,才能把握机遇,勇于创新,实事求是地处理矛盾、解决问题。

(3)马克思主义的发展史充分说明,解放思想、实事求是,是引导社会前进的强大力量。社会实践是不断发展的,我们的思想认识也应不断前进,应勇于和善于根据实践的要求进行创新。

(4)要坚持实践是检验真理的唯一标准,在党的基本理论指导下,一切从实际出发,自觉地把思想认识从那些不合时宜的观念、做法和体制中解放出来,从对马克思主义的错误的和教条式的理解中解放出来,从主观主义和形而上学的桎梏中解放出来。要坚持科学态度,大胆进行探索,使我们的思想和行动更加符合客观实际,更加符合社会主义初级阶段的国情和时代发展的要求。

四、材料分析题

20.“做好深入细致的群众工作,把群众发动起来,构筑起群防群控的人民防线。”习主席在湖北省武汉市考察新冠肺炎疫情防控工作时,对做好抗疫时期的群众工作提出明确要求,为紧紧依靠人民打赢疫情防控的人民战争指明了行动方向。在这个没有硝烟的战场上,无数平凡而伟大的人用义无反顾的逆行、奉献、坚守乃至牺牲,守护着人民群众的生命健康安全:许多医务工作者主动请缨,纷纷写下“请战书”,在疫情防控工作一线奋战;许多干部职工放弃春节假期,在交通运输、防疫物资加工、快递等多条战线上坚守岗位、保障一线需要;广大人民群众不断提高防范意识,春节期间做到了少出门、少聚会,戴口罩、勤洗手,有的还在党员干部带领下加强对流动人员的疫情监测和防控,形成群防群治的有利局面,为战胜疫情提供了良好的环境。人民群众是打赢战“疫”的“硬核”力量。请运用关于人民群众创造历史的原理对此加以分析。

【参考答案】

(1)人民群众是社会历史的主体,人民群众是社会物质财富和精神财富的创造者,要坚持群众观点和群众路线。

(2)参与疫情防控的广大人民用辛勤的劳动为疫情防控作出贡献,用奉献、爱心和生命凝聚起坚定信心、同舟共济、众志成城的磅礴力量。

(3)人民群众是打赢战“疫”的“硬核”力量,打赢疫情防控这场人民战争,必须要相信群众、依靠群众、发挥人民的主人翁精神,紧紧依靠人民群众。

21. 在人类活动和气候变暖的共同影响下,宁夏、甘肃、内蒙古等北方地区,一度面临“沙进人退”的严峻形势,人们在沙漠中打井取水,井越打越深,水从淡水变成咸水,最后井都荒废了,人们的生产生活受到严重影响。我们在与自然相处的过程中越来越了解沙漠,尝到了教训,学到了经验,理念、政策和做法发生了转变。今天,我们尊重自然,顺应自然,保护自然,一条生态恢复、生产发展、生活改善的“治沙”道路,正越走越宽广。从“沙进人退”到“治沙”,事实进一步说明人要命令自然就必须改变自己并服从自然。运用规律的有关知识,分析这一观点。

【参考答案】

(1) 辩证唯物论认为,规律是事物运动过程本身所固有的、本质的、必然的联系。规律是客观的,我们必须尊重规律,按客观规律办事。

(2) 规律的客观性并不表示人在规律面前是无能为力的,人有主观能动性,可以认识和利用规律为人类造福。

(3) 我们“改造自然”就必须认识自然规律,按自然规律办事。否则,必将受到自然规律的惩罚。

(4) 该观点反映了要改造客观世界,就必须把发挥主观能动性和尊重客观规律结合起来。

22. 据医学史料记载,17 世纪 20 年代,英国有个医生给一位生命垂危的青年输羊血,奇迹般地挽救了该青年的生命。其他医生纷纷效仿,结果造成了大量受血者死亡,输血医疗手段便被禁止使用。19 世纪 80 年代,北美洲医生给一位濒临死亡的产妇输人血,产妇起死回生。医学界再次掀起输血医疗热,却带来惊人的死亡率。直到 1901 年维也纳医生莱因茨坦发现了人体的血型系统,才打开了科学输血的大门。上述材料是怎样体现"实践是认识的基础"这个道理的?

【参考答案】

(1) 第一次输羊血成功,从而发现输血可以救治病人,说明实践是认识的来源。

(2) 从输羊血到输人血直到终于解决输血问题,表明实践是认识发展的动力。

(3) 输羊血的成功和大量受血者死亡和输人血的再次成功及又一次输血医疗热带来的惊人死亡率,直到最终因发现血型系统而使输血问题得以成功解决,说明实践是检验认识的真理性的唯一标准。

(4) 为救人而输血,并探寻输血失败的原因,直至发现人体的血型系统,从而最终解决输血问题,说明实践是认识的目的。

第二单元　政治常识

一、选择题

1. 习近平新时代中国特色社会义思想的核心要义是________。

A. 实现中华民族伟大复兴

B. 坚持和发展中国特色社会主义

C. 促进人类和平进步发展

D. 实现党的指导思想与时俱进

【参考答案】B

2. 习近平新时代中国特色社会主义思想回答了________这个重大时代课题。

A. 新时代实现什么样的发展、怎样发展

B. 新时代坚持和发展什么样的中国特色社会主义、怎样坚持和发展中国特色社会主义

C. 新时代建设什么样的党、怎样建设党

D. 新时代怎么认识社会主义、怎么发展社会主义

【参考答案】B

3. 中国特色社会主义进入新时代，我国社会主要矛盾已经转化为人民日益增长的________和________之间的矛盾。

A. 美好生活需要　相对落后生产

B. 精神文化需要　不平衡不充分的发展

C. 幸福生活需要　物质文化相对落实

D. 美好生活需要　不平衡不充分的发展

【参考答案】D

4. 中国梦把国家的追求、民族的向往、人民的期盼融为一体，体现了中华民族和中国人民的整体利益，表达了每一个中华儿女的共同愿景，已成为________。

A. 中华民族团结奋斗的最大公约数和最大同心圆

B. 大陆人民团结奋斗的最大公约数和最大同心圆

C. 统一战线团结奋斗的最大公约数和最大同心圆

D. 执政党和参政党团结奋斗的最大公约数和最大同心圆

【参考答案】A

5. 实现中国梦必须走中国道路，这里的“中国道路”是指________。

A. 和平发展道路　　B. 中国特色社会主义道路

C. 韬光养晦道路　　D. 共产主义道路

【参考答案】B

6. 实现中国梦必须弘扬中国精神，这里的“中国精神”是指________。

A. 艰苦奋斗的创业精神、自力更生的自强精神

B. 追求卓越的进取精神、勇攀高峰的奋斗精神

C. 以爱国主义为核心的民族精神、以改革创新为核心的时代精神

D. 无私忘我的奉献精神、乐观豁达的包容精神

【参考答案】C

7. 中国共产党人的初心和使命是________。这个初心和使命是激励中国共产党人不断前进的根本动力。

A. 为中国人民谋幸福、为中华民族谋未来

B. 为中国人民谋生活、为中华民族谋复兴

C. 为中国人民谋幸福、为中华民族谋复兴

D. 为中国人民谋生活、为中华民族谋未来

【参考答案】C

8. 党的十九大报告指出，我国社会主要矛盾的变化，没有改变我们对我国社会主义所处历史阶段的判断，我国仍处于并将长期处于________的基本国情没有变，我国是________的国际地位没有变。

①社会主义起步阶段　②社会主义初级阶段　③世界最大发展中国家　④发展中国家

A. ②③　　B. ②④　　C. ①④　　D. ①③

【参考答案】A

9. ________是实现社会主义现代化、创造人民美好生活的必由之路。

A. 中国特色社会主义道路　　B. 中国特色社会主义理论体系

C. 中国特色社会主义制度　　D. 中国特色社会主义文化

【参考答案】A

10. ________是指导党和人民实现中华民族伟大复兴的正确理论。

A. 中国特色社会主义道路　　B. 中国特色社会主义理论体系

C. 中国特色社会主义制度　　D. 中国特色社会主义文化

【参考答案】B

11. ________是当代中国发展进步的根本制度保障。

A. 中国特色社会主义道路　　B. 中国特色社会主义理论体系

C. 中国特色社会主义制度　　D. 中国特色社会主义文化

【参考答案】C

12. 党的十九届五中全会对“四个全面”战略布局的新表述是________。

①全面建成小康社会　②全面建设社会主义现代化国家　③全面深化改革　④全面依法治国　⑤全面从严治党

A. ①②③④　　B. ②③④⑤　　C. ①③④⑤　　D. ①②④⑤

【参考答案】B

13. 党的十九届五中全会提出2035年基本实现社会主义现代化的远景目标，其中一个方面是“基本实现新型工业化、信息化、城镇化、农业现代化，建成________”。

A. 创新强国　　B. 文化强国

C. 现代化经济体系　　D. 工业强国

【参考答案】C

14. 党的十九届四中全会着眼坚持和完善支撑中国特色社会主义制度的________，重点坚持和完善 13 个方面的制度，第一次系统描绘了中国特色社会主义制度的图谱。

①根本制度　②基础制度　③基本制度　④重要制度

A. ①②③　B. ①②④　C. ②③④　D. ①③④

【参考答案】D

15. 我国的基本政治制度是________。

①中国共产党领导的多党合作和政治协商制度

②民族区域自治制度

③基层群众自治制度

④人民代表大会制度

A. ①②③　B. ①②④　C. ②③④　D. ①②③④

【参考答案】A

16. 要坚持________方针，支持民主党派按照中国特色社会主义参政党要求更好履行职能。

①长期共存　②互相监督　③肝胆相照　④荣辱与共

A. ①②③　B. ①②④　C. ②③④　D. ①②③④

【参考答案】D

17. 我国是________国家，中央对包括香港、澳门特别行政区在内的所有地方行政区域拥有________。

A. 单一制　部分管治权　　B. 联邦制　全面管治权

C. 单一制　全面管治权　　D. 单一制　高度自治权

【参考答案】C

18. 香港、澳门两个特别行政区的________不是固有的，其唯一来源是中央授权。

A. 高度自治权　　B. 自治权

C. 终审权　　D. 变通权

【参考答案】A

19. 要坚持在________轨道上推进国家治理体系和治理能力现代化。

A. 法治　　B. 德治

C. 人治　　D. 党治

【参考答案】A

20. 全面依法治国的总目标是________。

①建设中国特色社会主义法治体系

②建设中国特色社会主义法律体系

③建设社会主义法治国家

④建设社会主义法制国家

A. ①③　B. ①④　C. ③④　D. ②④

【参考答案】A

21. 中国特色社会主义法律体系包括完备的法律规范体系、高效的法治实施体系、________。

①有力的法治保障体系　②严格的法律守法体系　③严密的法治监督体系　④完善的党内法规体系

A. ①②③　　B. ①②④　　C. ②③④　　D. ①③④

【参考答案】D

22. 要坚持________共同推进，________一体建设。全面依法治国是一个系统工程，要整体谋划，更加注重系统性、整体性、协同性。

①依法治国、依法执政、依法行政　②依法治国、依法领导、依法行政　③法治国家、法治政府、法治社会　④法治国家、法治政府、法治公民

A. ①④　　B. ②③　　C. ①③　　D. ②④

【参考答案】C

23. 要发展________，加强社会主义精神文明建设，激发全民族文化创新创造活力，建设________。

①中国特色社会主义文化　②中国传统文化　③精神文明强国　④社会主义文化强国

A. ①④　　B. ②③　　C. ①③　　D. ②④

【参考答案】A

24. ________是树立当代中国良好形象、提升国家文化软实力的重要战略任务。

A. 传递中国声音　　B. 掌控中国话语

C. 讲好中国故事　　D. 弘扬中国文化

【参考答案】C

25. ________是最大民生。

A. 教育　　B. 收入　　C. 就业　　D. 社保

【参考答案】C

26. 社会主义核心价值观包括________。

①倡导富强、民主、文明、和谐

②倡导富强、自由、敬业、诚信

③倡导自由、平等、公正、法治

④倡导爱国、敬业、诚信、友善

A. ①②③　　B. ①③④　　C. ②③④　　D. ①②③④

【参考答案】B

27. 我们要牢固树立社会主义生态文明观，推动形成________现代化建设新格局，为保护生态环境作出我们这代人的努力。

A. 人与人和谐共处　　B. 人与社会和谐发展

C. 人与自然和谐发展　　D. 人与环境良性循环

【参考答案】C

28. 推动形成绿色发展方式和生活方式，重点是推进________的绿色转型。

①空间结构　②产业结构　③能源结构　④消费方式　⑤ 产业布局

A. ①②③④　　B. ②③④⑤　　C. ①②③⑤　　D. ①②④⑤

【参考答案】A

29. 建设现代化经济体系，要________，强化现代化经济体系的战略支撑。

A. 大力发展实体经济　　B. 加快实施创新驱动发展战略

C. 积极推动城乡区域协调发展　　D. 着力发展开放型经济

【参考答案】B

30. ________是安邦定国的重要基石，________是全国各族人民根本利益所在。

A. 经济发展；加快经济发展　　B. 祖国统一；维护国家统一

C. 国际合作；促进国际合作　　D. 国家安全；维护国家安全

【参考答案】D

31. 主权国家在国际社会中享有的基本权利包括________。

① 独立权　② 抗议权　③ 平等权　④ 自卫权

A. ①②④　　B. ①②③　　C. ②③④　　D. ①③④

【参考答案】D

32. 要高举________旗帜，推动全球治理体系朝着更加公正合理的方向发展。

A. “一带一路”　　B. 多边主义

C. 维护世界和平与发展　　D. 人类命运共同体

【参考答案】D

33. 我们呼吁，各国人民同心协力，构建人类命运共同体，建设持久和平、________、清洁美丽的世界。

①普遍安全　②共同繁荣　③公平正义　④开放包容

A. ①②③　　B. ①②④　　C. ②③④　　D. ①③④

【参考答案】B

34. 坚定不移在和平共处五项原则基础上发展同各国的友好合作，推动建设________的新型国际关系。

①相互尊重　②公平正义　③合作共赢　④互不干涉

A. ①②③　　B. ①②④　　C. ②③④　　D. ①③④

【参考答案】A

35. 中国秉持________的全球治理观，倡导国际关系民主化，支持联合国发挥积极作用，支持广大发展中国家在国际事务中的代表性和发言权。

A. 共建、共治、共享　　B. 共商、共治、共享

C. 共商、共建、共享　　D. 共建、共享、共赢

【参考答案】C

36. 习近平新时代中国特色社会主义思想，明确中国特色社会主义最本质的特征是________。

A. “五位一体”总体布局　　B. 建设中国特色社会主义法治体系

C. 人民利益为根本出发点　　D. 中国共产党领导

【参考答案】D

37. ________是党的基础性建设。

1. 政治建设　　B. 思想建设

C. 组织建设　　　　　　　　　　　D. 制度建设

E. 纪律建设

【参考答案】B

38. 党的十八大以来,我们党以猛药去疴、重典治乱的决心,以刮骨疗毒、壮士断腕的勇气,坚定不移"打虎""拍蝇""猎狐",________的目标初步实现,________的笼子越扎越牢,________的堤坝正在构筑,反腐败斗争已经取得压倒性胜利。

A. 不能腐　不敢腐　不想腐　　　　B. 不想腐　不能腐　不敢腐

C. 不敢腐　不能腐　不想腐　　　　D. 不敢腐　不想腐　不能腐

【参考答案】C

39. 要始终坚持走群众路线,坚决反对形式主义、官僚主义、________和奢靡之风。

A. 拜金主义　　B. 享乐主义　　C. 极端个人主义　D. 悲观主义

【参考答案】B

40. 共产主义远大理想和________,是中国共产党人的精神支柱和政治灵魂,也是保持党的团结统一的思想基础。

A. 中国特色社会主义共同富裕理想

B. 中国特色社会主义共同理想

C. 社会主义共同理想

D. 小康社会理想

【参考答案】B

41. 作风问题的核心是________。

A. 党同人民群众的关系问题　　　　B. 个别党员行为同规章制度的关系问题

C. 党同自身职责的关系问题　　　　D. 党同依法执政的关系问题

【参考答案】A

42. ________是我们党最根本、最重要的纪律,是净化政治生态的重要保证。

A. 组织纪律　　B. 廉洁纪律　　C. 生活纪律　　D. 政治纪律

【参考答案】D

二、简答题

43. 中国特色社会主义进入新时代的内涵是什么?

【参考答案】

是承前启后、继往开来,在新的历史条件下继续夺取中国特色社会主义伟大胜利的时代;是决胜全面建成小康社会、进而全面建设社会主义现代化强国的时代;是全国各族人民团结奋斗、不断创造美好生活、逐步实现全体人民共同富裕的时代;是全体中华儿女戮力同心、奋力实现中华民族伟大复兴中国梦的时代;是我国日益走近世界舞台中央、不断为人类作出更大贡献的时代。

44. 习近平法治思想的主要内容是什么?

【参考答案】

坚持党对全面依法治国的领导;坚持以人民为中心;坚持中国特色社会主义法治道路;坚持依宪治国、依宪执政;坚持在法治轨道上推进国家治理体系和治理能力现代化;坚持建设中国特色社会主义法治体系;坚持依法治国、依法执政、依法行政共同推进,法治国家、法治政府、法治社会一体建设；坚持全面推进科学立法、严格执法、公正司法、全民守法；坚持统筹推进国内法治和涉外法治；坚持建设德才兼备的高素质法治工作队伍；坚持抓住领导干部这个“关键少数”。

45. 简述建成社会主义现代化强国的战略安排。

【参考答案】

全面建设社会主义现代化国家的进程分两个阶段来安排。第一个阶段，从 2020 年到 2035 年，在全面建成小康社会的基础上，再奋斗 15 年，基本实现社会主义现代化。第二个阶段，从 2035 年到本世纪中叶，在基本实现现代化的基础上，再奋斗 15 年，把我国建成富强民主文明和谐美丽的社会主义现代化强国。

46. 如何理解伟大斗争，伟大工程，伟大事业，伟大梦想，紧密联系、相互贯通、相互作用？

【参考答案】

伟大斗争、伟大工程、伟大事业、伟大梦想是一个紧密联系、相互贯通、相互作用、有机统一的整体，统一于新时代坚持和发展中国特色社会主义伟大实践。伟大梦想是目标，指引前进方向；伟大斗争是手段，激发前进动力；伟大工程是保障，提供前进保证；伟大事业是主题，开辟前进道路。其中，起决定性作用的是党的建设伟大工程。

47. 坚持和完善中国特色社会主义制度、推进国家治理体系和治理能力现代化的总体目标是什么？

【参考答案】

坚持和完善中国特色社会主义制度、推进国家治理体系和治理能力现代化的总体目标是，到我们党成立一百年时，在各方面制度更加成熟更加定型上取得明显成效；到二〇三五年，各方面制度更加完善，基本实现国家治理体系和治理能力现代化；到新中国成立一百年时，全面实现国家治理体系和治理能力现代化，使中国特色社会主义制度更加巩固、优越性充分展现。

48. 培育和践行社会主义核心价值观要坚持哪些原则？

【参考答案】

(1)坚持以人为本，尊重群众主体地位，关注人们利益诉求和价值愿望，促进人的全面发展。

(2)坚持以理想信念为核心，抓住世界观、人生观、价值观这个总开关，在全社会牢固树立中国特色社会主义共同理想，着力铸牢人们的精神支柱。

(3)坚持联系实际，区分层次和对象，加强分类指导，找准与人们思想的共鸣点、与群众利益的交汇点，做到贴近性、对象化、接地气。

(4)坚持改进创新，善于运用群众喜闻乐见的方式，搭建群众便于参与的平台，开辟群众乐于参与的渠道，积极推进理念创新、手段创新和基层工作创新，增强工作的吸引力感染力。

49. 构建人类命运共同体思想的时代背景是什么？

【参考答案】

(1)和平、发展、合作、共赢成为时代潮流。当今世界充满希望，也充满挑战。各国相互联系和依存日益加深，形成了你中有我、我中有你的命运共同体。没有哪个国家能够独自应对人类面对的各种挑战，也没有哪个国家能够退回到自我封闭的孤岛，没有哪个国家能够独自应对当前人类面临的各种挑战。世界各国需要以负责任的精神同舟共济，共同维护和促进世界和平与发展。

(2)世界依然面临诸多难题和挑战。当今世界，人类面临诸多难题和挑战，国际金融危机

影响深远，地区热点此起彼伏，局部动荡此起彼伏，霸权主义、强权政治和新干涉主义有所上升，网络安全、恐怖主义等非传统安全和全球挑战不断增多。国际社会迫切需要新的全球治理理念，构建新的公正合理的国际体系和秩序，开辟人类美好的发展前景。

50. 党的十九大报告把我国社会主要矛盾的表述修改为“人民日益增长的美好生活需要和不平衡不充分的发展之间的矛盾”，为什么说我国社会所处的历史阶段没有变？

【参考答案】

（1）我国社会主要矛盾的变化，没有改变我们对我国社会所处历史阶段的判断。社会主要矛盾的变化，只是反映了一定时期社会矛盾运动的内涵和形式发生了变化，但不足以说明由生产力和生产关系这一社会基本矛盾所决定的社会发展阶段发生了变化。

（2）我国仍处于并将长期处于社会主义初级阶段的基本国情没有变，我国是世界最大发展中国家的国际地位没有变。

51. 全面深化改革的总目标是什么？

【参考答案】

全面深化改革的总目标是完善和发展中国特色社会主义制度、推进国家治理体系和治理能力现代化。

三、论述题

52. 如何理解坚持党的领导、人民当家作主、依法治国之间的有机统一关系？

【参考答案】

（1）党的领导是人民当家作主和依法治国的根本保障。

（2）人民当家作主是社会主义民主的本质和核心。

（3）依法治国是党和国家的基本方略。

（4）中国共产党的领导、人民当家作主、依法治国基本方略，决定了我国社会主义国家政权的根本性质，是我国政治制度区别于资本主义国家政治制度的本质特征。三者是一个有机整体，统一于中国特色社会主义民主政治实践，任何时候任何情况下都不能动摇、都不能偏废。

53. 为什么要坚持全面依法治国？

【参考答案】

（1）全面依法治国是中国特色社会主义的本质要求和重要保障。法律是治国之重器，法治是国家治理体系和治理能力的重要依托。

（2）全面依法治国是坚持和发展中国特色社会主义制度的本质要求。法治与政治制度紧密相联，有什么样的政治制度就有什么样的法治体系。只有全面依法治国，建设中国特色社会主义法治体系，才能建设科学立法、严格执法、公正司法、全民守法的社会主义法治国家。

（3）全面依法治国是解决党和国家事业发展面临的各种突出矛盾和问题的紧迫需要。中国特色社会主义进入了新时代，只有全面依法治国，才能解放和增强社会活力、促进社会公平正义、维护社会和谐稳定、确保党和国家长治久安。

（4）全面依法治国是决胜全面建成小康社会、夺取新时代中国特色社会主义伟大胜利的必然要求。从全面建成小康社会到基本实现社会主义现代化，再到全面建成社会主义现代化强国，是新时代中国特色社会主义发展的战略安排，客观上要求必须坚持全面依法治国，创造更好的法治环境，为中国走向繁荣富强、中华民族实现伟大复兴提供法治保障。

54. 为什么要坚持在发展中保障和改善民生?

【参考答案】

(1)民生是人民幸福之基、社会和谐之本。让人民过上幸福生活是社会主义社会的本质要求,增进民生福祉是我们党立党为公、执政为民的使命所在。

(2)发展是我们党执政兴国第一要务。发展是以人民为中心的发展,要以改善民生作为根本目的推动发展。实践中,我们党始终把推动经济发展与实现民生改善有机联系起来,以推动经济发展作为改善民生的前提,强调离开经济发展谈改善民生,是无源之水、无本之木;同时,把抓民生作为推动经济发展的重要动力与保障,强调抓民生建设,既能有效解决群众后顾之忧,调动人们发展生产的积极性,又能释放居民消费潜力、拉动内需,催生新的经济增长点,为经济发展和转型升级提供强大内生动力。

(3)经济发展是民生改善的物质基础,经济发展的水平也决定了保障和改善民生的客观实力与能力。在任何时候,保障和改善民生都不能离开现实经济发展水平,既要尽力而为,又要量力而行,只有这样,改善民生才是有保障的、可持续的。

(4)保障和改善民生是一项长期工作。要按照人人参与、人人尽力、人人享有的要求,坚守底线、突出重点、完善机制、引导预期,完善公共服务体系,保障群众基本生活,不断满足人民过上美好生活的需要,不断促进社会公平正义。切实做到多谋民生之利、多解民生之忧,在发展中补齐民生短板、促进社会公平正义,在幼有所育、学有所教、劳有所得、病有所医、老有所养、住有所居、弱有所扶上不断取得新进展,保证全体人民在共建共享发展中有更多获得感。

55. 请谈谈你对"绿水青山和金山银山"之间关系的认识?

【参考答案】

习主席明确指出,我们既要绿水青山,也要金山银山。宁要绿水青山,不要金山银山,而且绿水青山就是金山银山。这些重要论述蕴含着深刻的哲理,其实质是要处理好发展经济与保护生态的辩证关系。其一,"既要绿水青山,也要金山银山"体现了二者之间的互融互补关系。"既要绿水青山,也要金山银山"体现的是保护生态与发展经济的兼顾性、互补性。实践证明,发展经济和保护生态,既相互对立又相互依存、相互统一。其二,"宁要绿水青山,不要金山银山"体现了二者之间的彼此对应关系。二者就是既要通过发展经济获得丰厚的物质财富,同时又要最大限度地保护好生态环境。但当两者发生矛盾时,决不能以牺牲生态环境为代价去换取一时的经济发展,在这种情况下"宁要绿水青山,不要金山银山"。其三,"绿水青山就是金山银山"体现了二者之间的内在统一关系。绿水青山作为金山银山的基础可以为创造金山银山提供条件;利用绿水青山可以直接创造出金山银山,特别是通过发展生态产业,将生态优势直接变成经济优势,让绿水青山不断"产出"金山银山。在推进新时代中国特色社会主义伟大事业过程中,必须牢固树立绿水青山就是金山银山的理念,正确认识和把握两者的辩证统一关系,把生态环境保护放在更加突出的位置,像保护眼睛一样保护生态环境,像对待生命一样对待生态环境,推进绿色发展,打好蓝天、碧水、净土保卫战,让美丽多姿的绿水青山为我们带来富饶丰盛的金山银山。

四、材料分析题

56. 根据材料,回答问题:

【材料一】:"全面从严治党永远在路上……坚持问题导向,保持战略定力,推动全面从严治党向纵深发展。”

——党的十九大报告(2017年10月18日)

【材料二】:“逆水行舟用力撑,一篙松劲退千寻。我们一定要深刻认识新时代中国特色社会主义对我们党自身建设提出的新要求,着眼于我们党更好担当使命,总结运用成功经验,正视解决突出问题,一刻不停歇地推动全面从严治党向纵深发展。”

——习近平在中共十九届一中全会上的讲话(2017年10月25日)

【材料三】:“勇于自我革命,从严管党治党,是我们党鲜明的品格,全面从严治党永远在路上……推进党的建设新的伟大工程要一以贯之。”

——习近平“1·5”讲话(2018年1月5日)

【材料四】:在中国特色社会主义新时代,完成伟大事业必须靠党的领导,党一定要有新气象新作为。要全面贯彻党的十九大精神,重整行装再出发,以永远在路上的执着把全面从严治党引向深入,开创全面从严治党新局面。

——习近平在十九届中央纪委二次全会上的讲话(2018年1月11日)

根据材料论述:

(1)党的十八大以来,全面从严治党成效卓著,为什么习主席还反复强调全面从严治党永远在路上,必须把全面从严治党引向深入,开创全面从严治党新局面?

(2)新时代党的建设的总体布局是什么?

【参考答案】

(1)第一,这是由全面从严治党在党和国家事业发展中的根本性作用决定的。打铁还需自身硬。办好中国的事情,关键在党,关键在党要管党、全面从严治党。全面从严治党是党的建设的重要组成部分,是坚持党的领导、实现党的历史使命的根本保障,不仅关系党的前途命运,而且关系国家和民族的前途命运。只有进一步把党建设好,确保我们党永葆旺盛生命力和强大战斗力,我们党才能团结带领人民有效应对重大挑战、抵御重大风险、克服重大阻力、解决重大矛盾,不断从胜利走向新的胜利。

第二,这是深入解决党内突出矛盾和问题的需要。党面临的执政环境是复杂的,影响党的先进性、弱化党的纯洁性的因素也是复杂的,党内存在的思想不纯、组织不纯、作风不纯等突出问题尚未得到根本解决。全面从严治党依然任重道远,必须始终坚持问题导向,保持战略定力,推动全面从严治党向纵深发展,不断从思想上、政治上、组织上、作风上、制度上防范和解决党内存在的各种矛盾和问题。

第三,这是有效应对“四大考验”和“四种危险”的必然选择。当前,党面临的各种环境发生重大而深刻的变化,党员队伍也发生很大的变化,这给党的发展带来了机遇和挑战。互联网等现代信息技术迅猛发展,对党的领导能力和治理水平提出更高要求。党面临的执政考验、改革开放考验、市场经济考验、外部环境考验依然是长期的、复杂的,精神懈怠危险、能力不足危险、脱离群众危险、消极腐败危险更加尖锐地严峻地摆在全党面前。我们要有效应对“四大考验”和“四种危险”,不断提高党自我净化、自我完善、自我革新、自我提高的能力,就必须坚持不懈抓好党的建设,不断把全面从严治党引向深入。

(2)以党的政治建设为统领,以坚定理想信念宗旨为根基,以调动全党积极性、主动性、创造性为着力点,全面推进党的政治建设、思想建设、组织建设、作风建设、纪律建设,把制度建设贯穿其中,深入推进反腐败斗争。

第三单元　经济常识

一、选择题

1. 不同的商品之所以能按一定的量的比例相交换，其原因在于它们________。

A. 有不同的使用价值　　B. 可以满足人们不同的需要

C. 都是具体劳动的产物　　D. 都凝结了一般人类劳动

【参考答案】D

2. 货币出现后，它不仅是商品交换的媒介，而且是社会财富的代表。人们崇拜货币，是因为________。

A. 货币是商品交换发展到一定阶段的产物

B. 货币是由金银来充当的

C. 货币也是商品，具有价值

D. 货币的本质是一般等价物，是财富的代表

【参考答案】D

3. 2016年11月8日，印度突然宣布废除500卢比和1000卢比两种大面值货币，"废钞风暴"引发的现金危机给印度人的生活带来诸多不便，不少地方倒退到以物易物时代。这表明________。

① 物物交换是商品流通的有效方式

② 纸币是由国家（或地区）发行并强制使用的

③ 货币具有充当商品交换媒介的职能

④ 国家可以任意发行和废除纸币

A. ①③　　B. ①④　　C. ②③　　D. ②④

【参考答案】C

4. 以交换为目的而进行生产的经济形式是________。

A. 时间经济　　B. 自然经济　　C. 商品经济　　D. 产品经济

【参考答案】C

5. 投入某种商品生产过程中的活劳动量不变，如果社会劳动生产率提高，在单位劳动时间内生产的商品数量和单位商品的价值量的变化表现为________。

A. 商品数量增加，价值量不变

B. 商品数量不变，价值量增大

C. 商品数量增加，价值量减少

D. 商品数量增加，价值量增大

【参考答案】C

6. 商品经济的基本规律是________。

A. 生产关系一定要适合生产力状况的规律

B. 上层建筑一定要适合经济基础状况的规律

C. 劳动时间节约规律

D. 价值规律

【参考答案】D

7. 在市场经济中________。

① 市场是配置资源的唯一手段

② 市场通过价格、供求等因素调节资源配置

③ 需要法律、道德的规范和引导

④ 市场总是促进劳动生产率的提高和资源的有效利用

A. ①② B. ②③ C. ②④ D. ③④

【参考答案】B

8. "国家对各类企业一视同仁,为各种所有制经济平等参与市场竞争创造良好的环境和条件。"这表明,在我国现阶段________。

A. 各类经济在我国所有制结构中所处的地位是平等的

B. 各类经济的经营范围完全开放,不受任何限制

C. 个体、私营和外资经济已成为社会主义经济的主要组成部分

D. 公有制经济和非公有制经济在市场经济中的地位是平等的

【参考答案】D

9. 下列选项中是以市场方式配置资源的有________。

A. 我国中信集团全资购入美国西林公司股份

B. 上海市政府对在校大学生每月提供物价补贴

C. 中国三一重工向外国灾区援助大型器械

D. 中央财政增支用于基础设施和基础产业建设

【参考答案】A

10. 建设现代化经济体系,必须把发展经济的着力点放在________上,把提高供给体系质量作为主攻方向,显著增强我国经济质量优势。

A. 实体经济 B. 共享经济 C. 虚拟经济 D. 国民经济

【参考答案】A

11. 习主席指出,搞保护主义如同把自己关进黑屋子,看似躲过了风吹雨打,但也隔绝了阳光和空气。打贸易战的结果只能是两败俱伤。上述观点启示各国________。

A. 提高抵御国际经济风险的能力

B. 顺应经济全球化的趋势,互利共赢

C. 优化出口结构,实现贸易转型升级

D. 应该实行自力更生的发展战略

【参考答案】B

12. ________是引领发展的第一动力,是建设现代化经济体系的战略支撑。

A. 改革 B. 创新 C. 开放 D. 科技

【参考答案】B

13. 加快完善社会主义市场经济体制。经济体制改革必须以完善产权制度和________为重点，实现产权有效激励、要素自由流动、价格反应灵活、竞争公平有序、企业优胜劣汰。

A. 要素市场化配置　　B. 建立现代财政制度

C. 创新和完善宏观调控　　D. 规范价格管理

【参考答案】A

14. 近几年来，我国许多国有企业高薪聘用科技人员，并且允许他们以科技入股，根据企业效益分红。国企这些科技人员的收入属于________。

A. 按劳分配　　B. 按共同劳动者劳动成果分配

C. 按生产要素分配　　D. 按劳分配与按市场要素分配

【参考答案】D

15. 实施“走出去”战略是提高我国开放型经济水平的重大举措。下列情况属于“走出去”的是________。

① 广东营造外商投资的良好环境

② 联想收购摩托罗拉移动智能手机业务

③ 中国企业投资非洲航空业

④ 中国银行向美国花旗银行转让部分股权

A. ①②　　B. ①③　　C. ②④　　D. ②③

【参考答案】D

16. 我国提出的建设“丝绸之路经济带”和“21 世纪海上丝绸之路”的倡议受到国际社会的广泛关注。共建“一带一路”有利于________。

① 构建区域经济优势，实现主导世界市场的目的

② 区域内要素有序自由流动，实现资源优化配置

③ 拓宽经济发展空间，完善我国开放型经济体系

④ 平衡区域内各国经济发展，提高经济运行速度

A. ①④　　B. ①③　　C. ②③　　D. ②④

【参考答案】C

17. 目前绝大多数跨国公司在华都有大量投资，中国是世界上最有活力的外资投资地区。跨国公司在华投资的根本目的在于________。

A. 提高其产品的市场占有率　　B. 追求更大的利润

C. 帮助中国解决资金问题　　D. 推行经济霸权

【参考答案】B

二、简答题

18. 简述中国坚持对外开放的基本国策，坚持打开国门搞建设的重大举措。

【参考答案】

(1)推进“一带一路”建设。

(2)加快贸易强国建设。

(3)改善外商投资环境。

(4)优化区域开放布局。

(5)创新对外投资方式。

(6)促进贸易和投资自由化便利化。

19. 经济全球化有哪些作用?

【参考答案】

(1) 有利于各国生产要素的优化配置和合理利用。

(2) 促进了国际分工的发展和国际竞争力的提高。

(3) 为发展中国家利用后发优势实现跨越式发展提供机遇。

(4) 促进世界经济多极化发展。

(5) 经济全球化加剧了世界资源配置和经济发展的不平衡。

(6) 经济全球化使主权国家的经济安全面临严峻挑战。

20. 加快构建新发展格局的重大意义是什么?

【参考答案】

党的十九届五中全会通过的《中共中央关于制定国民经济和社会发展第十四个五年规划和二〇三五年远景目标的建议》提出,要加快构建以国内大循环为主体、国内国际双循环相互促进的新发展格局。这是以习近平同志为核心的党中央根据我国新发展阶段、新历史任务、新环境条件作出的重大战略决策,是习近平新时代中国特色社会主义经济思想的又一重大理论成果。

第一,这是适应我国经济发展阶段变化的主动选择。

第二,这是应对错综复杂的国际环境变化的战略举措。

第三,这是发挥我国超大规模经济体优势的内在要求。

三、论述题

21. 如何理解共同富裕是社会主义的本质要求?

【参考答案】

(1)共同富裕是社会主义的本质要求,是人民群众的共同期盼。我们推动经济社会发展,归根结底是要实现全体人民共同富裕。

(2)新中国成立以来特别是改革开放以来,我们党团结带领人民向着实现共同富裕的目标不懈努力,人民生活水平不断提高。党的十八大以来,我们把脱贫攻坚作为重中之重,使现行标准下农村贫困人口全部脱贫,这是促进全体人民共同富裕的一项重大举措。

(3)当前,我国发展不平衡不充分问题仍然突出,城乡区域发展和收入分配差距较大,促进全体人民共同富裕是一项长期任务,但随着我国全面建成小康社会、开启全面建设社会主义现代化国家新征程,我们必须把促进全体人民共同富裕摆在更加重要的位置,脚踏实地,久久为功,向着这个目标更加积极有为地进行努力。

(4)党的十九届五中全会提出到2035年基本实现社会主义现代化远景目标,其中包括"全体人民共同富裕取得更为明显的实质性进展",在改善人民生活品质部分突出强调了"扎实推动共同富裕",这既指明了前进方向和奋斗目标,也是实事求是、符合发展规律的,兼顾了需要和可能,有利于在工作中积极稳妥把握,在促进全体人民共同富裕的道路上不断向前迈进。

22. 有一片公共牧场,无偿地向所有牧羊人开放。每个牧羊人都想获得最大利益,于是尽可能地增加放养数量。当牧场容量达到极限后,公共牧场上的悲剧发生了:草场迅速退化,牧民纷纷破产。这就是人们常说的“公地悲剧”。运用所学的知识,说明“公地悲剧”的主要成因。

【参考答案】

(1) 市场调节不是万能的,市场调节存在自发性、盲目性、滞后性等固有的弊端。

(2) 公共生活领域制度缺失,政府失位。

23. 改革开放以来,我国在收入分配体制的改革中取得了巨大的成就,但收入分配领域还存在着不尽如人意的地方,收入差距不断拉大。试述如何完善收入分配关系,促进社会公平?

【参考答案】

(1) 我国实行按劳分配为主体、多种分配方式并存的分配制度。我国的分配制度有助于维护社会公平,促进共同富裕。

(2) 公平的收入分配,是社会主义分配原则的体现,有助于协调人们之间的经济利益关系,实现经济发展、社会和谐。逐步提高最低工资标准,保障职工工资正常增长和支付,有助于维护公平。

(3) 当前要逐步提高居民收入在国民收入分配中的比重,提高劳动报酬在初次分配中的比重。着力提高低收入者的收入,规范收入分配秩序,建立企业职工工资正常增长机制和支付保障机制。

(4) 坚持效率与公平相结合的原则。发展社会主义市场经济,初次分配和再分配都要处理好效率与公平之间的关系,既要提高效率,又要促进公平。

四、材料分析题

24. 2016 年 5 月 23 日,我国与苏丹签署合作协议,共同制定双方未来十年在核电开发方面合作路线图。我国多次强调要发挥核电技术出口的带动作用,创建我国经济新的比较优势和竞争优势;国家领导人在出访期间也多次力推中国核电“走出去”,核电“走出去”已成为国家战略。两大品牌华龙一号和 CAP1400 均拥有完整的自主知识产权,完全满足三代核电的技术标准。“十三五”期间,中国核电将秉承自主创新、安全高效、开放合作的态度,充分发挥完整核工业体系的优势,以核电“走出去”为龙头,带动核电运行服务、核设施退役治理及核技术应用等全产业链,以中核梦助推中国梦,实现由核试验大国向核工业强国转变。

结合材料,分析核电“走出去”对中国经济发展的战略意义。

【参考答案】

(1) 有利于提高我国的对外开放水平,更好地参与国际竞争与合作,利用好国内、国际两个市场、两种资源。

(2) 有利于构建互利共赢、多元平衡、安全高效的开放型经济发展体系。

25. 阅读材料,并回答问题。

【材料一】:什么是经济全球化?国际货币基金组织 1997 年 5 月的报告给出的定义是:“经济全球化是指跨国商品与服务贸易及国际资本流动规模和形式的增加,以及技术的广泛迅速传播和世界各国经济的相互依赖性增强。”……

其实,一部苹果手机的生产就是经济全球化的生动缩影。美国博通的触控芯片、韩国三星的显示屏、日本索尼的图像传感器等,全球 200 多家供应商的零部件漂洋过海,涌入位于中国内陆的富士康工厂,由“打工妹”“打工仔”的巧手组装完成,再飞往纽约、伦敦、东京、新德里、墨尔本等全球各地的"果粉"手中。

苹果手机的前世今生展现出经济全球化的基本特质,就是商品、资本、技术、信息等大规模地跨越疆界流动。没有经济全球化,就没有今天全球市值超万亿美元的"苹果帝国"。

——摘自钟轩理《不畏浮云遮望眼——经济全球化趋势不可阻挡》(《人民日报》2018 年 10 月 12 日 02 版)

【材料二】:"甘瓜抱苦蒂,美枣生荆棘。"从哲学上说,世界上没有十全十美的事物,因为事物存在优点就把它看得完美无缺是不全面的,因为事物存在缺点就把它看得一无是处也是不全面的。经济全球化确实带来了新问题,但我们不能就此把经济全球化一棍子打死,而是要适应和引导好经济全球化,消解经济全球化的负面影响,让它更好惠及每个国家、每个民族。

当年,中国对经济全球化也有过疑虑,对加入世界贸易组织也有过忐忑。但是,我们认为,融入世界经济是历史大方向,中国经济要发展,就要敢于到世界市场的汪洋大海中去游泳,如果永远不敢到大海中去经风雨、见世面,总有一天会在大海中溺水而亡。所以,中国勇敢迈向了世界市场。在这个过程中,我们呛过水,遇到过漩涡,遇到过风浪,但我们在游泳中学会了游泳。这是正确的战略抉择。

——摘自习近平《共担时代责任 共促全球发展——在世界经济论坛 2017 年年会开幕式上的主旨演讲》(2017 年 1 月 17 日,达沃斯)

请运用有关原理,结合材料回答问题:经济全球化的主要表现有哪些?请谈谈如何认识经济全球化的积极作用和消极作用。

【参考答案】

(1)经济全球化是当今世界经济最为突出的特点。主要表现如下:

第一,生产全球化日益深入,跨国公司更趋活跃。

第二,贸易自由化在深度和广度上不断拓展。

第三,金融国际化不断加快,国际资本流动空前增加。

第四,科技全球化日新月异。

第五,人员跨国界流动规模不断扩大。

(2)经济全球化对每个国家来说都是一把"双刃剑",既是机遇,也是挑战,经济全球化的积极作用,表现在以下几个方面:一是有利于各国生产要素的优化配置和合理利用;二是促进了国际分工的发展和国际竞争力的提高;三是为发展中国家利用后发优势实现跨越式发展提供机遇;四是促进世界经济多极化发展。经济全球化的消极作用,主要表现在两个方面:一方面,经济全球化加剧了世界资源配置和经济发展的不平衡;另一方面,经济全球化使主权国家的经济安全面临严峻挑战。

第四单元　思想道德修养与法律常识

一、选择题

1. 人生的________,就是指个体的人生活动对自己的生存和发展所具有的价值,主要表现为对自身的物质和精神需要的满足程度。

A. 社会价值　　B. 自我价值　　C. 价值　　D. 价值观

【参考答案】B

2. 新时代革命军人的样子,就是有灵魂、有本事、有血性、有品德。有灵魂,就是要________。

A. 信念坚定、听党指挥

B. 素质过硬、能打胜仗

C. 英勇顽强、不怕牺牲

D. 情趣高尚、品行端正

【参考答案】A

3. ________是人们在一定的认识基础上确立的对某种思想或事物坚信不疑并身体力行的精神状态。

A. 信念　　B. 信心　　C. 信仰　　D. 理想

【参考答案】A

4. 党对军队的绝对领导,从根本上说是由中国共产党的________决定的。

A. 革命性　　B. 科学性　　C. 先进性　　D. 实践性

【参考答案】C

5. 中国特色社会主义共同理想,就是在中国共产党领导下,坚持和发展中国特色社会主义,实现________。

A. 中华民族的全面振兴　　B. 中华民族伟大复兴

C. 中华民族自立于世界民族之林　　D. 中华民族的崛起

【参考答案】B

6. 从戚继光抗击倭寇到郑成功收复台湾,从三元里人民抗英斗争到轰轰烈烈的义和团运动,从全民族抗日战争到新中国成立之初的“抗美援朝,保家卫国”,这些都体现了中华民族爱国主义优良传统中________。

A. 维护祖国统一,促进民族团结的精神

B. 抵御外来侵略,捍卫国家主权的精神

C. 心系民生苦乐,推动历史进步的精神

D. 开发祖国山河,创造中华文明的精神

【参考答案】B

7. ________是调节个人与祖国之间关系的道德要求、政治原则和法律规范。

A. 爱国思想

B. 爱国行为

C. 爱国主义

D. 爱国情感

【参考答案】C

8. 下列属于《中华人民共和国民法典》包含的内容有________。

A. 物权　　B. 合同

C. 人格权　　D. 宗教信仰自由

【参考答案】ABC

二、简答题

9. 如何理解理想与信念的关系?

【参考答案】

理想和信念总是相互依存。理想是信念所指的对象,信念则是理想实现的保障。离开理想这个人们确信和追求的目标,信念无从产生;离开信念这种对奋斗目标的执着向往和追求,理想寸步难行。在此意义上,理想和信念难以分割地紧密联系在一起。也正因如此,人们常将理想与信念合称为理想信念。

10. 人生观在人生实践中具有哪些重要作用?

【参考答案】

(1)人生观是人们选择生活内容的内在根据。

(2)人生观是人们选择人生道路的基本原则。

(3)人生观是人生的巨大精神力量。

11. 如何理解理想实现的特点?

【参考答案】

(1)理想的实现具有长期性。

(2)理想的实现具有曲折性。

(3)理想的实现具有艰巨性。

12. 社会主义核心价值观的主要内容包括什么?

【参考答案】

(1)富强、民主、文明、和谐。这一价值追求,回答了我们要建设什么样的国家的重大问题,揭示了当代中国在经济发展、政治文明、文化繁荣、社会进步等方面的价值目标,从国家层面标注了社会主义核心价值观的时代刻度。

(2)自由、平等、公正、法治。这一价值追求,反映了人们对美好社会的期望和憧憬,是衡量现代社会是否充满活力又和谐有序的重要标志。这一价值追求回答了我们要建设什么样的社会的重大问题,与实现国家治理体系和治理能力现代化的要求相契合,揭示了社会主义社会发展的价值取向。

(3)爱国、敬业、诚信、友善。这一价值追求,回答了我们要培育什么样的公民的重大问题,涵盖了社会公德、职业道德、家庭美德、个人品德等各个方面,是每一个公民都应当遵守的道德规范。爱国才能担当时代赋予的使命,敬业才能创造更大的人生价值,诚信才能赢得良好的发展环境,友善才能形成和谐的人际关系。

13. 爱国主义时代价值包括哪些?

【参考答案】

(1)爱国主义是中华民族继往开来的精神支柱。

(2)爱国主义是维护祖国统一和民族团结的纽带。

(3)爱国主义是实现中华民族伟大复兴的动力。

(4)爱国主义是实现人生价值的力量源泉。

14. 我国社会主义法律有哪些特征?

【参考答案】

(1)我国社会主义法律体现了党的主张和人民意志的统一。

(2)我国社会主义法律具有科学性和先进性。

(3)我国社会主义法律是中国特色社会主义建设的重要保障。

15. 我军新时代使命任务包括哪些?

【参考答案】

人民军队必须担当起党和人民赋予的新时代使命任务,为巩固中国共产党领导和我国社会主义制度提供战略支撑,为捍卫国家主权、统一、领土完整提供战略支撑,为拓展我国海外利益提供战略支撑,为促进世界和平与发展提供战略支撑。

16. 宪法规定我国公民有哪些基本义务?

【参考答案】

(1)公民有维护国家统一和全国各民族团结的义务。

(2)公民有遵守宪法和法律、保守国家秘密、爱护公共财产、遵守劳动纪律、遵守公共秩序、尊重社会公德的义务。

(3)公民有维护祖国安全、荣誉和利益的义务。

(4)公民有依照法律服兵役和参加民兵组织的光荣义务。

(5)公民有依照法律纳税的义务。

17. 犯罪具有哪些基本特征?

【参考答案】

(1)一切犯罪都是对社会具有危害性的行为。

(2)一切犯罪都是触犯刑律的行为。

(3)一切犯罪都是依法应受到刑罚处罚的行为。

18. 一般违法行为应受到哪些处罚?

【参考答案】

(1)一般违法行为,是指违法行为轻微,对社会的危害不大,还没有触犯刑律的行为。

(2)一般违法行为没有严重违法(犯罪)行为那样对社会危害程度大,也应该及时地给予处分、惩戒,否则可能进一步发展成为犯罪,但这种惩戒不应是刑法处罚。一般违法行为要受到行政制裁。这种强制措施又分为行政处分和行政处罚。

三、材料分析题

19.【材料一】:2020 年 5 月 28 日,十三届全国人大三次会议表决通过了《中华人民共和国民法典》,自 2021 年 1 月 1 日起施行。民法典是新中国第一部以法典命名的法律,开创了我国法典编纂立法的先河,具有里程碑意义。《中华人民共和国民法典》第一编第一章规定了民法典的立法目的和依据。其中,将“弘扬社会主义核心价值观”作为一项重要的立法目的,体现坚持依法治国与以德治国相结合的鲜明中国特色,也明确了整部民法典的核心和灵魂。

【材料二】:倡导富强、民主、文明、和谐,倡导自由、平等、公正、法治,倡导爱国、敬业、诚信、友善,积极培育和践行社会主义核心价值观。这是从国家、社会和个人 3 个层面提出的价值取向,既是对我国传统优秀文化的凝练、对各国先进文化的吸收,也是对社会发展需求的反映。

【材料三】:这些年,热点社会新闻中常常有好心人挺身而出、见义勇为,却反而可能被要求赔偿,让英雄“流血又流泪”。长此以往,谁还敢对陌生人出手相助?《中华人民共和国民法典》为匡正社会风气,鼓励见义勇为的行为,不仅规定,因自愿实施紧急救助行为造成受助人损害的,救助人不承担民事责任;而且还规定,因保护他人民事权益使自己受到损害的,由侵权人承担民事责任,受益人可以给予适当补偿。没有侵权人、侵权人逃逸或者无力承担民事责任,受害人请求补偿的,受益人应当给予适当补偿。

请结合上述材料,谈谈如何看待我国法治建设中道德与法律的关系?

【参考答案】

法律是成文的道德,道德是内心的法律。法律和道德都具有规范社会行为、调节社会关系、维护社会秩序的作用,在国家治理中都有其地位和功能。

(1)法治和德治相互补充、相互促进、相得益彰,二者是辩证统一的关系。法律凝结着社会的基本价值取向和道德规范,遵守法律就是遵守最低限度的道德。从这个意义上说,任何法律都有一定的道德属性。道德则将外在的法律规范转化为内在的自我约束,促使人们主动认识自己的责任与义务、自愿选择有道德的行为。一个人的道德觉悟提升了,就会自觉尊法学法守法用法;全社会的道德水准提升了,法治建设才会有坚实的基础。

(2)法律和道德还可以相互转化。法律和道德都植根于一定的历史文化环境与社会环境,文化的演进、社会的发展推动法律和道德的发展。考察人类历史会发现,法律和道德之间呈现一种流动的边界:一些道德规范“流动”到法律规范之中,这是道德转化为法律;一些法律规范“流动”到道德规范之中,这是法律转化为道德。这说明法律和道德之间没有一成不变的分界线,其双向“流动”的目的是为了与当时的经济社会发展需要相适应。

(3)民法典中关于对见义勇为行为的鼓励和宽容,是团结互助、友善待人的社会美德在法律具体规则中的体现,增强了民法典的道德底蕴。以法安天下,以德润人心,道德价值的坚守离不开可靠制度的支撑。人民群众对于得到广泛认同、较为成熟的道德要求及时上升为法律规范有迫切需求,法律应当及时回应这种需求。

四、论述题

20. 请你联系实际,谈谈如何在积极投身强国强军的实践中创造有价值的军旅人生?

【参考答案】

今天,新时代青年官兵处在中华民族发展的最好时期,要勇于担当新时代赋予的历史责任,与历史同向、与党同心、与祖国同行、与人民同在,在积极投身强国强军的实践中创造有价值的军旅人生。

(1)与历史同向。历史车轮滚滚向前,时代潮流浩浩荡荡。历史只会眷顾坚定者、奋进者、搏击者,而不会等待犹豫者、懈怠者、畏难者。我们要正确认识世界和中国发展大势,尊重顺应历史的选择和人民的选择,准确把握中国发展的重要战略机遇期,提升民族自信心,增强时代责任感,与历史同步伐,与时代共命运。

(2)与党同心。我军是党缔造和领导的人民军队,始终以党的旗帜为旗帜、以党的方向为方向、以党的意志为意志。为中国人民谋幸福、为中华民族谋复兴,是中国共产党人的初心和使命。作为人民军队的一员,与党同心,就是要用党的初心和使命校正人生坐标,自觉在思想上、政治上、行动上同党中央、中央军委和习主席保持高度一致,坚决听党的话、跟党走。

(3)与祖国同行。青年兴则国家兴,青年强则国家强。青年一代有理想、有本领、有担当,国家就有前途,民族就有希望。青年只有自觉将人生目标同国家和民族的前途命运紧紧联系在一起,才能最大程度地实现人生价值。当代中国正处于中华民族伟大复兴的关键时期,全面建设社会主义现代化强国任重道远。我们要正确认识国家和民族赋予的历史责任和使命,自觉与国家和民族共奋进、同发展,在保卫国家、建设国家中实现人生价值。

(4)与人民同在。人民群众是历史的创造者。人民军队的根脉,深扎在人民的深厚大地;人民战争的伟力,来源于人民的伟大力量。来自人民、为了人民,始终与人民血肉相联、生死与共,是我军的制胜之本、力量之源。安享和平是人民之福,保卫和平是人民军队之责。我们要把捍卫党和人民利益举过头顶,牢记全心全意为人民服务的根本宗旨,牢记为人民扛枪、为人民打仗的神圣职责,始终同人民站在一起,时刻把人民放在心头,永远做人民子弟兵。

第五单元　国防和军队建设常识

一、选择题

1. 坚持党对军队的绝对领导,首先全军对党要________。

A. 绝对忠诚　　B. 绝对勇敢　　C. 绝对纯洁　　D. 绝对可靠

【参考答案】A

2. 全军要把________作为主责主业,牢固树立战斗力这个唯一的根本的标准,全部心思向打仗聚焦,各项工作向打仗用劲,确保部队召之即来、来之能战、战之必胜。

A. 理论武装　　B. 备战打仗　　C. 刻苦训练　　D. 军民融合

【参考答案】B

3. 党指挥枪原则落地生根的坚实基础是________。

A. 政治委员制　　B. 政治机关制　　C. 支部建在连上　　D. 军委主席负责制

【参考答案】C

4. 构建新时代军事战略体系,把________立起来。

①新时代军事战略思想　　②新时代军事战略方针

③备战打仗指挥棒　　④抓备战打仗的责任

A. ①②③④　　B. ②③④　　C. ①②③　　D. ①②④

【参考答案】A

5. 必须贯彻“五个更加注重”战略指导,强化作战需求牵引,提高军队建设实战化水平。这里“五个更加注重”是指更加注重聚焦实战、________、更加注重军民融合。

①更加注重创新驱动　②更加注重体系建设

③更加注重协调发展　④更加注重集约高效

A. ①③④　　B. ②③④　　C. ①②③　　D. ①②④

【参考答案】D

6. 党对军队绝对领导的根本原则和制度,是人民军队完全区别于一切旧军队的政治特质和根本优势,它定型于________。

A. 南昌起义　　B. 三湾改编　　C. 古田会议　　D. 遵义会议

【参考答案】C

7. ________关系我军最高领导权和指挥权,在党领导军队的一整套制度体系中处于最高层次、居于统领地位。

A. 军委主席负责制

B. 党委制、政治委员制、政治机关制

C. 党委统一的集体领导下的首长分工负责制

D. 支部建在连上

【参考答案】A

8. 深入贯彻新时代军事战略方针,坚持________战略思想,提高基于网络信息的联合作战能力、全域作战能力。

A. 积极进攻　　B. 消极防御　　C. 积极防御　　D. 攻守结合

【参考答案】C

9. 党的十九届五中全会通过的《中共中央关于制定国民经济和社会发展第十四个五年规划和二〇三五年远景目标的建议》,提出到 2035 年基本实现国防和军队现代化,全面推进________现代化。(单项选择)

①军事理论　②军队组织形态　③军事人员　④武器装备

A. ①②③④　　B. ②③④　　C. ①②③　　D. ①②④

【参考答案】A

10. 习主席着眼国家安全和发展全局需要,在作出 2035 年、本世纪中叶国防和军队现代化战略筹划和安排基础上,历史性提出建军百年奋斗目标,根本指向是________。

A. 基本实现机械化　　B. 信息化建设取得重大进展

C. 战略能力要有大的提升　　D. 提高捍卫国家主权、安全、发展利益的战略能力

【参考答案】D

11. 新时代的现代化,是________融合发展的现代化。

①机械化　②信息化　③无人化　④智能化

A. ①②③④　　B. ②③④　　C. ①②③　　D. ①②④

【参考答案】D

12. 在缺乏实战检验的情况下,锻造战斗精神主要靠________。(单项选择)

A. 教育　　B. 训练

C. 熏陶　　D. 示范

【参考答案】B

二、简答题

13. 简述习近平强军思想的形成背景。

【参考答案】

(1)习近平强军思想根植于强国强军的新时代。进入新时代,世情国情军情发生深刻变化,国防和军队建设面临新的时与势。

(2)当今世界正在经历百年未有之大变局。当前,经济全球化、国际战略格局、全球治理体系、全球地缘政治棋局及其综合国力竞争发生重大变化,世界变局中危和机同生并存。

(3)我国正处于由大向强发展的关键阶段。实现中华民族伟大复兴的中国梦,我们面临难得机遇,具备坚实基础,拥有无比信心,同时我国面临的安全和发展形势更趋复杂。

(4)国际军事竞争格局正在发生历史性变化。面对军事革命浪潮风起云涌,各主要国家纷纷加快军事变革,抢占军事战略制高点,争夺国际军事竞争新优势。这给我军提供了难得的历史机遇,同时也提出了严峻挑战。

14. 如何加强新时代我军基层建设?

【参考答案】

(1)要锻造听党话、跟党走的过硬基层,确保党对军队绝对领导直达基层、直达官兵。

(2)要锻造能打仗、打胜仗的过硬基层,使基层真正做到召之即来、来之能战、战之必胜。

(3)要锻造法纪严、风气正的过硬基层,以严明的法治和纪律凝聚铁的意志、锤炼铁的作风、锻造铁的队伍,为推进强军事业提供坚实基础和支撑。

15. 简述习近平强军思想中提出的"五个更加注重"。

【参考答案】

(1)更加注重聚焦实战。

(2)更加注重创新驱动。

(3)更加注重体系建设。

(4)更加注重集约高效。

(5)更加注重军民融合。

16. 简述新时代军队使命任务。

【参考答案】

(1)为巩固中国共产党领导和我国社会主义制度提供战略支撑。

(2)为捍卫国家主权、统一、领土完整提供战略支撑。

(3)为拓展我国海外利益提供战略支撑。

(4)为促进世界和平与发展提供战略支撑。

17. 简述加快实现治军方式的"三个根本性转变"的具体内容?

【参考答案】

"三个根本性转变"是指,从单纯依靠行政命令的做法向依法行政的根本性转变,从单纯靠习惯和经验开展工作的方式向依靠法规和制度开展工作的根本性转变,从突击式、运动式抓工作的方式向按条令条例办事的根本性转变。

18. 军委主席负责制的内涵是什么?

【参考答案】

中央军委主席负责中央军委全面工作;中央军委主席领导指挥全国武装力量;中央军委主席决定国防和军队建设一切重大问题。

19. 和平时期为什么仍要发扬"一不怕苦、二不怕死"的战斗精神?

【参考答案】

(1)战争充满着偶然性和不确定性,不是一厢情愿的事,也不可能等我们完全准备好了再去打。当前,我国面临的安全挑战十分严峻复杂,各种可以预料和难以预料的风险挑战明显增多,战争危险现实存在,说不定什么时候就会打一仗。现在,我军现代化水平与国家安全需求相比差距还很大,与世界先进军事水平相比差距还很大。

(2)打仗从来都是狭路相逢勇者胜。我军历来是打精气神的,以敢打敢拼闻名于世。敢于斗争、敢于胜利,一不怕苦、二不怕死,是人民军队血性胆魄的生动写照。军队要能打仗、打胜仗,固然要靠战略战术,要靠机制体制,要靠武器装备,要靠综合国力,但没有战斗精神,光有好的作战条件,军队也是不能打胜仗的。

三、论述题

20. 谈谈你对“能战方能止战，准备打才可能不必打，越不能打越可能挨打”这一论断的认识。

【参考答案】

习主席指出：“能战方能止战，准备打才可能不必打，越不能打越可能挨打，这就是战争与和平的辩证法。”这科学揭示了战争与和平相互联系、相互转化的矛盾特征，为我们认识新的时代条件下战争问题提供了方法论指导，是对马克思主义战争观的丰富和发展。

历史经验表明，和平必须以强大实力为后盾，能打赢才能有力遏制战争，才能确保和平。中华民族是爱好和平的民族。走和平发展道路，是我们党根据时代发展潮流和我国根本利益作出的战略抉择，并向全世界作出了永远不称霸、永远不搞扩张的庄严承诺，强调中国始终是维护世界和平的坚定力量。我们渴望和平，但决不会因此而放弃我们的正当权益，决不会拿国家的核心利益做交易；如果有人要把战争强加到我们头上，我们必须能决战决胜。

新时代人民军队的使命任务不断拓展，但作为战斗队的根本职能没有变。我军素以能征善战著称于世，创造过许多辉煌的战绩，但以前能打胜仗不等于现在能打胜仗。实现党在新时代的强军目标，把人民军队全面建成世界一流军队，必须始终聚焦备战打仗，全部心思向打仗聚焦，各项工作向打仗用劲，锻造召之即来、来之能战、战之必胜的精兵劲旅。

21. 为什么说军事手段是实现伟大梦想的保底手段？

【参考答案】

强国先强军，军强则国安，这是中华民族百年坎坷经历的深刻启示。今天的中国，比历史上任何时候都更接近中华民族伟大复兴的目标，也更需要一支强大的军队为实现这一伟大目标提供力量支撑。中华民族伟大复兴绝不是轻轻松松、敲锣打鼓就能实现的，必然会面对各种重大挑战、重大风险、重大阻力、重大矛盾。这是我国由大向强发展进程中无法回避的挑战，是实现中华民族伟大复兴绕不过的门槛。只有把军队搞得更强大，这样底气才足、腰杆才硬。

四、材料分析题

22. 根据材料，回答问题：

【材料一】：“我想的最多的就是，在党和人民需要的时候，我们这支军队能不能始终坚持住党的绝对领导，能不能拉得上去、打胜仗，各级指挥员能不能带兵打仗、指挥打仗。”习主席曾经发出的深沉之问，如黄钟大吕，振聋发聩。

——《解放军报》2017 年 11 月 24 日

【材料二】：“军队是要准备打仗的，一切工作都必须坚持战斗力标准，向能打仗、打胜仗聚焦。”

——十九大报告

结合材料，谈谈如何理解军队首先是一个战斗队？

【参考答案】

(1)打仗是军队与生俱来的职能。军队强弱、战争胜负，关乎国家安危、民族兴衰。能打仗、打胜仗，是一支军队赖以生存的根本意义和价值所在。

(2)打仗和准备打仗始终是人民军队建设发展的主线。历史证明，我军不愧为一支英勇善战、一往无前的战斗队。随着国家建设发展，人民军队积极投身改革开放新的伟大革命，有效应对国家安全面临的各种威胁，坚决打击一切形式的分裂破坏活动，积极参与对外军事交流合作和联合国维和行动，始终把战斗队作为根本职能，把打仗作为第一位要求。

(3)特别是党在新时代的强军目标，明确了人民军队为实现中国梦提供强大力量保证的重大责任，对部队能打仗、打胜仗提出了新的更高要求。我们要充分认清战斗队永远是我军的基本定位、战斗力永远是军人的不变追求，自觉把打仗当天职、视打赢为目标，始终瞄着能打仗、打胜仗苦练打赢本领，在实现强国梦强军梦征程中书写属于中国军人的时代风采。

二〇二〇年军队院校生长军(警)官招生文化科目统一考试

士兵高中综合试题

考生须知	1. 本试卷分政治、物理、化学三部分，考试时间150分钟，满分为200分（政治80分，物理60分，化学60分）。 2. 将部别、姓名、考生号分别填涂在试卷及答题卡上。 3. 所有答案均须填涂在答题卡上，填涂在试卷上的答案一律无效。 4. 考试结束后，试卷及答题卡全部上交并分别封存。

第一部分　政　治

一、单项选择题（每小题2分，共32分）

1. 2019年4月1日出版的第7期《求是》杂志发表中共中央总书记、国家主席、中央军委主席习近平的重要文章《关于坚持和发展中国特色社会主义的几个问题》。文章强调，______是关系党的事业兴衰成败第一位的问题，______就是党的生命。

A. 道路问题　道路　　B. 文化问题　文化

C. 理论问题　理论　　D. 制度问题　制度

2. 2019年6月5日至7日，中共中央总书记、国家主席、中央军委主席习近平应邀对俄罗斯进行国事访问并出席第二十三届圣彼得堡国际经济论坛。访问期间，两国元首签署联合声明，宣布发展中俄新时代______，实现两国关系与时俱进、提质升级，成为此访最重要政治成果。

A. 全面合作伙伴关系　　B. 贸易与合作伙伴关系

C. 全面战略协作伙伴关系　　D. 全面战略互惠伙伴关系

3. 格林尼治时间2020年1月31日23点，______正式脱离欧盟，结束其47年的欧盟成员国身份。

A. 瑞士　B. 瑞典　C. 法国　D. 英国

4. 2020年2月24日，十三届全国人大常委会第十六次会议表决通过了关于全面______、革除滥食野生动物陋习、切实保障人民群众生命健康安全的决定。决定自公布之日起施行。

A. 禁止非法食用野生动物　　B. 禁止非法野生动物交易

C. 禁止非法猎杀野生动物　　D. 禁止非法饲养野生动物

5. “零和游戏”是指如果我们把赢棋计算为“+1分”，把输棋计算为“-1分”，那么，这两人得分之和就是1+(-1)=0。游戏者有输有赢，一方所赢正是另一方所输，游戏的总成绩永远是零。从唯物辩证法角度看，“零和游戏”______。

①只反映了该事物数量的变化，忽视了事物的发展

②是对事物未来发展趋势理论和规律的正确总结

③缺乏辩证思维，片面地看待事物之间的相互关系

④反映事物内部要素此消彼长、优化组合的整体性

A. ①②　B. ①③　C. ②④　D. ③④

6.《说文解字》指出，由止、戈组成的“武”字，意为制止战争，即拿起武器的目的是放下武器、保卫和平。可见在本意中，“武”中有“德”，“德”约束“武”。“武”字本意中包含的哲学智慧是______。

A. 矛盾双方相互联结、相互贯通　　B. 矛盾的斗争性是绝对的

C. 矛盾的同一性是有条件的　　D. 矛盾双方的斗争推动事物的发展

7. 中国人民银行于2019年9月发行中华人民共和国成立70周年金银纪念币，该纪念币为中华人民共和国法定货币。下列对该纪念币的认识正确的是______。

A. 纪念币具有收藏价值，但不能流通　　B. 从本质上看，该纪念币是一般等价物

C. 该纪念币只能执行价值尺度的职能　　D. 纪念币的发行会导致通货膨胀

8. 2019年12月20日是澳门回归20周年纪念日。“一国两制”在澳门20年的成功实践，得到了澳门同胞的广泛认同，印证了其强大的生命力。之所以具有强大的生命力，是因为“一国两制”方针______。

①符合人民的根本利益　　②高度自治是完全自治

③解决了社会各类问题　　④顺应了历史发展的潮流

A. ①③　　B. ②③　　C. ①④　　D. ②④

9. 建设中国特色社会主义法治体系，建设社会主义法治国家是______。

A. 全面深化经济体制改革的总目标　　B. 全面推进依法治国的总目标

C. 全面建设和谐社会的总目标　　D. 全面建成小康社会的总目标

10. “大厦之成，非一木之材也；大海之阔，非一流之归也。”近年来，人民政协在党的领导下，坚持问题导向，深入调查研究，多进诤言、多谋良策、多出实招，取得了丰硕的成果。在我国，人民政协______。

①是具有中国特色的根本政治制度　　②是国家治理体系的重要组成部分

③是社会主义事业的领导力量　　④接受中国共产党的政治领导

A. ①④　　B. ②③　　C. ②④　　D. ③④

11. 马克思在中学毕业论文《青年在选择职业时的考虑》中这样写道：“如果一个人只为自己劳动，他也许能够成为著名的学者、大哲人、卓越诗人，然而他永远不能成为完美无疵的伟大人物。”“在选择职业时，我们应该遵循的主要指针是人类的幸福和我们自身的完美。”马克思的职业观对当代青年职业选择的启示有______。

①树立崇高理想，在劳动和奉献中实现人生价值

②坚守人生信条，努力寻求个人价值最大化

③尊重客观条件，在砥砺自我中成就个人梦想

④强化社会责任，努力投身为人民服务的实践

A. ①②　　B. ②③　　C. ①④　　D. ③④

12. 党的十九届四中全会审议通过了《中共中央关于坚持和完善中国特色社会主义制度、推进国家治理体系和治理能力现代化若干重大问题的决定》。该决定是党中央站在百年未有之大变局的时代潮头，从政治上、全局上、战略上全面考量，立足当前、着眼长远的重大决策。由此可知，该决定的制定______。

①体现了部分的功能及其变化决定整体的功能

②坚持从全局出发修补社会管理制度

③顺应了我国经济社会和民族未来发展大局的客观要求

④体现出党中央高瞻远瞩的战略眼光和强烈的历史担当

A. ①②　　B. ①③　　C. ②④　　D. ③④

13. 中国梦的本质是______。

A. 文化霸权、民族振兴、人民幸福　　B. 国家富强、民族振兴、人民幸福

C. 国家富强、社会发展、美好生活　　D. 社会和谐、民族振兴、世界大同

14. 1947 年 6 月 30 日，刘伯承、邓小平率晋冀鲁豫野战军主力在鲁西南强渡黄河，揭开了______战略进攻的序幕。

A. 自卫战争　　B. 解放中原

C. 解放战争　　D. 解放全中国

15. 军队是要准备打仗的，必须聚焦能打仗、打胜仗，创新发展军事战略指导，构建______，全面提高新时代备战打仗能力，有效塑造态势、管控危机、遏制战争、打赢战争。

A. 中国特色现代作战体系　　B. 中国特色现代军队体系

C. 中国特色军事法治体系　　D. 中国特色现代军事力量体系

16. ______是宪法和党章规定的，是坚持党对军队绝对领导的根本制度。

A. 党委制　　B. 政治委员制

C. 首长分工负责制　　D. 军委主席负责制

二、简答题（每小题 6 分，共 18 分）

17. 为什么说真理是客观的？

18. 习近平强军思想中提出的“五个更加注重”是什么？

19. 我国刑罚的目的是什么？

三、论述题（共 15 分）

20. 进入新时代，中国军队依据国家安全和发展战略要求，坚决履行党和人民赋予的使命任务。请结合实际论述，革命军人如何担当起党和人民赋予的新时代使命任务。

四、材料分析题（共 15 分）

21. 阅读材料，并回答问题。

新华社北京 2020 年 1 月 29 日电　中共中央总书记、国家主席、中央军委主席习近平近日对军队做好新型冠状病毒感染的肺炎疫情防控工作作出重要指示。习近平强调，目前疫情防控形势依然严峻复杂。全军要在党中央和中央军委统一指挥下，牢记人民军队宗旨，闻令而动，勇挑重担，敢打硬仗，积极支援地方疫情防控。我军承担武汉火神山医院医疗救治任务是党和人民的高度信任，要加强组织领导、密切军地协同、坚持科学施治、搞好自身防护，不负重托，不辱使命。我军有关医院要全力做好患者收治工作，科研机构要加紧展开科研攻关，积极为打赢疫情防控阻击战做出贡献。

根据材料并联系实际，回答以下问题：

（1）人民军队宗旨是什么？

（2）新时代革命军人如何做到永远做人民利益的忠实捍卫者？

二〇二〇年军队院校生长军(警)官招生文化科目统一考试

士兵高中综合试题参考答案及评分标准

第一部分　　政治试题参考答案及评分标准

评分说明：

一、单项选择题　凡错选、漏选的，均不给分。

二、简答题　要求紧扣题意，观点正确，简明扼要。只要基本观点不遗漏，就可给分。否则，相应扣分。

三、论述题　要求紧扣题意，从理论和实际的结合上说明问题。如果说理透彻，联系实际论述充分，并有新的见解，可从优给分，但不得超过本题满分。

四、材料分析题　要求紧扣材料内容，从理论和实际的结合上分析问题、阐述观点。如果说理透彻，联系实际论述充分，观点正确，见解独到，可从优给分，但不得超过本题满分。

答案要点：

一、单项选择题（每小题 2 分，共 32 分）

1．A　　2．C　　3．D　　4．B　　5．B　　6．A
7．B　　8．C　　9．B　　10．C　　11．C　　12．D
13．B　　14．C　　15．A　　16．D

二、简答题（每小题 6 分，共 18 分）

17．（6 分）

①真理的内容是客观的。真理的内容是对客观事物及其规律的正确反映，真理中包含着不依赖于人和人的意识的客观内容。(3 分) ②检验真理的标准——社会实践也是客观的。(3 分)

18．（6 分）

更加注重聚焦实战、(2 分) 更加注重创新驱动、(1 分) 更加注重体系建设、(1 分) 更加注重集约高效、(1 分) 更加注重军民融合。(1 分)

19．（6 分）

我国刑罚的目的在于：打击敌人，(1 分) 惩罚和教育犯罪分子，(1 分) 制止和预防犯罪的发生，(1 分) 以保护国家和人民的利益，(1 分) 巩固人民民主专政，(1 分) 最终达到消灭犯罪。(1 分)

三、论述题（共15分）

20. （15分）

党和人民所需就是军队使命任务所系。我军必须服从服务于党的历史使命，把握新时代国家安全战略需求，担当起党和人民赋予的新时代使命任务，为新时代坚持和发展中国特色社会主义、实现中华民族伟大复兴提供战略支撑。(3分)

①为巩固中国共产党领导和社会主义制度提供战略支撑。我国是中国共产党领导的社会主义国家，政治安全始终是治国安邦的根本。如果政治安全得不到保障，中国必然会陷入四分五裂、一盘散沙的局面，中华民族伟大复兴就根本无从谈起。作为革命军人，我们要做好两种社会制度、两种意识形态长期斗争的充分准备。要坚定地站在党的旗帜下，坚决维护国家政权安全、制度安全。(3分)

②为捍卫国家主权、统一、领土完整提供战略支撑。领土主权是国家生存和发展的基础。我国还没有实现祖国完全统一，同周边多个国家存在领土主权和海洋权益争端，解决好这些问题是我们必须跨越的关口。作为革命军人绝不允许任何人、任何组织、任何政党、在任何时候、以任何形式，把任何一块中国领土从中国分裂出去。革命军人，必须做好随时打硬仗的准备，坚持原则、敢于斗争，坚决捍卫国家核心利益，决不后退一步，决不丢失一寸领土。(3分)

③为维护国家海外利益提供战略支撑。随着我国全方位对外开放不断扩大，国家利益向全球不断拓展，形成了重大海外利益格局。相应地，就要建立健全全球性安全保障。革命军人要紧跟国家海外利益拓展进程，增强在更加广阔空间遂行多样化军事任务能力。(3分)

④为促进世界和平与发展提供战略支撑。实现中华民族伟大复兴，必须有一个和平的国际环境和周边环境，要求我们积极参与和塑造国际体系，营造于我有利的国际战略态势。革命军人要以党在新时代的强军目标为引领，努力建设世界一流军队，维护世界和平与发展。(3分)

四、材料分析题（共15分）

21. （15分）

（1）人民军队宗旨是全心全意为人民服务。(3分)

（2）①永葆人民子弟兵的政治本色。人民军队建设发展的历史告诉我们，人民群众永远是军队生长的土壤、发展的根基和力量的源泉。我们要始终牢记，作为党绝对领导下的人民军队，全心全意为人民服务的根本宗旨永远不能变，人民子弟兵热爱人民的政治本色永远不能丢。(3分) ②切实端正对人民群众的态度。始终牢记为人民扛枪，为人民打仗的神圣职责。要虚心向群众学习，自觉学习他们吃苦耐劳、拼搏进取的好精神，学习他们勤俭节约、艰苦朴素的好作风，学习他们质朴淳厚的好品质。(3分) ③始终与人民群众保持血肉联系。要牢固树立人民群众是真正英雄的观念，不断增强对人民群众的真挚情感。(3分) ④时刻准备为人民牺牲奉献。军人是一种特殊的职业，总是和牺牲奉献联系在一起的。为人民牺牲奉献，是革命军人的最高价值体现。在生死考验的危急关头，要具有为国家和人民利益舍得献出自己一切的决心和勇气，甘愿为人民流血牺牲。(3分)

二〇二〇年军队院校士官招生文化科目统一考试

士兵高中综合试题

考生须知	1. 本试卷分政治、物理、化学三部分，考试时间 150 分钟，满分为 200 分（政治 80 分，物理 60 分，化学 60 分）。 2. 将部别、姓名、考生号分别填涂在试卷及答题卡上。 3. 所有答案均须填涂在答题卡上，填涂在试卷上的答案一律无效。 4. 考试结束后，试卷及答题卡全部上交并分别封存。

第一部分　政　治

一、单项选择题(每小题 2 分,共 32 分)

1. 2019 年 5 月 21 日,中共中央总书记、国家主席、中央军委主席习近平到陆军步兵学院视察。他强调,要深入贯彻新时代党的强军思想,深入贯彻______战略方针,面向战场、面向部队、面向未来,走内涵式发展道路,强化政治保证,把好办学定位,深化改革创新,全面提高办学育人水平,为强军事业提供有力人才支持。

   A. 科技兴军　　B. 改革强军　　C. 政治建军　　D. 新时代军事

2. 2019 年 7 月 24 日,中国政府发表《新时代的中国国防》白皮书。这是中国政府自 1998 年以来发表的第十部国防白皮书,也是中共______以来发表的首部综合型国防白皮书。

   A. 十六大　　B. 十七大　　C. 十八大　　D. 十九大

3. 2020 年 2 月 28 日,国家统计局发布《中华人民共和国 2019 年国民经济和社会发展统计公报》,报告显示,2019 年我国国内生产总值居世界第二位;人均国内生产总值首次突破______美元,与高收入国家差距进一步缩小。

   A. 0. 5 万　　B. 1 万　　C. 1. 5 万　　D. 2 万

4. 2019 年 8 月,《中共中央、国务院关于支持深圳建设中国特色社会主义先行示范区的意见》发布,要求深圳抓住粤港澳大湾区建设重要机遇,增强核心引擎功能,朝着建设中国特色社会主义先行示范区的方向前行。支持深圳建设中国特色社会主义先行示范区的哲学依据是______。

   A. 矛盾的普遍性寓于特殊性之中

   B. 内因是第一位的原因

   C. 事物发展量变的过程实质就是质变的过程

   D. 事物发展是前进性与曲折性的统一

5. 人类在享受机器人带来便利的同时,也担心某一天机器人会在智能上超越人类。有人悲观的认为:未来,机器人将统治人类,人被机器人关在“动物园”中,供机器人观赏。这种观点______。

A. 否认了意识是社会发展的产物　　B. 证实了机器人具有主观能动性

C. 说明了人类认识发展的无限性　　D. 体现了事物发展的辩证否定过程

6. 中国特色社会主义理论体系形成的现实依据是______。

A. 和平与发展成为时代主题

B. 我国改革开放和社会主义现代化建设的伟大实践

C. 其他社会主义国家兴衰成败的经验教训

D. 我国社会主义建设的历史经验

7. ______是社会主义民主政治的本质特征。

A. 人民当家作主　　B. 法律面前人人平等

C. 以德治国　　D. 依法治国

8. 2019 年 5 月 22 日,中央宣传部在北京向全社会宣传发布杜富国的先进事迹,授予他“时代楷模”称号。对他的表彰有利于______。

A. 增强社会主义意识形态的凝聚力　　B. 提高了全民的科学文化素养

C. 从根本上引领当前我国社会各种思潮　　D. 激发以改革创新为核心的民族精神

9. 加强新时代我军______,是强军兴军根基所在、力量所在。

A. 院校建设　　B. 基层建设　　C. 干部队伍建设　　D. 党支部建设

10. 随着 5G 时代的到来,智能手机的功能越来越强大,电子词典、掌上游戏机等电子产品正慢慢淡出人们的视野。这说明______。

A. 商品的质量决定商品的交换价值　　B. 市场竞争导致商品优胜劣汰

C. 功能不同的商品会相互取代　　D. 商品使用价值因替代品出现而减小

11. “白日不到处,青春恰自来。苔花如米小,也学牡丹开。”这首诗给我们的人生启示是______。

A. 树立正确价值观就能对事物价值作出正确判断

B. 实现人生价值要充分利用社会提供的客观条件

C. 人们的价值观念会随着社会历史的变化而变化

D. 创造有价值的人生需要坚定的信念和积极的心态

12. 中华人民共和国全国人民代表大会是最高国家权力机关,每届任期______。

A. 二年　　B. 三年　　C. 四年　　D. 五年

13. 党的十九大报告提出,培养“四有”新时代革命军人。“四有”不包括______。

A. 有灵魂　　B. 有本事　　C. 有血性　　D. 有道德

14. ______是保证,关系军队的性质、宗旨、本色。

A. 听党指挥　　B. 能打胜仗　　C. 作风优良　　D. 能打仗、打胜仗

15. 改革开放之所以极大解放和发展了社会生产力,让中国特色社会主义展现出强大生命力,一个重要原因就是我们始终坚持辩证唯物主义和历史唯物主义的世界观和方法论,正确把握了我国的国情与实际。这表明马克思主义哲学______。

A. 作出了对未来社会特点的预见

B. 揭示了自然界存在发展的基本规律

C. 提供了解决社会问题的现成答案

D. 正确地揭示了物质世界的本质和基本规律

16. 从铁腕规范党内生活,到铁面问责严格执纪;从亮短揭丑的民主生活会,到重拳破除各种潜规则。党的十八大以来,守底线、讲原则、重法治成为新常态,这有利于党员干部______。

A. 牢记党的宗旨,发挥先锋模范作用　　B. 强化执政意识,履行国家管理职能

C. 遵守道德规范,扩大党的群众基础　　D. 遵循客观规律,提高依法行政能力

二、简答题(每小题 6 分,共 18 分)

17. 为什么说生态文明的核心是坚持人与自然和谐共生?

18. 爱国主义的时代价值是什么?

19. 为什么说对党绝对忠诚是革命军人最重要的政治品格?

三、辨析题(先判断正误,再分析理由。每小题 5 分,共 15 分)

20. 社会历史观的基本问题是经济基础和上层建筑的关系问题。

21. “物以稀为贵”,因此,商品的价格是由供求关系决定的。

22. 社会主义初级阶段是指任何国家进入社会主义都必须经历的起始阶段。

四、论述题(共 15 分)

23. 我国国家制度和国家治理体系具有多方面的显著优势,这些显著优势,是我们坚定中国特色社会主义道路自信、理论自信、制度自信、文化自信的基本依据。这次抗击新冠肺炎疫情,以习近平同志为核心的党中央发挥制度优势,打赢了疫情阻击战。请结合我国抗击新冠肺炎疫情实际,论述中国特色社会主义制度的优越性。

二〇二〇年军队院校士官招生文化科目统一考试

士兵高中综合试题参考答案及评分标准

第一部分　　政治试题参考答案及评分标准

评分说明：

一、单项选择题　凡错选、漏选的，均不给分。

二、简答题　要求紧扣题意，观点正确，简明扼要。只要基本观点不遗漏，就可给分。否则，相应扣分。

三、辨析题　要求判断正确，分析紧扣题意。理由充分无误，就可给分。否则，相应扣分。

四、论述题　要求紧扣题意，从理论和实际的结合上说明问题。如果说理透彻，联系实际论述充分，并有新的见解，可从优给分，但不得超过本题满分。

答案要点：

一、单项选择题(每小题 2 分，共 32 分)

1. D	2. C	3. B	4. A	5. A	6. B
7. A	8. A	9. B	10. B	11. D	12. D
13. D	14. C	15. D	16. A		

二、简答题(每小题 6 分，共 18 分)

17. (6分)

人与自然的关系是人类社会最基本的关系。人因自然而生，人与自然是一种共生关系，对自然的伤害最终会伤及人类自身。(2 分)人类必须尊重自然、顺应自然、保护自然，否则就会遭到大自然的报复。(2 分)我们决不能以牺牲生态环境为代价换取经济发展，坚决摒弃损害甚至破坏生态环境的发展模式和做法，要走经济发展与生态环境保护有机统一的绿色发展之路，建设生态文明。(2 分)

18. (6分)

爱国主义是中华民族继往开来的精神支柱。(2 分)爱国主义是维护祖国统一和民族团结的纽带。(2 分)爱国主义是实现中华民族伟大复兴的动力。(1 分)爱国主义是实现人生价值的力量源泉。(1 分)

19. (6分)

对党绝对忠诚是革命军人打牢政治底色的根本要求。(2 分)对党绝对忠诚是革命军人履行职责使命的可靠保证。(2 分)对党绝对忠诚是革命军人全面发展进步的首要条件。(2 分)

三、辨析题(每小题 5 分,共 15 分)

20.（5 分）

这个说法是错误的。(2 分)

社会历史观是人们对社会历史的根本看法,其基本问题是社会存在和社会意识的关系问题。(2 分)正确认识这一问题是解决其他社会历史观问题的前提和基础。(1 分)

21.（5 分）

这个说法是错误的。(2 分)

“物以稀为贵”说明商品的价格受供求关系影响,(1 分)但供求关系不决定商品的价格,商品的价格是由价值决定的。(2 分)

22.（5 分）

这个说法是错误的。(2 分)

社会主义初级阶段是一个具有特定内涵的概念。它不是泛指任何国家进入社会主义都必须经历的起始阶段。(2 分)社会主义初级阶段是特指我国在生产力发展水平不高、商品经济不发达条件下建设社会主义必然要经历的特定历史阶段。(1 分)

四、论述题(共 15 分)

23.（15 分）

①坚持和完善党的领导制度体系。中国共产党领导是中国特色社会主义最本质的特征,是中国特色社会主义制度的最大优势,科学依法部署疫情防控工作,完善重大疫情防控体制机制,健全国家公共卫生应急管理体系。(3 分)②坚持以人民为中心思想,尊重人民主体地位,高度重视人民群众生命安全和身体健康,紧紧依靠人民群众坚决打赢疫情防控阻击战,实现最广大人民的根本利益。(3 分)③坚持和完善中国特色社会主义法治体系。坚持依法防控,构建系统完备、科学规范、运行有效的疫情防控法律体系。(3 分)④坚持全国一盘棋,调动各方面的积极性,发挥集中力量办大事的显著优势去打赢新冠肺炎疫情的人民战、阻击战。(3 分)⑤坚持和完善中国特色社会主义行政体制,构建职责明确、依法行政的政府治理体系,各级政府全面依法履行职责,提高依法行政水平,切实保障人民群众生命健康安全。(3 分)